21 世纪高职高专能力本位型系列规划教材·经济贸易系列

外贸综合业务项目教程

主　编　李浩妍
副主编　潘晓霞　王一名　邱璐轶
参　编　吴倩倩　支程光　沈春芳

北京大学出版社
PEKING UNIVERSITY PRESS

内容简介

本书是高职国际贸易及相关专业的项目化教材。本书以外贸业务员的工作内容为主线，以岗位职业能力培养为核心，在内容设计上安排了 7 个项目：制作报价单、搜索潜在客户、撰写外贸开发信、管理样品、与客户磋商、订立外贸合同及履行合同。

本书实现了"工作项目与工作过程对接""教材内容与工作任务对接""教材体例与高职教育理念对接"，采用全新的体例安排，内容中除了"项目导入""知识目标""能力目标""任务分解"之外，还配有"操作步骤""操作分析"及"知识链接"，为了方便读者对所学内容进行巩固和提高，每个项目后还提供了"自我评价""能力迁移"等内容。

本书可作为高职高专院校和中职院校外贸综合业务操作类课程的教学用书，还可以作为外贸业务员考证和外贸销售岗位在职人员的参考用书。

图书在版编目(CIP)数据

外贸综合业务项目教程/李浩妍主编. —北京：北京大学出版社，2014.4
(21 世纪高职高专能力本位型系列规划教材·经济贸易系列)
ISBN 978-7-301-24070-0

Ⅰ. ①外… Ⅱ. ①李… Ⅲ. ①对外贸易—业务—高等职业教育—教材 Ⅳ. ①F740.4

中国版本图书馆 CIP 数据核字(2014)第 066666 号

书　　　名：	外贸综合业务项目教程
著作责任者：	李浩妍　主编
责任编辑：	翟　源
标准书号：	ISBN 978-7-301-24070-0/F·3925
出版发行：	北京大学出版社
地　　　址：	北京市海淀区成府路 205 号　100871
网　　　址：	http://www.pup.cn　新浪官方微博：@北京大学出版社
电子信箱：	pup_6@163.com
电　　　话：	邮购部 62752015　发行部 62750672　编辑部 62750667　出版部 62754962
印 刷 者：	北京京华虎彩印刷有限公司
经 销 者：	新华书店
	787 毫米×1092 毫米　16 开本　16.75 印张　393 千字
	2014 年 4 月第 1 版　2017 年 2 月第 2 次印刷(总第 2 次印刷)
定　　　价：	38.00 元

未经许可，不得以任何方式复制或抄袭本书之部分或全部内容。
版权所有，侵权必究
举报电话：010-62752024　电子信箱：fd@pup.pku.edu.cn

前　言

外贸综合业务是以外贸公司外贸业务员岗位的工作任务为主线，按照外贸业务流程，从寻找客户、贸易磋商、签订合同到组织履约、核销退税，再到处理争议等进出口业务的全过程操作和管理。

目前，外贸业务员是外贸公司非常急需的岗位，而外贸业务员的出口工作流程是非常复杂的，没有一定理论基础知识和操作技能的人员很难胜任该岗位。此外，外贸行业对外贸人才的要求越来越高，要进入该行业，不仅要掌握最新的专业知识，还要有一定的实务操作经验。如今，国际贸易已进入飞速发展的信息化时代，越来越多的企业对电子商务需求迫切。这也就对外贸从业人员提出了新的要求，包括计算机能力及敏锐的信息发现利用能力。从业人员需要利用计算机和网络通信技术，创建一条畅通的信息流，连接顾客、销售商和供应商，以最快的速度、最低的成本回应市场，开展有利于企业的商务活动。

因此，越来越多的院校开始重视对外贸岗位人才的培养，也纷纷开设了相关课程，但国内有关的教学与培训教材甚少，而项目化的教材仍为空白。

外贸综合业务操作课程以外贸业务员的工作岗位为着眼点，以典型工作任务为主线，按工作任务的操作流程培养学生的国际市场开拓能力和外贸订单履行各阶段的操作能力。本课程打破纯粹讲述式的教学方式，实施项目教学以改变教与学的行为，本着"能力本位、工学结合、校企合作、持续发展"的高职教育理念，在行业企业专家和学校专业教师的共同努力下，按"学生就业领域—企业工作岗位—典型工作任务—任务操作流程—课程教学内容"的逻辑顺序，对本课程进行了教学内容的设计。

本课程确立了以订单、报价、单证等为载体的项目设计思路，项目设计紧紧围绕外贸业务员岗位的典型工作任务选择课程内容，能更有效地培养学生实际工作的能力，提高课程内容的实用性、与工作任务的相关性。从接到订单到确认订单再到完成订单，这是一个比较复杂而且周期较长的过程，涉及的环节繁多，需要外贸业务员所做的工作也很烦琐。经过对外贸业务员工作的调研和分析，本书编者将该过程分解为熟悉产品、市场调研、业务谈判、合同签订、合同履行与跟进、业务善后等具体的工作任务，并将各工作任务根据课程目标的需要加以改造和组合，从而成为适合培养学生所需的工作项目。

本书是基于工作过程的职业教育课程设计理念编写而成的，全面贯彻和体现了"以培养职业能力为核心，以项目为载体，以任务为驱动，建立以工作过程为主线的现代职业教育课程结构，面向外贸岗位群"的全新教学要求。本书以职业描述为内容设计的起点，强调职业需求对内容设计的重要性；分析出支撑外贸相关职业能力的核心技术与技能；依靠产学合作完成内容设计和教学训练的全过程。具体而言，本书的特色有如下几个方面。

(1) 以职业活动为导向。应用发达国家的职业活动分析原理，科学地将国际贸易环境下外贸人员所需要的职业能力和职业素质进行系统分析，并以此为内容设计了主线。

(2) 突出能力训练。本书注意将理论教学内容与实践教学内容相结合，尤其注意凸显实际操作的重要性。在教学内容的安排上，以学生"做"为主，将学生"学"和教师"教"的教学内容融入学生"做"的过程之中，强化"教、学、做"合一。

(3) 以项目为载体。本书通过对外贸企业进行调研，与外贸行业专家进行研讨，根据外贸业务员的具体工作内容，按照任务领域和职业岗位的从业要求，参照外贸业务员岗位的职业资格标准，设计教学内容。知识以"必需、够用"为度，侧重外贸业务实践操作和技能培养，突出岗位职业能力的培养。

(4) 教学过程任务驱动。先提出培养应职能力的工作任务，再基于工作任务设计不同的教学内容，最后通过教学内容完成训练目标。教学过程即能力训练的过程，所有项目旨在让学生练就能力，而不仅仅是获得知识。

本书内容可安排50~70学时，推荐学时分配：项目1为10~16学时，项目2为8~10学时，项目3为4~6学时，项目4为8~10学时，项目5为4~6学时，项目6为6~10学时，项目7为10~12学时。教师可根据不同的使用专业灵活安排学时，课堂重点讲解每个项目的"任务分解""操作步骤""操作分析"，指导学生实际操作。分组实际操作、模拟实际操作可安排在实训室进行，"自我评价""能力迁移""课后训练"部分可由学生在课后完成。

本书配套资源包括电子课件、课程标准、实际操作参考资料、自我训练、课程教学方案设计等，可在北京大学出版社第六事业部网站（http://www.pup6.cn）上下载。您也可以关注该网站的动向，参与或分享网站资源。

此外，在这里推荐阅读以下书目，以更好地了解和掌握外贸综合业务知识。

(1) 商务部中国对外贸易经济合作企业协会. 国际贸易业务员实务教程[M]. 北京：科学技术文献出版社，2006.

(2) 上海市对外经济贸易教育培训中心. 外贸综合业务[M]. 上海：同济大学出版社，2006.

(3) 张海燕. 外贸综合业务实训[M]. 北京：高等教育出版社，2009.

本书由李浩妍(宁波城市职业技术学院)任主编，由潘晓霞(宁波城市职业技术学院)、王一名(宁波职业技术学院)、邱璐轶(宁波职业技术学院)任副主编，具体编写分工如下：项目1和项目2由李浩妍编写；项目3~项目5由潘晓霞和邱璐轶编写；项目6和项目7由王一名编写。此外，编者在编写本书的过程中借鉴了大量相关教材及资料，还得到了吴倩倩(宁波鄞州国绵服饰有限公司总经理)、支程光(宁波元亨国际物流有限公司业务经理)、沈春芳(宁波富亚达服饰有限公司外贸总经理)的大力支持，在此一并向这些教材和资料的作者与提供者表示诚挚的谢意。

由于编者水平及时间所限，书中不足之处在所难免，恳请广大读者批评指正。

编　者

2013年10月

目 录

项目 1 制作报价单 ... 1

任务 1.1 制作 Excel 报价公式 ... 2
1.1.1 操作步骤 ... 2
1.1.2 操作分析 ... 2

任务 1.2 处理产品照片样 ... 7
1.2.1 操作步骤 ... 7
1.2.2 操作分析 ... 8

任务 1.3 制作 Excel 报价单 ... 11
1.3.1 操作步骤 ... 11
1.3.2 操作分析 ... 11

任务 1.4 将报价单转换为 PDF 格式 ... 15
1.4.1 操作步骤 ... 15
1.4.2 操作分析 ... 15

课后训练 ... 22

项目 2 搜索潜在客户 ... 23

任务 2.1 利用网络平台找客户 ... 24
2.1.1 操作步骤 ... 24
2.1.2 操作分析 ... 24

任务 2.2 参加展会找客户 ... 33
2.2.1 操作步骤 ... 33
2.2.2 操作分析 ... 33

任务 2.3 管理客户信息 ... 40
2.3.1 操作步骤 ... 40
2.3.2 操作分析 ... 40

项目 3 撰写外贸开发信 ... 44

任务 3.1 撰写外贸开发信的详例 ... 45
3.1.1 操作步骤 ... 45
3.1.2 操作分析 ... 45

任务 3.2 使用邮件管理软件 ... 55
3.2.1 操作步骤 ... 55
3.2.2 操作分析 ... 55

项目 4 管理样品 ... 58

任务 4.1 鉴别各类样品 ... 59
4.1.1 操作步骤 ... 59
4.1.2 操作分析 ... 59

任务 4.2 制作生产通知单及形式发票 ... 64
4.2.1 操作步骤 ... 64
4.2.2 操作分析 ... 64

任务 4.3 寄送样品 ... 67
4.3.1 操作步骤 ... 67
4.3.2 操作分析 ... 67

项目 5 与客户磋商 ... 76

任务 5.1 即时通信工具 ... 77
5.1.1 操作步骤 ... 77
5.1.2 操作分析 ... 77

任务 5.2 掌握谈判技巧 ... 81
5.2.1 操作步骤 ... 81
5.2.2 操作分析 ... 81

课后训练 ... 90

项目 6 订立外贸合同 ... 91

任务 6.1 分析往来 E-mail ... 92
6.1.1 操作步骤 ... 92
6.1.2 操作分析 ... 92

任务 6.2 拟定合同 ... 96
6.2.1 操作步骤 ... 96
6.2.2 操作分析 ... 97

任务 6.3 正式签订合同 ... 166
6.3.1 操作步骤 ... 166
6.3.2 操作分析 ... 167

课后训练 ... 179

项目 7 履行合同 ... 181

任务 7.1 备货与托运 ... 182
7.1.1 操作步骤 ... 182
7.1.2 操作分析 ... 182

任务 7.2 报检与报关 ... 194
7.2.1 操作步骤 ... 194
7.2.2 操作分析 ... 194

任务 7.3 运输与投保	208
7.3.1 操作步骤	208
7.3.2 操作分析	208
任务 7.4 结算与结汇——电放	216
7.4.1 操作步骤	216
7.4.2 操作分析	216
任务 7.5 结算与结汇——托收	220
7.5.1 操作步骤	220
7.5.2 操作分析	220
任务 7.6 出口收汇核销	226
7.6.1 操作步骤	226
7.6.2 操作分析	226
任务 7.7 出口退税	230
7.7.1 操作步骤	230
7.7.2 操作分析	230
附录 展会实用英语	243
参考文献	260

项目 1

制作报价单

ZHIZUO BAOJIADAN

【项目导入】

李玮是宁波诚通贸易公司一名新来的外贸业务员。该公司是一家综合型的外贸进出口公司,具体信息如下。

宁波诚通贸易公司成立于 2000 年,其产品远销欧洲、亚洲、拉丁美洲市场及其他国家。公司拥有 40 多个国内外专业公司的稳定客户,旗下现有 3 家工厂,是一家信誉卓著、朝气蓬勃、富有活力的工贸型企业。公司通过 SGS(瑞士通用公证行)及 ISO 9001: 2000 认证体系,并严格按照体系进行管理、生产。公司经营的产品包括服装、箱包、日用品、礼品等上百种产品。

李玮在刚开始工作的第一个月熟悉了公司的相关产品,接下来要针对不同的产品制作具有个人风格的报价单。为了达到这个目标,李玮应该掌握相关的报价知识并具备相应的操作能力。

【知识目标】

1. 掌握出口成本及费用的核算方法;
2. 掌握 FOB/CFR/CIF 的报价公式;
3. 掌握报价单的内容及制作方法;
4. 掌握处理产品照片样所使用的软件及方法;
5. 掌握将 Excel 文件转换为 PDF 所使用的软件及方法。

【能力目标】

1. 能够准确计算 FOB 美元单价；
2. 能够将产品照片样处理为精美图片；
3. 能够制作一份令人赏心悦目的报价单；
4. 能够将报价单转换为 PDF 文件。

【任务分解】

任务 1.1　制作 Excel 报价公式；
任务 1.2　处理产品照片样；
任务 1.3　制作 Excel 报价单；
任务 1.4　将报价单转换为 PDF 格式。

任务 1.1　制作 Excel 报价公式

1.1.1　操作步骤

(1) 熟悉 3 种常用贸易术语的报价过程。
(2) 制作 Excel 版本的报价公式。

1.1.2　操作分析

1. 熟悉 3 种常用贸易术语的报价过程

价格核算分为 3 种：报价核算、还价核算与成交核算。外贸业务员首先要掌握最基本的报价核算技能。报价核算由 3 个方面构成：成本的核算、费用的核算和利润的核算。

1) 成本的核算

外贸公司的成本包括两种：①采购成本，又称含税成本，即采购价格，是外贸公司从工厂采购产品后工厂增值税发票的票面金额，等于货物的真实价格(简称货价)与增值税(增值税=货价×增值税税率)之和。②实际成本，是指外贸公司在考虑退税收入后实际支付的出口成本，即实际成本=采购成本-退税收入，具体如图 1.1 所示。

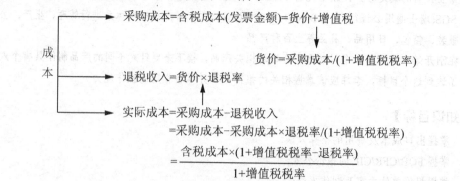

图 1.1　外贸公司的成本构成

如图 1.2 所示,"金额"为货价;"税额"为增值税;"价税合计"为采购成本。

图 1.2　增值税发票样本

2) 费用的核算

由于进出口贸易通常为跨越国界的买卖,其间所要发生的费用远比一般国内所进行的交易复杂。在出口商品价格中,费用所占的比例虽然不大,但因其内容繁多,且计算方法又不尽相同,所以成为价格核算中较为复杂的一个方面。

出口业务中通常发生的费用有以下几种,如图 1.3 所示。

(1) 包装费(Packing Charges)。包装费通常包括在采购成本之中,但如果客户对货物的包装有特殊要求,由此产生的费用就要作为包装费另加。

(2) 仓储费(Warehousing Charges)。需要提供提前采购或另外存仓的货物往往会发生仓储费用。

(3) 国内运输费(Inland Transport Charges)。出口货物在装运前所发生的内陆运输费用,通常有卡车运输费、内河运输费、路桥费、过境费及装卸费等。

(4) 认证费(Certification Charges)。出口商办理出口许可证、配额、产地证明及其他证明所支付的费用。

(5) 港区港杂费(Port Charges)。出口货物在装运前在港区码头所需支付的各种费用。

(6) 商检费(Inspection Charges)。出口商品检验机构根据国家的有关规定或出口商的请求对货物进行检验所发生的费用。

(7) 捐税(Duties and Taxes)。国家对出口商品征收、代收或退还的有关税费,通常有出口关税、增值税等。

(8) 垫款利息(Interest)。出口商自国内采购至收到国外进口商付款期间因垫付资金所产生的利息。

(9) 业务费用(Operating Charges)。出口商在经营中发生的有关费用，如通信费、交通费。

(10) 银行费用(Banking Charges)。出口商委托银行向国外客户收取货款、进行资信调查等所支出的费用。

(11) 海洋运费(Freight Charges)。货物出口时支付的海运、陆运或空运费用。班轮运输根据是否装入集装箱可以分为件杂货与集装箱货。

① 件杂货运费=基本费用+附加运费。附加运费一般以基本运费的一定比例计收。

② 集装箱货运费=件杂货基本费率+附加费(拼箱)；或集装箱货运费=包箱费率+附加费(整箱)。

以上运费在班轮运价表中可以查到，常见的计费标准为 W/M，表示重量或体积，船公司取数值较大的一个作为计收标准。

(12) 保险费(Insurance Premium)。出口商向保险公司购买货运保险或信用保险所支付的费用，计算公式为

$$保险费 = 保险金额 \times 保险费率$$
$$保险金额 = CIF 价 \times (1 + 投保加成率)$$

投保加成率一般是 10%，保险金额以 CIF 价或发票金额为基础计算。

(13) 佣金(Commission)。出口商向中间商支付的报酬。佣金的计算通常以发票金额作为基础。

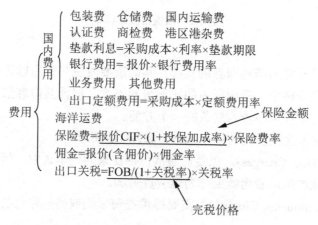

图 1.3 进出口贸易发生的费用

海洋运费由于不同的装箱方式影响其计算方法，因此单独进行分析。海运出口的货物根据是否使用集装箱运货，可分为散货(非集装箱货)和集装箱货，而集装箱货物又分为拼箱(Less Than Container Load，LCL)和整箱(Full Container Load，FCL)。

拼箱货物计算运费时主要有 3 种计费标准：M、W 和 W/M。M 计费标准是指船公司按照轻货的体积(立方米)作为收取运费的依据；W 计费标准是指船公司按照重货的毛重(吨)作为收取运费的依据；W/M 计费标准是指船公司按照普通货物的体积或重量的最大值收取运费，为了方便进行比较，船公司将体积的标准单位立方米称为尺码吨，将重量的标准单位吨称为重量吨，将尺码吨和重量吨统称为运费吨。所以，在 W/M 计费标准下，船公司将运费率统一按照每运费吨多少美元来计价。

【例1-1】上海兴中毛纺有限公司欲出口120 000打毛巾至英国纽卡斯尔(NEWCASTLE)。20打毛巾装一纸箱,尺码为40厘米×40厘米×60厘米。毛巾为9级货,出口到英国的运费为USD 92.00/尺码吨,求总运费。

解:92×(0.4×0.4×0.6)×120 000/20=52 992(美元)

【例1-2】信义有限公司欲向日本出口某货物共5 000件,该批货物包装方式:1件/箱,包装体积为45厘米×45厘米×35厘米,单件货物毛重为7.1千克,出口至日本的运费为USD 62.00/运费吨,计费标准为W/M,求总运费。

解:0.45×0.45×0.35=0.070 88(立方米)>0.007 1(立方米)

所以以体积计算运费:

$$0.45×0.45×0.35×62×5\ 000=21\ 971.25(美元)$$

【例1-3】某上海贸易公司出口一20英尺集装箱(载货重量:17 500千克,有效容积:25立方米)货物,该货物每4台装一纸箱,包装体积为45厘米×52厘米×50厘米,重量为5.2千克,求此交易共出口的件数。

解:按体积算:25/(0.45×0.52×0.5)≈214(箱)

按重量算:17 500/5.2=3 365.38≈3 365(箱)

取214箱,即214×4=856(台)。

保险费的计算方法比较简单,在CIF(Cost, Insurance and Freight, 成本加保险费、运费)术语下,出口公司要按照合同的规定向保险公司交纳保险费办理保险手续,保险费的计算以保险金额为基础,即发票金额(CIF报价)×(1+保险加成率),具体如下:

$$保险金额=发票金额×(1+保险加成率)$$

3) 利润的核算

报价核算的第三部分为预期利润(只是期望赚取的利润,尚未实现)的核算。利润的计算方法有两种:销售利润和成本利润。销售利润就是按照报价的一定百分比来计算利润;成本利润就是按照出口总成本的一定百分比来计算利润。在实际的外贸出口业务中为了方便报价,通常按照销售利润来计算预期利润,其计算公式为

$$销售利润=报价×销售利润率$$

掌握常用贸易术语的价格构成是正确报价的关键。FOB(Free on Board, 装运港船上装货)、CFR(Cost and Freight, 成本加运费)和CIF是进出口业务使用频率最高的3种贸易术语,其中以FOB最为常用。每种贸易术语的价格构成如图1.4所示。

掌握了3种贸易术语的价格构成,结合前面所述的各类成本、费用和利润的公式,整理出如下所示的报价公式:

$$FOB = \frac{实际成本+国内费用}{1-利润率-佣金率-银行费用率}$$

$$CFR = \frac{实际成本+国内费用+海洋运费}{1-利润率-佣金率-银行费用率}$$

$$CIF = \frac{实际成本+国内费用+海洋运费}{1-利润率-佣金率-银行费用率-(1+保险加成率)×保险费率}$$

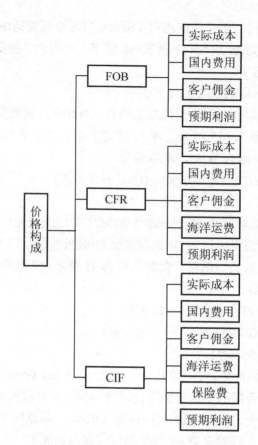

图 1.4　常用贸易术语的价格构成

下面结合具体实例分析报价的整个过程。

【例 1-4】卡拉奇某客户订购上海奇乐公司的"永宏"牌缝纫机,首次订单量为 1×20FCL,产品具体资料见表 1-1(增值税税率为 17%,退税税率为 9%)。

表 1-1　产品具体资料

型号	包装方式/(台/箱)	供货价格/(元/台)	尺码/厘米	毛/净重/千克
GH900	1	260	43×34×36	4.17/4

费用:出口定额费率为 4%;海洋运费为 1 900 美元/20 集装箱;垫款 30 天,垫款利率为 8%(一年按 360 天计);货物按成交价格的 110%投保一切险和战争险(费率分别为 0.85%和 0.5%);预期客户要求的佣金率是 3%;人民币兑美元汇率为 6.1。

利润:公司报价利润率为 10%。

计算:奇乐公司向该客户报出的 FOB、CFR、CIF 价格。

解:(1) 实际成本=260×(1+17%−9%)/(1+17%)=240(元)

(2) 费用。

① 国内费用。

出口定额费用=260×4%=10.4(元)

垫款利息=260×8%×30/360≈1.733 3(元)

② 海洋运费。

按重量算：17 500/4.17=4 196.642 6(箱)，取 4 196 箱。

按体积算：25/(0.43×0.34×0.36)≈474.996 2(箱)，取 474 箱，按 474 箱计算。

单位海洋运费=1 900/474=4.008(美元)

③ 客户佣金=报价×3%。

④ 保险费=报价×(1+10%)×(0.85%+0.5%)。

(3) 利润=报价×10%。

(4) 报价结果。

FOBC3%=(240+10.4+1.733 3)÷6.1÷(1-10%-3%)=47.51(美元)

CFRC3%=(240+10.4+1.733 3)÷6.1+4.008)÷(1-10%-3%)=52.12(美元)

CIFC3%=(240+10.4+1.733 3)÷6.1+4.008)÷(1-10%-3%-1.1×0.013 5)=53.02(美元)

2．制作 Excel 版本的报价公式

若报价的产品很多，逐一进行报价则工作量太大，因此，可以利用 Excel 表格制作报价公式，只要相应变换其中的一些自变量值，就会得出最终的美元单价，这为外贸业务员的报价工作提供了便利。

通过对 FOB 报价公式的扩展，考虑现实中各项相关费用，则原 FOB 的报价公式可整理为如下公式：

FOB=[出厂价×(1+增值税税率)+客户订单量/装箱数量×外包装体积×货代操作费/客户订单量+报关费/客户订单量]/(1-利润率-佣金率-银行费用率)/汇率

相应地，利用 Excel 表格制作的报价公式如图 1.5 所示。

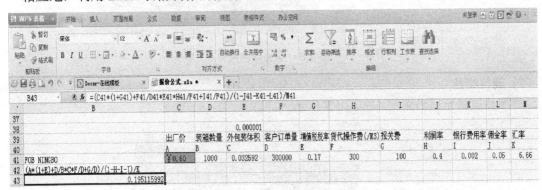

图 1.5　Excel 报价公式

 任务 1.2　处理产品照片样

1.2.1　操作步骤

(1) 选择合适的图像处理软件。

(2) 对产品照片样进行缩小尺寸、抠图、更换背景等操作。

1.2.2 操作分析

1. 选择合适的图像处理软件

外贸工厂在对产品照片样进行拍摄时,有可能出现背景杂乱、照片模糊的情况,因此,需要选择一个非常简单的图像处理软件来处理产品的照片样。本书选择美图秀秀软件。下面将以图片的形式演示处理照片样的过程。

2. 对产品照片进行缩小尺寸、抠图、更换背景等操作

1) 缩小照片样尺寸

一般为了顺利制作尺寸较小的报价单,通常将照片样的尺寸控制在 500×500(像素)以内,这个要求也正是一些 B2B(Business to Bussiness,企业对企业)网站上对于所展示产品照片的尺寸要求。缩放照片尺寸如图 1.6 所示。

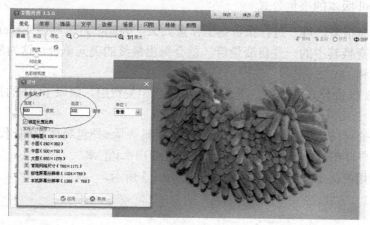

图 1.6 缩放照片尺寸

2) 旋转照片

将照片旋转至适当角度,如图 1.7 所示。

图 1.7 旋转图片

3) 抠图

进行抠图处理，如图 1.8～图 1.11 所示。

图 1.8　选择"抠图笔"

图 1.9　选择"自动抠图"功能

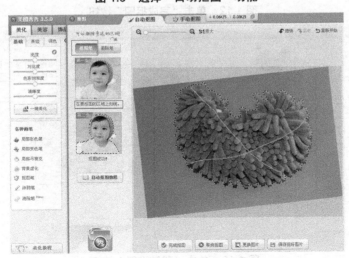

图 1.10　用"抠图笔"勾画出图片需保留的部分

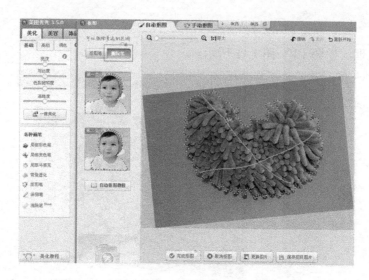

图 1.11 用"消除笔"去掉图片不必保留的部分

4) 更换背景

给图片更换背景,如图 1.12～图 1.14 所示。

图 1.12 单击"完成抠图"按钮

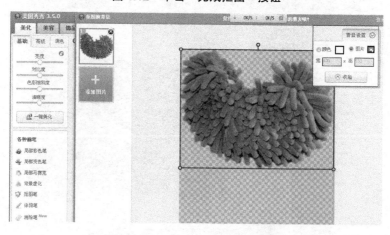

图 1.13 单击"背景设置"按钮

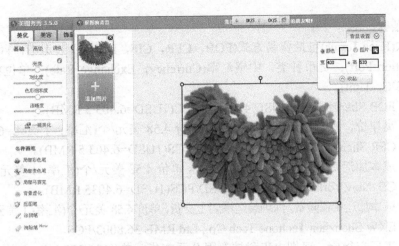

图 1.14 选择所需更换的背景

 任务 1.3 制作 Excel 报价单

1.3.1 操作步骤

(1) 确定报价单的内容。
(2) 填写各项内容。

1.3.2 操作分析

1. 确定报价单的内容

首先要掌握报价单的内容与格式。

从内容来说，报价单一般包括以下几个部分。

1) 报价单开头部分

(1) 卖家基本资料(举例)：工厂标志(Factory Logo)、公司名称(Company)、详细地址(Detailed Address)、邮政编码(Post Code)、联系人(Contact)、职位名称(Job Title)、电话号码(Telephone No.)、传真号码(Fax No.)、手机号码(Mobile No.)、邮箱地址(E-mail Address)、聊天方式(Messenger Online)、公司网址(Website Address)。

(2) 买家基本资料(举例)：工厂标志(Factory Logo)、公司名称(Company)、详细地址(Detailed Address)、邮政编码(Post Code)、联系人(Contact)、职位名称(Job Title)、电话号码(Telephone No.)、传真号码(Fax No.)、手机号码(Mobile No.)、邮箱地址(E-mail Address)、聊天方式(Messenger Online)、公司网址(Website Address)。

(3) 报价单的抬头：报价单标题(Quotation/Quotation Form/Price List)、参考编号(Reference No.)、报价日期(Date)、有效日期(Valid Date)。

2) 产品基本资料(Product's Basic Information)

产品基本资料包括序号(No.)、货号(Item No.)、型号(Type)、产品名称(Product Name)、产品图片(Photo)、产品描述(Description)、原材料(Materials)、规格(Specification)、尺寸(Size)、外观颜色(Colors)。

3) 价格条款

价格条款(Price Terms)包括贸易方式(FOB，CFR，CIF，EXW)；装运港，目的港(Loading Port，Destination Port)；货币种类，中银汇率(Currency，Exchange Rate)；单位价格，货币单位(Unit Price/PC，Unit)。

实例一：FOB Shenzhen Port USD 4.58 USD/PC(1USD=6.403 5 RMB)。

离岸价，深圳装运港船上交货，单价4.58美元/个(汇率：1美元=6.403 5元)。

实例二：CFR Shenzhen Port USD 4.58 USD/PCS(1USD=6.403 5 RMB)。

成本加运费，深圳装运港船上交货，单价4.58美元/个(汇率：1美元=6.403 5元)。

实例三：CIF New York Port USD 4.58 USD/PCS(1USD=6.4035 RMB)。

成本加运费保险费，深圳装运港船上交货，单价4.58美元/个(汇率：1美元=6.403 5元)。

实例四：EXW Shenzhen Techone Tech Co., Ltd RMB 36.8003/PCS

工厂交货价，深圳电王科技有限公司交货，单价36.800 3元/支。

4) 数量条款

数量条款(Quantity Terms)包括按整柜(20′，40′，40HC，45HC)提供报价；按最小订单量(MOQ，Minimum Order Quantity)提供报价；按库存量(QTY. in Stock)报价。

实例一：20′ Container，40′ Container，40′HC，45′HC。

20英尺货柜，40英尺货柜，40英尺高柜，45英尺高柜。

实例二：MOQ：500PCS/Design，500PCS/Item。

最小订单量：500支/款。

实例三：QTY. in Stock：5 000PCS。

库存数量：5 000支。

实例四：More or Less Clause：at 5%。

溢短装条款备品数量：5%。

【知识链接】

各类货柜的相关数据见表1-2。

表1-2 各类货柜的相关数据

序号	货柜类型	内容积	内空积	配货毛重/吨	体积/立方米
01	20英尺货柜	20英尺×8英尺×8英尺 6寸	5.69米×2.13米×2.18米	17.5	24~26
02	40英尺货柜	40英尺×8英尺×8英尺 6寸	11.8米×2.13米×2.18米	22	54
03	40英尺高柜	40英尺×8英尺×9英尺 6寸	11.8米×2.13米×2.72米	22	68
04	45英尺高柜	40英尺×8英尺×9英尺 6寸	13.58米×2.34米×2.71米	29	86

实例如下。

(1) Total 100CTNS, 200PCS/CTN, Outer Carton's Measure:48×28×36, 24Inner boxes/CTN.

共100箱，每箱200支，外箱尺寸：48厘米×28厘米×36厘米，24个内盒/外箱。

(2) Inner box's Measure:5×3×2,12PCS/Inner box.

内盒尺寸：5厘米×3厘米×2厘米，12支/内盒。

(3) Net Weight, Gross Weight, APN No., Bar code, Bicolor, RGB, CMYK.

产品净重，产品毛重，产品代码，条形码，双色，三色，四色。

(4) Carton's Main/ Side Shipping Mark.

外箱正唛/侧唛。

5) 支付条款

支付条款(Payment Terms)包括以下几个方面。

(1) 即期信用证，远期信用证。

Sight L/C，Usance L/C.

(2) 可撤销信用证，不可撤销信用证。

Revocable L/C，Irrevocable L/C.

(3) 跟单信用证，光票信用证。

Documentary L/C，Clean L/C.

(4) 可转让信用证，不可转让信用证。

Transferable L/C，Untransferable L/C.

(5) 电汇。

T/T，Telegraphic Transfer.

(6) 余额，总金额，定金。

Balance，Total sum，Deposit/Earnest/Earnest money.

(7) 在开始投入生产前通过电汇方式预付30%，余款在装运前付清。

30% paid for deposit by T/T before production arranged, the balance to be paid before shipment.

(8) 90天信用证付款，成本加运费加保险费贸易方式下90天信用证付款。

Payment by L/C 90days，CIF L/C 90days.

(9) 通过即期信用证付款。

Payment by sight L/C.

6) 质量与认证检验条款

质量与认证检验条款(Quality Certification and Inspection & Quarantine Terms)包括以下几个方面。

(1) 检验检疫局：法定检验、商品鉴定、质量认证认可、出口质量许可、出入境检验检疫标志、普惠制原产地证(FORM A)，一般原产地证(Certificate of Origin，CO)。

(2) 国家质检总局：主管质量监督的最高行政执法机关；主管检验检疫工作的最高行政执法机关。

(3) 检验内容：包装检验、品质检验、卫生检验、安全性能检验。

(4) 检验分类：内地检验、口岸检验；预先检验、出口检验。

(5) 产品质量认证。

中国：CCC，CB，CQC。

欧洲联盟：CE，LVD，EMC，SGS。

德国：GS，VDE，TUV。

美国：UL，ETL。

意大利：IMQ，IG。

北欧四国：N-NEMKO，D-DEMKO，F-FIMKO，S-SEMKO，S-N-FI-D。

比利时：CEBEC。

法国：NF。

荷兰：KEMA-KEUROVEBSISGS，S-BBJINMETRO/UC。

阿根廷：SMARKPSBGOST-GOSSTANDARDSAAC-TICKIndi.SIISASO。

日本：NKKK，PSEKT，KTL，EK MARK。

7) 品牌条款

品牌条款(Brand's Terms)包括以下两个方面。

(1) 贴牌加工。使用客户自己的品牌或由其指定的其他品牌。

OEM (Original Equipment Manufacture,原始设备制造商)是指一种"代工生产"方式,其含义是生产者不直接生产产品,而是利用自己掌握的"关键的核心技术",负责设计和开发、控制销售渠道,具体的加工任务交给别的企业去做的方式。

(2) 自主品牌。使用工厂自己的品牌。

ODM (Original Design Manufacture,原始设计厂商)是指某制造商设计出某产品后,在某些情况下可能会被另外一些企业看中,要求配上后者的品牌名称来进行生产,或者稍微修改一下设计来生产。这样可以使其他厂商减少自己研制的时间。

8) 报价单附注的其他资料

报价单附注的其他资料(Others)包括以下几个方面。

(1) 工商营业执照、被批准开业证件副本。
(2) 国税局税务登记证。
(3) 企业法人代码证书。
(4) 质量检验报告、质量鉴定报告。
(5) 产品质量认证、质量管理体系认证。
(6) 荣誉证书、奖励证书。
(7) 出口许可证。
(8) 工厂规模:员工人数、工程技术人员人数、工厂面积。
(9) 主营产品及月加工能力、新品推介、生产设备实力、品牌知名度。

2. 填写各项内容

公司的产品不同决定了报价单内容的不同,下面以机械产品(图1.15)和文具产品(图1.16)为例,将其报价单内容进行比较。

NINGBO SMNL ELECTRICAL CO., LTD.
PRICE LIST

Sammi Lee
Lucheng Development Area, Ditang County, Yuyao Ningbo, China
E-mail: sammi7975@hotmail.com
Tel: 86-574-88122230
Website: www.nb-sml.com

NAME	MODEL	FOB NINGBO(USD)	REMARKS	PICTURES
Hopper dryer	SHD-15	257	Options: T: 24 hours Timer +27USD "M": Magnetic base Price difference as below must be added in addition: 25-75KG +19USD 100-250KG +41USD 300-400KG +44USD	干燥机 Hopper Dryer 干燥机 Cabinet Dryer
	SHD-25	270		
	SHD-50	380		
	SHD-75	417		
	SHD-100	563		
	SHD-150	650		
	SHD-200	833		
	SHD-250	980		
	SHD-300	1125		

图1.15 机械产品报价单

图 1.16 文具产品报价单

通过比较可以看出：①机械产品无产品尺寸的描述，而文具产品有；②机械产品无包装的描述，而文具产品有；③机械产品无毛净重的描述，而文具产品有。

任务 1.4 将报价单转换为 PDF 格式

1.4.1 操作步骤

(1) 下载 PDF 文件转换器。

(2) 将所制作的 Excel 报价单转换为 PDF 格式。

1.4.2 操作分析

1. 下载 PDF 文件转换器

PDF(Portable Document Format，便携文档格式)是一种电子文件格式。这种文件格式与操作系统平台无关，也就是说，PDF 文件不管是在 Windows、UNIX 还是在苹果公司的 Mac OS 操作系统中都是通用的。这一性能使它成为在 Internet 上进行电子文档发行和数字化信息传播的理想文档格式。越来越多的电子图书、产品说明、公司报告、网络资料、电子邮件开始使用 PDF 格式文件。

本书选择 pdf2all 作为文件转换器。该软件对话界面如图 1.17 所示。

pdf2all 软件的功能是实现 Office 文档与 PDF 文档的双项转换。将制作的 Excel 报价单转换为 PDF 文件，原因是不少国外客户要求报价单要以 PDF 的格式发送。

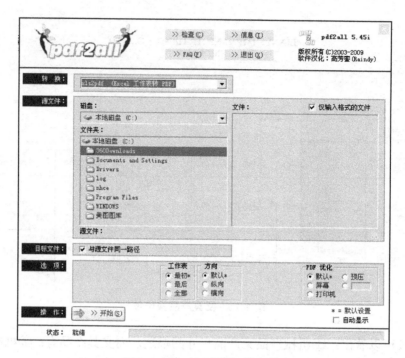

图 1.17 pdf2all 软件对话界面

【知识链接】

PDF 文件简介

Adobe 公司设计 PDF 文件格式的目的是支持跨平台的多媒体集成的信息出版和发布，尤其是提供对网络信息发布的支持。为了达到此目的，PDF 格式具有许多其他电子文档格式无法相比的优点。PDF 格式可以将文字、字型、格式、颜色及独立于设备和分辨率的图形图像等封装在一个文件中。该格式文件还可以包含超文本链接、声音和动态影像等电子信息，支持特长文件，集成度和安全可靠性都较高。

对普通读者而言，用 PDF 格式制作的电子书具有纸版书的质感和阅读效果，可以"逼真地"展现原书的原貌，而显示大小可任意调节，给读者提供了个性化的阅读方式。由于 PDF 文件可以不依赖操作系统的语言和字体及显示设备，阅读起来很方便。这些优点使读者能很快适应电子阅读与网上阅读，无疑有利于计算机与网络在日常生活中的普及。

总体而言，PDF 格式具备以下几个方面的优点。

1) 更加安全可靠的电子文档分发和交换

PDF 格式已成为全世界各种标准组织用来进行更加安全可靠的电子文档分发和交换的出版规范。PDF 文件已经在各企业、政府机构和教育工作中广为使用，以期简化文档交换、提高生产率、省却纸张流程。如今，无论是向美国食品和药物管理局以电子形式提交药物报批材料，还是以电子形式在美国联邦法院立案，都以 PDF 格式作为标准格式。并且，从 2009 年 9 月 1 日起，PDF 格式已经成为国家标准的电子文档长期保存格式。

2) 保留原始文档的外观和完整性

PDF 文件的外观同原始文档无异，保留了原始文件的字体、图像、图形和布局，无论创建它时使用的是何种应用程序或平台。

3) 任何地域自由共享

不论是谁,不论采用何种系统,都可以使用免费的 PDF 阅读器软件打开 PDF 文档,不受操作系统、原始应用程序或字体的限制。

4) 方便易用

PDF 文件紧凑,易于交换。创建 PDF 文件就像在 Microsoft Word、Excel 和 PowerPoint 等许多应用程序中单击一个按钮那么简单。

5) 文档交换更安全

有了 Adobe Acrobat 7.0 或 Foxit Phantom 软件,可以对 PDF 文件进行密码保护,以防其他人在未经授权的情况下查看和更改文件,还可让经授权的审阅者使用直观的批注和编辑工具。

6) 可自由搜索

PDF 文件具有全文搜索功能,可对文档中的字词、书签和数据域进行定位。

7) 具备辅助工具

使用 Adobe 软件产品能够创建、管理和发送具备辅助工具的、视觉丰富的 Adobe PDF 内容,无论何人、何时、何地都能访问。

Adobe Reader(也称 Acrobat Reader)是美国 Adobe 公司开发的一款优秀的 PDF 文档阅读软件。文档的撰写者可以向任何人分发自己制作(通过 Adobe Acrobat 制作)的 PDF 文档而不用担心被恶意篡改。

8) 不易携带病毒

PDF 文件在发送和储存过程中不易于被病毒感染,而 Office 的文档极易携带病毒。

2. 将制作的 Office 文档的报价单转换为 PDF 格式

利用 **pdf2all** 软件,将制作的报价单转换为 **PDF** 格式保存起来,具体过程如下。

(1) 找到存放报价单的文件夹,如图 1.18 所示。

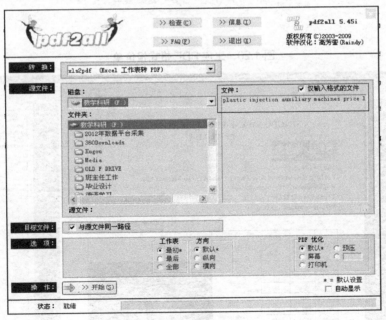

图 1.18 找到存放报价单的文件夹

(2) 在 pdf2all 软件中选中该 Excel 文件，如图 1.19 所示。

图 1.19　选中该文件

(3) 单击"开始"按钮后该程序自动转换为 PDF 格式文件，如图 1.20 和图 1.21 所示。

图 1.20　生成 PDF 格式报价单

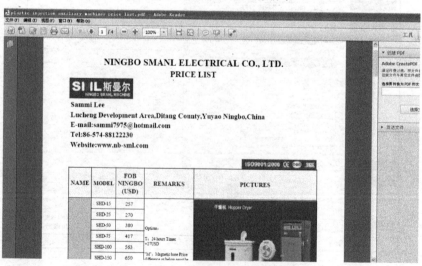

图 1.21　打开该 PDF 格式的报价单

【自我评价】

进行自我评价，并填写表1-3。

表1-3 自我评价表

评价项目 \ 完成情况及得分	很好(5)	良好(4)	一般(3)	较差(2)	很差(1)	分项得分
报价速度与准确情况						
处理照片样情况						
制作报价单的情况						
将报价单转化为PDF文件情况						

【能力迁移】

图1.22是上海安德国际贸易有限公司的公司简介及商品信息，请根据所给资料制作一份简单的产品报价单。

上海安德国际贸易有限公司
Shanghai Ande International Trade Corp.

Business Information

注册资本：人民币伍佰万元　　　　　公司类型：有限责任公司(国内合资)

成立时间：1999年

开户银行：中国工商银行普陀支行　　银行账号：1001225209026451506

法人代表：沈亦诚　　总经理：曾济山

报检员：刘菲　　报关员：蒋丽清　　原产地证申领员：冯晓林

Contact Details

地址：中国上海市长寿路587号沙田大厦1710-1713室　邮编：200060

Address: Room 1710 -1713, Shatian Building, No.587, Changshou Road, Shanghai, China

电话(Tel)：0086-21-62324371

传真(Fax)：0086-21-62324375

图1.22　上海安德国际贸易有限公司的公司简介及商品信息

商品名称	**Stainless Steel 7-piece Cookware Set**	
商品大类	炊具	
货号	**SV4590**	
包装方式	1 套/盒，2 套/纸箱，1 024 套/20'FCL，2 252 套/40'FCL	
包装尺码	51 厘米×29 厘米×33 厘米	
包装重量(毛/净)	19/16.5(kgs)	
含税采购成本	300.00 元/套	
备注	Set includes: 1-quart covered saucepan, 2-quart covered saucepan, 5-quart covered Dutch oven and 9.5-inch fry pan Oven-safe up to 350 degrees Fahrenheit. Hand wash recommended	
产品图片		

商品名称	**Stainless Steel 7-piece Cookware Set**	
商品大类	炊具	
货号	**SV5130**	
包装方式	1 套/盒，2 套/纸箱，1 024 套/20'FCL，2 252 套/40'FCL	
包装尺码	51 厘米×29 厘米×33 厘米	
包装重量(毛/净)	19/16.5(kgs)	
含税采购成本	300.00 元/套	
备注	Set includes: 1.5-quart covered saucepan, 3-quart covered saucepan, 4-quart covered Dutch oven and 10-inch fry pan. Oven-safe up to 550 degrees Fahrenheit. Dishwasher-safe	
产品图片		

商品名称	**Stainless Steel 7-piece Cookware Set**	
商品大类	炊具	
货号	**SV6320**	
包装方式	1 套/盒，2 套/纸箱，1 024 套/20'FCL，2 252 套/40'FCL	
包装尺码	51 厘米×29 厘米×33 厘米	
包装重量(毛/净)	19/16.5(kgs)	
含税采购成本	300.00 元/套	
备注	Set includes: 1-quart covered saucepan, 2-quart covered saucepan, 5-quart covered Dutch oven and 9.5-inch fry pan. Oven-safe up to 550 degrees Fahrenheit. Dishwasher-safe	

图 1.22　上海安德国际贸易有限公司的不同简介及商品信息(续)

产品图片	
商品名称	**Stainless Steel 7-piece Cookware Set**
商品大类	炊具
货号	**SV8460**
包装方式	1 套/盒，2 套/纸箱，1 024 套/20'FCL，2 252 套/40'FCL
包装尺码	51 厘米×29 厘米×33 厘米
包装重量(毛/净)	19/16.5 (kgs)
含税采购成本	315.00 元/套
备注	Set includes: 1.5-quart covered saucepan, 3-quart covered saucepan, 4.5-quart covered Dutch oven and 9-inch fry pan. Oven-safe up to 350 degrees Fahrenheit. Hand wash recommended
产品图片	
商品名称	**Stainless Steel 10-piece Cookware Set**
商品大类	炊具
货号	**TN6980**
包装方式	1 套/盒，2 套/纸箱，852 套/20'FCL，1 874 套/40'FCL
包装尺码	54.5 厘米×29.5 厘米×36.5 厘米
包装重量(毛/净)	25.5/23 (kgs)
含税采购成本	350.00 元/套
备注	Set includes: 1-quart covered saucepan, 2-quart covered saucepan, 3.5-quart covered saute pan, 5-quart covered Dutch oven and 10-inch covered fry pan. Oven-safe up to 350 degrees Fahrenheit. Hand wash recommended
产品图片	

图 1.22 上海安德国际贸易有限公司的公司简介及商品信息(续)

请就下列数据计算出口 FOB 的报价，运算过程中保留 4 位小数，最后报价保留两位小数(四舍五入)。

品名：R/C Nitro Gas Engine Car 货号：TY9898				
计量单位：	辆	包装：	纸箱	
包装方式：	2PCS/CTN			
每个纸箱尺码：	32cm(长)	20cm(宽)	30cm(高)	
每个纸箱毛重/净重：	G.W.: 14.20kg	N.W.: 11.2kg		
报价数量：	200 辆	集装箱装箱：	LCL	

核算数据：

采购成本：150 元人民币/辆(含增值税)。

出口费用：件杂货/拼箱海运费率为(计费标准"M/W")USD60.00(每运费吨)；出口定额费率(按采购成本计)为 3.50%；海运货物保险费率为 0.70%；投保加成率为 10.00%；增值税税率为 17.00%；出口退税率为 13.00%；国外客户的佣金为(按报价计)3.00%；银行手续费率为(按报价计)0.35%；汇率为 1 美元兑换人民币 6.10 元；预期利润中销售利润率为 10.00%。

项目 2

搜索潜在客户

SOUSUO QIANZAI KEHU

【项目导入】

寻找潜在客户是销售循环的第一步,在确定市场区域后,就得找到潜在客户并与其取得联系。如果不知道潜在客户在哪里,该向谁去销售产品呢?事实上,销售人员的大部分时间都用在寻找潜在客户上,而且会形成一种习惯。打算把产品或者服务销售给谁,谁有可能购买您的产品,谁就是潜在客户。它具备两个要素:有购买意图+买得起。寻求潜在客户是一项艰巨的工作,特别是刚刚开始从事某个行业的时候,业务员的优势只是对产品的了解而已,要通过很多种方法来寻找潜在客户,而且花在这方面的功夫也非常多。在延续企业生命上,开发新客户,对于企业在营运、财力、管理、品质上有莫大的影响。客户足以影响企业的营运。企业必须努力经营,才能获得客户的信赖。

李玮作为公司的外贸业务员,其主要职责就是要不断拓展公司业务,开发新客户。为此,李玮应掌握如下的知识和能力。

【知识目标】

1. 掌握通过网络平台搜索潜在客户的方法;
2. 掌握通过展会寻找客户的方法与技巧;
3. 掌握展会常用的英语表达方式;
4. 掌握管理潜在客户信息的方法。

【能力目标】

1. 能够通过各种方式找到潜在客户的 E-mail；
2. 能够在展会上与客户流利交谈；
3. 能够及时管理潜在客户的信息。

【任务分解】

任务 2.1 利用网络平台找客户；
任务 2.2 参加展会找客户；
任务 2.3 管理客户信息。

任务 2.1 利用网络平台找客户

2.1.1 操作步骤

(1) 利用 B2B 网络平台找客户。
(2) 利用免费搜索引擎找客户。
(3) 利用各种黄页找客户。
(4) 利用客户开发软件找客户。

2.1.2 操作分析

1. 利用 B2B 网络平台找客户

国内外有很多知名的 B2B 网站供外贸公司使用。

1) 阿里巴巴网络平台

下面以阿里巴巴为例，演示注册的流程。阿里巴巴 B2B 网站是享誉海内外的知名网络平台，因此，一般的外贸公司都会选择阿里巴巴作为找客户和营销推广的平台，注册中文的阿里巴巴网站和英文的阿里巴巴网站账户是通用的。为了方便操作，可以先注册中文网站，然后登陆英文网页补充完善用户信息及公司产品信息。

(1) 注册阿里巴巴免费账户的步骤。

① 普通网页注册。

注册流程：单击进入中文网站免费注册页面，填写会员信息并进行手机验证，完成注册。

② 短信快速注册。

注册流程：编辑短信"ZC"发送至"1069 0999 1688"。收到注册成功短信，获得账号、密码即可直接使用，也可以直接用该账号和密码登录使用阿里旺旺。

③ 邮箱注册。

如果不方便使用手机验证，可以在注册页面右边进入邮箱注册。填写注册信息提交注册，输入邮箱收到的验证码(有效期 12 小时，请在 12 小时内使用)，完成注册。

④ 淘宝或支付宝账号直接登录。

如果已经拥有淘宝、支付宝账号，可以直接选择淘宝会员登录或者支付宝会员登录。

(2) 登陆英文阿里巴巴网站，如图 2.1 所示。

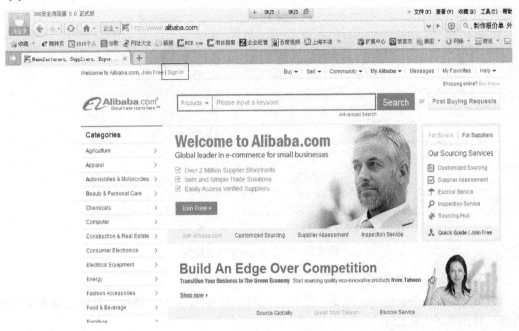

图 2.1　英文阿里巴巴登陆界面

(3) 完善阿里账户信息，如图 2.2 所示。

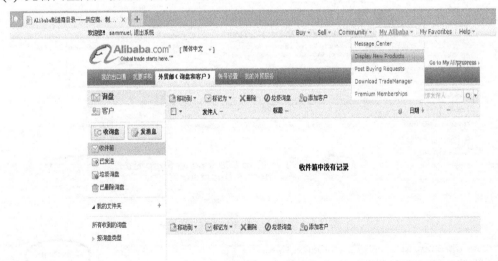

图 2.2　阿里账户信息完善

利用阿里巴巴平台找客户的方法如下。

(1) Buyer 搜索法。

首先，在下拉列表框中选择 Buyers 作为搜索范围；然后，在文本框中输入英文产品的关键词(图 2.3)。

图 2.3 利用 Buyers 功能搜索

(2) Trademanager 搜索法。

首先，下载 Trademanager 软件；然后，安装该软件(图 2.4)；最后，登陆该软件后添加亦使用该软件的客户(图 2.5)。

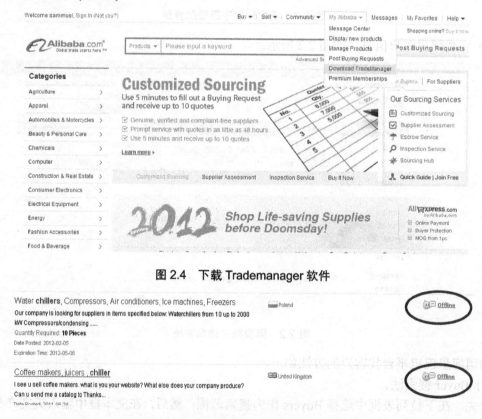

图 2.4 下载 Trademanager 软件

图 2.5 使用 TradeManager 软件客户的图标

2) TRADEKEY 网络平台

(1) 注册 TRADEKEY 网络平台。

① 注册免费用户。

首先，在浏览器地址栏中输入"www.tradekey.com"；然后单击"JOIN FREE"按钮，会出现如图 2.6 所示的界面。

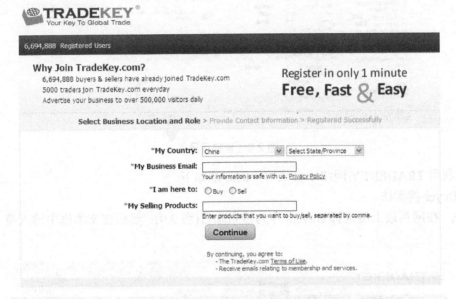

图 2.6　注册 TRADAKEY 免费会员

② 登陆后补充账户信息，如图 2.7 所示。登陆后会出现如图 2.8 所示的界面。

图 2.7　完善账户信息

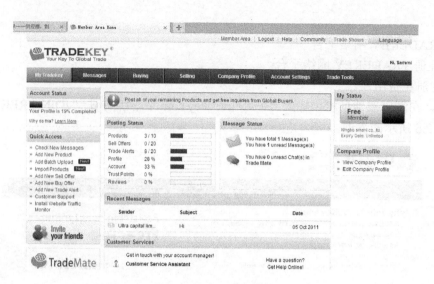

图 2.8　登陆后界面

(2) 利用 TRADEKEY 网络平台找客户的方法如下。

① Buyer 搜索法。

首先，在网页最上端选择 Buyers 作为搜索项目(图 2.9)；然后在文本框中输入英文产品关键词。

图 2.9　在 Buyers 页面搜索

② TradeMate 搜索法。

首先，下载 TradeMate 软件；然后，安装该软件；最后，登陆该软件后添加亦使用该软件的客户(图 2.10)。

2．利用免费搜索引擎找客户

目前全球各类搜索引擎门户网站特别多，而且有地域性。例如，百度是中国人比较常用的搜索引擎；Google 是欧美甚至全球都比较常用的搜索引擎；Kellysearch 是美国人比较常用的搜索引擎。

图 2.10 下载 TradeMate 软件及使用该软件客户的图标

使用各类搜索引擎找客户的方法都是通用的。直接通过 Google，Yahoo，Excite，Kellysearch 等搜索引擎寻找买家。例如，在 Google 搜索引擎中键入产品名称+importer、产品名称+distributors、产品名称+wholesaler、产品名称+buyer、产品名称+supplier 等，如图 2.11 所示。

图 2.11 利用搜索引擎找客户

此外，可以搜索相关的行业网站。每个行业几乎都有行业网站，可以在这些网站中用关键词搜索。一般这些网站上都可以看到会员列表，而且信息量比较大。此外，在这些专业网站和行业协会网站上有很多相关链接，对用户来说也非常方便。方法是在搜索引擎中搜索"行业名称+Association"。一般而言，某国的行业协会都包含了制造商、经销商的相关信息。

找到公司网站后,查找联系方式联系该公司,如图2.12所示。

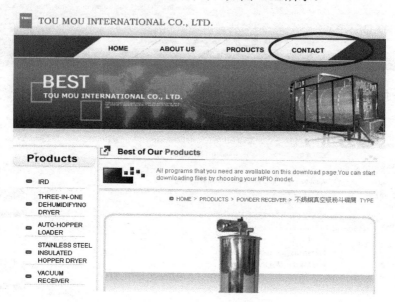

图2.12 登陆公司网站查找联系方式

3. 利用各种黄页找客户

通过各洲或各国的黄页寻找买家也不失为一个好方法。以欧洲黄页(Euro pages)为例,建议不要直接采用黄页公布的客户邮箱,而是先找公司网址再找邮箱,这样可以避免被退信,因为公司更换邮箱的频率较高。通过黄页不难发现,不同国籍公司的后缀名是有区别的。例如,中国籍公司的后缀名往往是"Co., Ltd.",美国籍的则是"LLC"或"INC.",意大利籍的习惯用"S.R.L",西班牙籍的习惯用"S.P.A"等。

但是,黄页信息往往失真,因此要配合搜索引擎一起使用,如图2.13~图2.15所示。

图2.13 利用百度搜索欧洲黄页

亚洲各国黄页及商会			
日本 Japan	YPJ	Yellowpage-jp	Jetro
	Jcci	Osaka	Sme
	ktpc企业信息搜索		b-mall
	日中贸易板		
菲律宾 Philippine	Kyp	Philexport	Dti
韩国 Korea	Koreainfogate	Kyp	
	Kita		
黎巴嫩 Lebanon	Infospace	Ccib	
马来西亚 Malaysia	Yellowpages	Yellowpages.asiaep	Jaring
	Fmm	Miti	e-directory
	malaysiayellowpages	malaysiadirectory	Matrade
	WTExpo		
缅甸	myanmaryellowpages		
尼泊尔 Nepal	Nepalhomepage	Nepalyellowpage	

图 2.14　亚洲黄页

图 2.15　美洲黄页

4．利用客户开发软件找客户

目前，针对外贸行业找客户难的趋势，不少软件公司集中精力开发了各种客户搜索软件。如果在百度中搜索"外贸客户开发软件"这个关键词，就会跳出与这些软件有关的链接，如图 2.16 所示。

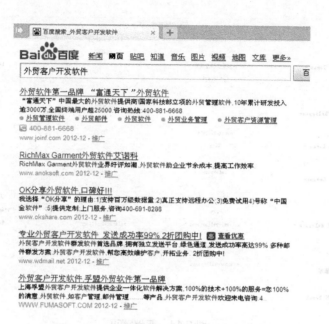

图 2.16 利用百度搜索外贸客户开发软件

下面以苏维智搜全球优质外贸客户开发系统为例,进行简单介绍。

首先,要在搜索条件中键入关键词,但是要排除掉中国的公司,因此,要在"同时排除"文本框中键入"0086"排除掉中国范围内的客户,如图 2.17 所示。

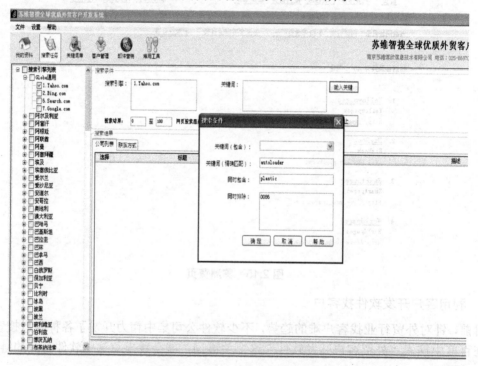

图 2.17 排除中国范围内客户

接下来,就可以单击"确定"按钮,然后选择将搜索到的客户的网址和信箱导入 Excel 表格中,以方便调用和保存如图 2.18 所示。

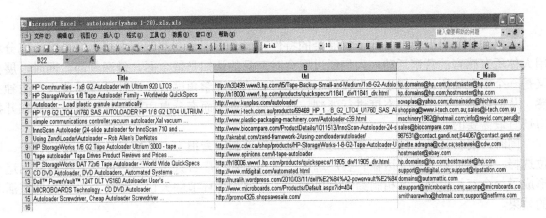

图 2.18 导入 Excel 文件存档

任务 2.2 参加展会找客户

2.2.1 操作步骤

(1) 了解展会相关常识。
(2) 掌握参展常用口语。
(3) 做好参展准备。

2.2.2 操作分析

随着对外开放的日益扩大，国内各地区、各行业都热心于同海外的交流，特别是外向型的地区、企业，为扩大同海外的贸易与合作的机制，主动走出国门，参加海外展会或独自在海外举办展览的企业日益增多。这是一个可喜的现象。但是喜中有忧，不少参展单位在海外进行的展览，往往历经坎坷，花费巨大，却收效甚微。究其原因，当然有产品、市场、包装、价格、广告和销售网络等多方面的问题，但是，展览不能达到预定的展览目标，大多出于展览本身的组织实施问题。例如，事先对展会调查与市场调查不彻底，以至展会选择不当，展览品配置不对，或是运输中对展品造成重大损坏等。总之，归结于缺乏对海外展览实务基本知识的掌握。

1. 国外展会的选择

参加展会是企业重要的营销方式之一，也是企业开辟新市场的首选方式。在同一时间、同一地点使某一行业中最重要的生产厂家和购买者集中到一起，这种机会在其他场合是找不到的。通过参加展会，人们可以迅速全面地了解市场行情。许多工商企业正是借助展会这个渠道，向国内外客户试销新产品、推出新品牌，同时通过与世界各地买家的接触，了解谁是真正的客户，行业的发展趋势如何，最终达到推销产品、占领市场的目的。美国贸易展览局近期做出的一份调查显示，制造业、通信业和批发业中，2/3 以上的企业经常参加展会；金融、保险等服务性行业虽然只能展示资料和图片，但依然有 1/3 以上的公司将展会视作主要的营销手段。

1) 了解特性

若要充分利用展会，必须了解展会的特性。展会有别于其他营销方式，它是唯一充分利用人体所有感官的营销活动，人们通过展会对产品的认知是最全面、最深刻的。同时，展会又是一个中立场所，不属于买卖任何一方私有。从心理学角度看，这种环境易使人产生独立感，从而以积极、平等的态度进行谈判。这种高度竞争而充分自由的气氛，正是企业在开拓市场时最需要的。

同时，展会又是一项极为复杂的系统工程，受制因素很多。从制订计划、市场调研、展位选择、展品征集、报关运输、客户邀请、展场布置、广告宣传、组织成交直至展品回运，形成了一个互相影响、互相制约的有机整体，任何一个环节的失误，都会直接影响展览活动的效果。

如果对展会的这些特性了解不够，即使展出者花费了大量的人力、物力，也未必能达到预期的效果。

2) 明确目标

说起参展目标，经常听到的几种典型错误有："老板让来的！""因为我们每年都参加这个展会。""因为我们的竞争对手也来了。""这是全行业最大的展会。"

实际上，这些都不是参展目标，最多算是展出原因，而且没有一条是根本原因。

企业的参展目标通常有以下几种：树立、维护公司形象；开发市场和寻找新客户；介绍新产品或服务；物色代理商、批发商或合资伙伴；销售成效；研究当地市场、开发新产品等。德国展览协会根据市场营销理论将参展目标归纳为基本目标、产品目标、价格目标、宣传目标和销售目标。企业可能会同时有几种目标，但在参展之前务必确定主要目标，以便有针对性地制订具体方案，区分工作重点。

3) 谨慎选择

一般而言，企业在选择展会时，应结合参展目的重点考虑以下几个因素。

(1) 展会性质。每个展会都有其与众不同的性质：从展览目的可分为形象展和商业展；从行业设置可分为行业展和综合展；按观众构成可分为公众展与专业展；按贸易方式可分为零售展与订货展；以展出者划分，又有综合展、贸易展、消费展……。在发达国家，不同性质的展会界限分明。但是在发展中国家，由于受到经济环境和展览业水平的限制，往往难有准确的划分。参展商应结合自身需要，谨慎选择。

(2) 知名度。现代展览业发展到今天，每个行业的展览都形成了自己的"龙头老大"，成为买家不可不去的地方，如芝加哥工具展、米兰时装展、汉诺威工业博览会、广州全国出口商品交易会等。通常来讲，展会的知名度越高，吸引的参展商和买家就越多，成交的可能性也越大。如果参加的是一个新的展会，则要看主办者是谁，在行业中的号召力如何。名气大的展会往往收费较高，为节省费用，可与人合租展位，即使如此，效果也会好于参加那些不知名的小展会。

(3) 展览内容。现代展览业的一大特点是日趋专业化，同一主题的展会可细分为许多小的专业展。例如，同样是有关啤酒的展会，其具体的展出内容可能是麦芽和啤酒花，可能是酿造工艺，可能是生产设备，可能是包装材料技术，也可能是一场品牌大战。参展商事先一定要了解清楚。

(4) 时间。任何产品都具有自己的生命周期，即新生、发育、成熟、饱和、衰退5个阶段。展出效率与产品周期之间有一定的规律：对于普通产品而言，在新生和发育阶段，展会有事半功倍的效果；在成熟和饱和阶段，展出的效果可能事倍功半；到了衰退阶段，展出往往会劳而无功。

(5) 地点。参加展会的最终目的是向该地区推销产品，所以一定要研究展会的主办地及周边辐射地区是否是自己的目标市场，是否有潜在购买力，必要时可先进行一番市场调查。曾经有一个生产拖鞋的厂家，想当然地认为非洲天气热，则非洲人一定会购买其产品。到了那边才发现，非洲天气热不假，但那里一些地区的老百姓平时根本就不穿鞋。

2．布展设计

提高展览质量，展览设计和摊位布置是至关重要的一环。以前的参展企业，有较多的公司对展位设计重视程度不够或参展人员的参展经验不足，出现公司只重视展品质量，忽视摊位内部布置等现象。有的摊位在展位内随意堆放展品，致使展品质量虽好，但从展台整体看去，仍暗淡无光，影响了公司的形象和贸易的成交，这对参展者的损失是不可估量的。鉴于此，特有以下几点建议，供各参展商参考。

(1) 根据公司自己的摊位面积，把握好展品的数量和质量。展品不宜过多，否则会给人一种拥挤感；当然也不宜过少，给人空荡感。

(2) 重视布展工作，对展位内的任何物品摆放都要认真讲究。墙面上不宜乱钉乱挂，如做装饰处理应在国内准备好，做到事事有准备。做到点线面相结合，展品摆放时要具体设计好位置，做到高低起伏，错落有致，层次分明。

(3) 提高参展人员的素质，认真对待展台设计工作，讲究效果，反映水平，力求展品布置由过去的完成型向当今的讲究型发展。

(4) 建议参展公司在筹备展品时，根据国际标准展位的尺寸(3m×3m×2.5m)，准备2幅或3幅能反映公司产品和规模的挂图(画、图片)，尺寸为120cm×90cm(竖版式)或90cm×60cm(横版式)，或者更大幅的挂图(宽度最好不要超出2.5m)。国内装好后随展品一同发往国外。相关企业的文字说明设计如图2.19所示。同时对挂图如何布置在墙上有个提前准备，如相关的挂钩等。

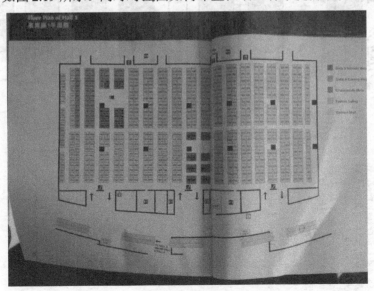

图2.19　某香港服装展会参展平面图

(5) 了解摊位的位置。对于参展商而言，摊位的位置直接决定了其参展的效果，所以在布展前应该搞清楚其摊位的具体位置，以利于选择布展的风格及对展会效果的预期。第114届中国进出口商品交易会(第一期)展区布局图如图2.20所示。

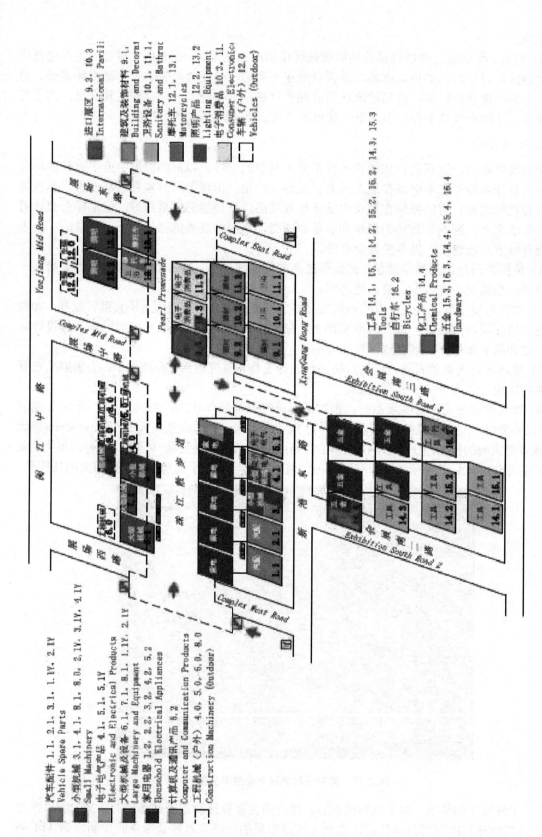

图 2.20 第 114 届中国进出口商品交易会(第一期)展区布局图

做好以上工作,一方面可以从容布展、撤展,更重要的是能够展示公司的形象和实力,增强参展效果。

【特别提示】

参展常用的口语详见附录。

【知识链接】

参展注意事项

一、展商参展成功的要素

1. 参展目的明确

明确参展的最终目的有助于其他工作的完成。一般而言,制造商参展应以展示企业形象、推介公司产品为目的。

2. 详细参阅展商手册

每个展会都会在开展前为参展商提供一份详细的参展商手册。该手册包括展商报到、布展搭建、运输、相关物品租赁、专项负责人员联系方式,以及展会旅馆住宿、展会广告等。参展前仔细阅读展商手册,能够避免不必要的麻烦,提高展商的参展效率。

3. 及时制作展会所需的各类资料

在展会上,公司样本、产品宣传单、报价单、人员名片等文档资料是必不可少的。这些资料出现细微的误差往往会给公司带来很大的损失,以企业的网址和电子邮箱为例,有不少外国采购商习惯通过电子邮件与供应商进行联系,英文的网址和电子邮箱如果错了一个字母,外商的来信就犹如石沉大海,潜在客户因此而流失。此外,公司的文档资料也代表了公司的形象,仓促制作的资料也会给公司带来不利影响。因此,在展会前及时准确地制作参展所需的资料是非常重要的。

4. 重视每个参展人员的作用

展会只有短短几天,然而这几天的时间里却蕴含着巨大的商机。因此,公司必须重视每一个即将站在展台前的工作人员,应提前告知他们参展的目的、内容及期望,并对员工进行加强性培训,使其了解参展的重要性,以及自身形象行为等对公司形象的影响,以最好地发挥每一个员工的作用。

5. 有计划地派发宣传资料

在展会上,每家参展企业都会带来产品样本等的相关印刷品,参展人员在展台前不应无目的随意派发,这样不仅浪费、还不能起到有效的宣传作用,甚至会给采购商留下不佳的印象。要避免这种情况,首先需要参展人员乐于交谈并善于了解陌生人的需要,当了解采购商的意图后,有礼貌地要求对方用商业名片或对方样本进行交换是比较符合国际惯例的做法。

6. 熟悉产品演示

在展前与员工沟通,进行一定的培训,以保证他们在展会上顺利地接待各种需求的客户。在展会上,多数工作人员都是企业的销售员,他们更熟悉怎么报价还价,对产品的具体规格、材料、生产工艺等并不一定很熟悉,但是来到会上的采购商(尤其是国外采购商)往往对这些方面更为关注,因此,参展人员也必须对产品的各项特性有所了解并能熟练地为客户讲解介绍,这样才能更好地留住客户。

7. 专人专项职责到位

在展会上,工作人员的职责分配必须明确,可以根据公司的实际情况,安排接待人员、销售人员、翻译人员、技术人员及总负责人员,这样才能更有效地与前来问讯的采购商进行沟通,训练有素、职责分明的团队一定能给客户留下非常好的印象。

8. 重视展后工作的跟进

展会结束后,应在第一时间将展会上收集的信息、名片、客户的要求进行分类、汇总,并规整成一份详细的记录,将分类记录交付相关销售人员以便联络。展后工作长时间不跟进易被荒置,参展商应于参展前建立时间表,根据时间表每日跟进,督促销售代表及时跟进才能将展会上收集的信息有效地利用起来。

9. 重点进行展会效果评估

参展商越清楚地了解自身在展会上的表现,越有助于今后工作的改进。每次展会结束后应立即进行效果评估,包括对新产品推出的市场反响、参展人员的绩效评估、营销计划的实施效果、各类印刷品的发放情况、客户的反映情况等进行总结等,以便参展商对下一次参展有更充分的准备,并制定更好的展会营销策略。

每一个大型的国际性采购会,都是供应商直接接触买家的重要平台,来自各地的专业采购商聚集到企业的面前,如何利用好这个机会,如何在这个平台上展示好企业的形象至关重要。因此,无论在展会前的准备、展会上的沟通、还是展会后的后续工作都应该得到参展商足够的重视，依靠企业自身优势，将其突出和展现出来，吸引买家的眼光，增强相互沟通，就能提高参展的效果，赢得更多商机。

二、广交会参展须知

中国进出口商品交易会即广州交易会，简称广交会，英文名为 Canton fair，创办于 1957 年春季，每年春、秋两季在广州举办，迄今已有 50 余年历史，是中国目前历史最长、层次最高、规模最大、商品种类最全、到会客商最多、成交效果最好的综合性国际贸易盛会。自 2007 年 4 月第 101 届起，广交会由"中国出口商品交易会"更名为"中国进出口商品交易会"，由单一出口平台变为进出口双向交易平台。下面对广交会进行相关介绍。

（1）申请展位：登陆网上广交会(中国进出口商品交易会指定广交会官方网站)，通过广交会易捷通申请展位，具体如图 2.21 所示。

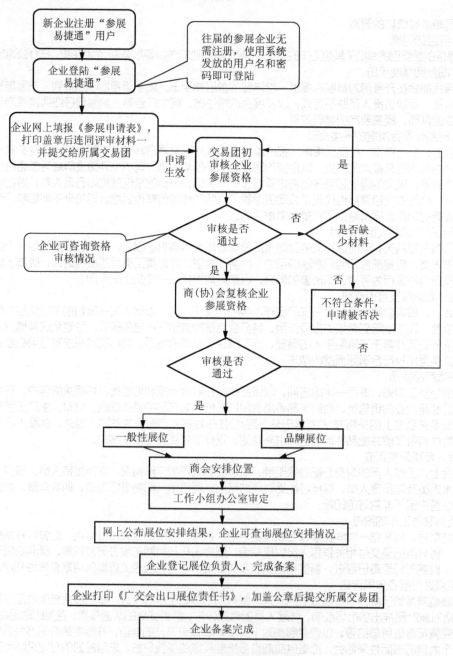

图 2.21　广交会展位申请流程

(2) 获取展位：在广交会易捷通申请展位未获通过，可以到一条龙广交会服务网进行展位联营调剂，同样可以参加广交会。甚至可以通过外贸论坛与别的参展商拼用摊位，这样既节省成本又方便。

(3) 展品运输：参展企业发往广交会的参展样品，由组团单位或参展企业在当地组织起运。参展商委托广交会代收的参展样品，由外贸中心展会服务部代办接收提货，运输到展馆参展样品仓临时仓储，并代垫提货、运输、仓储等费用。

(4) 办理入馆证件(广交会门票：筹展证、参展商证、撤展证)：参展商的广交会相关证件须通过所在广交会交易团办理，详情请参阅：《广交会办证服务指南》；需要代办广交会证件、广交会门票请查询"广交会门票"。

(5) 展位搭建：①广交会标准展位搭建：请通过提前传真或现场服务点申请标准展位拆改。②关于广交会展位特装设计及施工，请找具备广交会特装布展施工资质认证的广交会特装公司确定广交会展位设计方案，由施工单位向广交会审图组申请广交会特装。

(6) 展位布置及展品摆放：客户服务中心现场提供展具、花木出租，水电申报，设备安装，备案资料补录，文字制作，展品样品仓储，电话报装，宽带接入安装等服务。

(7) 参展：广交会参展商在参展期间请注意做好现场洽谈、出口成交统计，并注意维护自己及他人的知识产权。

(8) 撤展：到所在交易团办理展品样品放行条，将展品撤出展馆运回所在地。当然，一些可以零售的展品样品也可以在现场出售。广交会最后一天会有很多展商及广州当地人到现场购买便宜样品。

三、人员出访手续办理

作为一家要去国外参加展会的企业，如何办理相关人员的出国手续和签证自然是他们非常关心的问题。鉴于我国政府目前对出入境管理还相对比较严格，展览行业的行政审批制度依然存在，参展人员如何办理出国手续还需要依据其所持有的护照类型来决定。

1．私人护照、签证

私人护照外观颜色为紫红色，正面写有"中华人民共和国护照"字样，由公安部出入境管理局及其在各地的派驻机构签发，通常有效期为5年。我国公民申请此类护照通常比较方便。由申请人在其户口所在地的出入境管理部门申请(从9月1日起，北京、上海等城市的居民仅凭借身份证、户口本就可以按需申领护照，有些地区的公民需要提供其所在单位开具的同意函或国外邀请人出具的邀请函。作为打算出国参展的人员，可以请国外客户帮助出具邀请函以办理私人护照)，申请人在提交材料后通常会在两周后得到护照。

私人护照持有者申请签证相对手续较为简便。申请不需要面试的国家的签注就不多说了，申请需要面试的国家签证的大致程序如下。

拿到展会正式邀请函—准备好相关资料—拨打使馆签证约电话，预约时间—在签证当天带齐材料按时到达使馆面试—取签证。

这个过程可能很复杂，如资料准备、递交资料、预约时间。所以一般情况下找旅行社代办，约好了再通知过去面签，通常都会很顺利，而且费用不会太高。

在此过程中，参展人员需要了解以下几点。

(1) 展会正式邀请函由中国组团方统一向展会索要，并在参展人员向组团方交齐费用后下发，参展人员也可要求国外客户帮助其出具邀请函，但签证风险相对较大。

(2) 有些国家使领馆需要预约签证时间，如美国、德国等；有些国家则不需要，如英国等，参展人员可以自行安排时间前去面试。但约签证时通常需要提供申请人护照号、姓名、出生日期，签证约电话不需要申请人亲自拨打。需要注意的是，有些国家在签证高峰时段很难拨通电话，需要连续拨打。到德国、美国等热点国家在每年年底及七八月份为签证高峰期，申请人预约的签证时间可能为其预约时间后30天，故请提前预约，以免延误展会。

(3) 通常持私人护照的签证申请者应在其所在领区的使领馆与签证官面试(各国使领馆规定)，许多国家在中国的使领馆通常设在北京、上海、广州。也有些国家不接受本人预约，如日本，必须要求申请人将材料送至指定签证代办机构，由其统一办理。

(4) 有些国家对在一段时间内去过该国的申请人提供免面谈服务,由申请人将其申请材料送交中信实业银行、德国工商大会等代办机构。

(5) 有些国家要求申请人在面试当天以现金形式交纳签证费,也有些国家需提前交纳到指定代收银行,如美国需提前交纳中信实业银行。

(6) 有些国家在申请人面试结束后1小时内即可将颁发签证,如美国;也有些国家需要一周后颁发签证,如德国、意大利。申请人可以委托他人代取签证。

(7) 申请人面试时,通常需要携带以下材料(特指如参展之类的商务签证):填写完整的签证表,护照,博览会主办方出具的正本邀请函,博览会参展摊位证明,博览会参展摊位费发票,申请人所在单位出具的经济担保函,申请人名片、身份证及户口本原件、复印件,结婚证书,在职证明等,申请人所在单位营业执照复印件,信用证明,以及所从事的商务活动的证明文件等。

2. 酒店机票的预订

如果是参加出境的展会,酒店机票通常都会由招展代理帮忙预订(跟团价格可能很高并且行程不自由,但是比较省心)。通常主办方也会有一些推荐的酒店可以直接预订(价格不一定便宜,而且名额有限,很难预订),有可能还要额外收取服务费或税金,没有发票或只有收据式发票。所以如果能找到一家机票酒店签证一手代理的旅行社,不仅价格实惠,还可要求一手代理商提供费用月结,也在最大程度上避免了被骗的可能性,而且旅行社通常会有机票酒店套餐和促销。

注:酒店机票签证预订由旅行社代订的优势如下。

(1) 酒店和航空公司最大客户就是旅行社,所以给旅行社的批发价格相当低。

(2) 旅行社对于办理此类事情有经验,可以很大程度上节约自己的时间和精力,还可以保证品质。

(3) 旅行社的竞争激烈、利润微薄,就是在他们的成本加了利润之后的价格,也未必会比自己去订的价格高,可能还会更便宜。

任务 2.3 管理客户信息

2.3.1 操作步骤

(1) 下载并安装客户管理软件。
(2) 输入客户的相关信息。

2.3.2 操作分析

1. 下载并安装客户管理软件

外贸业务员通过网络寻找到潜在客户以后,应该及时将客户的信息通过某些外贸管理软件进行保存及整理。这样做一方面有利于提高工作效率,另一方面有利于创造潜在的贸易机会。以下以"我的外贸通 3.05"管理软件为例,简单介绍建立新客户档案的方法。

"我的外贸通 3.05"是一款可以随时下载的免费软件。该软件系统的开发目标是提高综合业务管理能力,对业务中烦琐而易错的事务提供非常高效的解决方案,从而能大大节约用户的时间,全面提升其在业内的竞争力,同时又能使公司的管理更加规范和高效。

"我的外贸通"系统的主要功能如下。

(1) 工厂资料管理包括完备的工厂资料的创建、更新、删除,高效的工厂资料的查找,工厂生产货物情况的一览、与工厂交易情况的统计、与工厂发送传真情况的一览及与相应工厂的来往邮件的列表等,如图 2.22 所示。

图 2.22 "我的外贸通 3.05" 系统主菜单

(2) 客户资料管理包括完备的客户资料的创建、更新和删除,高效的客户资料的查找、与客户进行报价记录的一览、与客户成交记录的一览、与客户交易结果的统计、与客户发送传真情况的一览及与相应客户来往邮件的列表等。

(3) 船务资料管理包括完备的船务资料的创建、更新和删除,高效的船务资料的查找、与客户进行报价记录的一览、与客户成交记录的一览、与客户交易结果的统计、与客户发送传真情况的一览及与相应工厂的来往邮件的列表等。

(4) 货物资料管理包括完备的货物资料的快速创建、更新和删除管理,高效的货物资料的查找、工厂报价情况列表,与客户进行报价时的记录一览、与客户成交时的记录一览及与工厂进行采购的记录一览等。

(5) 基础数据管理是对一些基础数据(如货币单位、重量单位、数量单位、货柜资料、货物类别、国家、港口及 HS 编码)的管理。这些资料基本是系统自带的,如果用户仍感不足,可以进行自行添加或修改。

(6) 报价单管理包括对客户报价记录的创建、更新或删除的管理,报价单的打印或 Excel 导出、直接将报价单按指定格式的附件发送给客户,同时还可以自动导出并生成客户合同或工厂合同,在自动导出时可以进行多报价单的合并处理。

(7) 客户合同管理包括创建、更新和删除客户成交记录的管理、形式发票、发票、装箱单、订舱委托书、产地证明等报表的打印或 Excel 导出,同时还可以自动导出并生成工厂合同,另外还可以通过一次客户合同进行分批出货后的剩余出货量的管理。

(8) 工厂合同管理包括创建、更新和删除工厂合同资料的管理,工厂合同报表的打印或 Excel 导出等功能。

(9) 业务状态管理。对公司的出口业务进行统一管理,通过业务状态管理器,用户可以一目了然地看到每笔业务的进展状况,配合软件的自动备忘提醒功能,用户可以很清楚地知道什么时候需要处理什么事务。另外,通过业务状态管理,可以查看出货及未出货货物清单及出货后的与客户的对账单。

(10) 传真管理。用户可以通过传真管理器来创建、更新和删除传真资料,高效地查询能使客户快捷地查到其需要的资料。通过传真的打印功能,用户可以打印出非常规范的传真文本,能有效地节约用户创建传真资料的时间。

(11) 备忘提醒功能能够让用户非常清楚地知道何时需要处理什么事务。业务中的许多地方都与备忘提醒进行了自动关联。例如,用户创建或更新客户合同后,软件会自动创建与合同签订日期有关的"订金或信用证"提醒,与装船日期有关的"出口交货"日期提醒、"余款"日期提醒、"退单"日期提醒等。在创建或更新工厂合同后,软件会自动创建与每一单货物有关的"工厂交货"日期提醒、"订仓"日期提醒等。

(12) 收付款管理。用户通过登记各次收付款的款项就可以实时查询指定条件范围内的"实收"、"实付"、"应收"、"应付"款额的统计。

(13) OurMail 企业邮件管理。通过邮件管理系统,用户可以进行常规的邮件收发,也可以进行跟业务系统关联起来的邮件分发、邮件备注资料添加、邮件地址簿管理及客户邮件自动归档管理,另外还可以进行邮件的群发操作。

(14) 单证中心包括各类报价单、客户合同、形式发票、发票、箱单、订舱委托书、原产地证明以及购货合同、生产通知单等。

(15) 用户管理。给用户建立不同权限、不同客户资源,从而使业务分工更加明确,更能有效地控制数据的安全。

(16) 数据库管理包括数据库备份、数据库恢复、数据库优化及数据库的初始化等。

2. 输入客户的相关信息

"我的外贸通 3.05"客户资料管理功能的使用如下。

1) 功能说明

"我的外贸通 3.05"包括完备的客户资料的创建、更新和删除,高效的客户资料的查找、与客户进行报价的"报价信息"一览、与客户成交记录的"合同信息"一览、与客户发送传真情况的"传真信息"一览、与客户的"来往邮件"一览及与客户交易结果的统计等。

2) 操作说明

(1) 新建资料:根据界面内容,填写客户的相应信息。单击"添加"按钮进行数据保存,其中客户编号和公司名称为必填项目。

(2) 修改资料:将需要修改的资料调出,修改相应内容。单击"更新"按钮进行资料的更新保存。

(3) 删除资料:将不需要的资料调出,单击"删除"按钮。在删除前,系统会弹出确认对话框。

(4) 查找资料:查询界面中的每一个项目都可以进行模糊查询或精确匹配查询,这样能快速查询到用户需要的资料。

如图 2.23 所示,是 BEHERO 公司的客户资料信息。从图中"报价信息"选项卡中看到,与该客户进行过 30 次报价,也进行过 24 次交易,交易总金额$1,035,339.55,更详细的交易情况可以在"合同信息"选项卡中看到。另外,与该客户的传真记录可以在"传真信息"选项卡中查看,与该客户的来往邮件可以在"来往邮件"选项卡中查看。

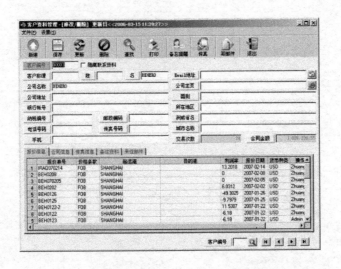

图 2.23 "我的外贸通 3.05" 客户资料管理功能示意

【自我评价】

进行自我评价,并填写表 2-1。

表 2-1 自我评价表

评价项目 \ 完成情况及得分	很好 (5)	良好 (4)	一般 (3)	较差 (2)	很差 (1)	分项得分
根据产品关键词寻找潜在客户的情况						
展会英语掌握情况						
潜在客户信息管理情况						

【能力迁移】

请根据注塑机辅机的 3 种产品 [Chiller(冷却机)、Autoloader(自动上料机)、Hoperdryer(干燥机)]的关键词寻找潜在客户的信息,尤其是 E-mail 地址,最终将客户资料整理为一份如图 2.24 所示的 Excel 表格。

#	Name	Company	Address / Country	Contact	Remarks
1	davide	coxxxxxo	Milano, Italia	manager presso coxxxxxo tek, esperto in energie alternative, macchine utensili e macchine per il benessere davide@coxxxxxo.it	
2	Dattatraya	Cxxxxxxxur	Pune Area, India	Dattatraya Technical Consultant Connoisseur	
3	Andy	AndyTech Systems	New Delhi Area, India	Managing Partner at AndyTech Systems xxxxx.technocrat@gmail.com	
4					
5					

图 2.24 客户资料整理表

项目 3

撰写外贸开发信

ZHUANXIE WAIMAO KAIFAXIN

【项目导入】

开发信就是第一次给潜在客户发送的邮件内容,其目的是开发这个潜在客户,希望建立业务合作,收获订单,拓展业务。外贸开发信抛出的是希望建立友好合作关系的橄榄枝,带来的可能是源源不断的资金流,发出的是希望,期待的是回复。最值得研究的还是电子邮件传递的开发信,这是一个最为快捷、最为省钱、最为充分,而又不容易产生误解的有效沟通方式。

李玮在做好了一切与客户沟通的准备后,要向潜在客户发送外贸开发信以期与其建立初步的业务关系,并通过使用邮件管理软件,管理日后与客户间的邮件发送问题。

【知识目标】

1. 掌握外贸开发信的内容及格式;
2. 掌握优质外贸开发信的特征;
3. 掌握外贸邮件管理软件的使用技巧。

【能力目标】

1. 能够独立撰写令客户青睐的开发信;
2. 能够熟练管理与客户间往来的 E-mail。

【任务分解】

任务3.1　撰写外贸开发信的详例；

任务3.2　使用邮件管理软件。

任务3.1　撰写外贸开发信的详例

3.1.1　操作步骤

(1) 细致分析开发信的内容。

(2) 利用开发信模板完成开发信。

3.1.2　操作分析

1. 细致分析开发信的内容

1) 分析开发信的内容结构

一笔订单往往始于出口商主动向潜在客户寄送开发信以建立业务关系，而开发信的内容可以包括如下内容。

(1) 说明客户信息来源，即如何取得对方的资料。

作为贸易商、个人 SOHO，可以通过驻外使馆商务参赞处、商会、商务办事处、银行、第三家公司的介绍，或者在企业名录、各种传媒广告、网络上寻得客户资料；也可以在交易会、展览会上结识；甚至是在进行市场调查时获悉。

因此，可以采用如下方式来表明客户信息的来源：

① We learned from the Commercial Counselor's Office of our Embassy in your country that you are interested in Chinese handicraft.

② Mr. Bowins, Head of Arcolite Electric AG has recommended you to us as a leading importer in Korea of lightweight batteries for vehicles.

③ We have obtained your name and address from the Internet.

④ Our market survey showed that you are the largest importer of cases and bags in Egypt.

当然还有很多的英文表达方式，就不在此一一列举了。

(2) 言明去函目的。

一般而言，给客户写信总是以开发业务、开拓市场、拓宽产品销路为目的，我们可以有如下表达方式。

① In order to expand our products into South America, we are writing to you to seek cooperate possibilities.

② We are writing to you to establish long-term trade relations with you.

③ We wish to express our desire to enter into business relationship with you.

(3) 本公司简介。

公司简介包括对公司性质、业务范围、宗旨等基本情况的描述及对公司某些相对优势的介绍，如经验丰富、供货渠道稳定、有广泛的销售网等。可以用如下语句来表达。

① We are a leading company with many years' experience in machinery export business.

② We enjoy a good reputation internationally in the circle of textile.

③ We have our principle as "Clients' needs come first".

④ A credible sales network has been set up and we have our regular clients from over 100 countries and regions worldwide.

⑤ Located in Shanghai, we take the advantage to set up our solidified production basis in coasted and inland areas.

(4) 产品介绍。

产品介绍最重要，一定要认真去写。如果已经知道客户有明确的需求，如需要某服装，那么就可以选取某服装进行具体的推荐性介绍；如果只拿到客户的名片，不十分清楚客户的需求，那么就可以把公司经营产品的整体情况，如质量标准、价格水平、打样速度、交货速度等做笼统的介绍。

当然附上目录(Catalogue)、报价单或者另寄样品供客户选择也是经常采取的做法，常用的表述如下。

① Art. No.102 is our newly launched one with superb quality, fashionable design and competitive price.

② We have a good variety of colors and sizes to meet with different needs.

③ Our products are enjoying popularity in Asian markets.

④ To give you a general idea of our products, we are enclosing our catalogue for your reference.

(5) 激励性结尾。

一般在开发信的末尾会写上一两句希望对方给予回应或者劝客户立刻采取行动的语句，如下所示。

① Your comments on our products or any information on your market demand will be really appreciated.

② We are looking forward to your specific inquiries.

(6) 个性化补充内容。

任何可以打动客户的特殊内容都可以随信而发或者随样品而寄。例如，在展会上和客户拍的合照可以随信而发，既可以提醒客户你是谁，让客户立刻就记住你，也可以深入表达你和客户的友好关系。又如，客户平常随意说出的某张一直在寻找的 CD 或者 DVD，或者客户一直在找的一本书等，你可以随着寄样品时一起寄出，让客户知道你一直关心着他们，你的服务一直是最优秀的，你会在做生意的过程中关注任何需要注意的细节，让客户更加放心你的办事态度及效率。

【例 3-1】以一封开发信样本为例，分析其内容及结构。

Dear Henry,

Glad to learn you're in the market of ... products. 260 workers, 25 000 m^2 non-dust workshop, 12 years experience, 3 years' vendor of Wal-mart, ISO, CE & FDA certificated, one hour reach Wuhan port, this is how we keep good quality and competitive price for global valued customers. (简洁地体现公司实力，用数字说话，合作的知名客户侧面印证，获得的认证用一个单词 certificated 高度概括。靠近武汉港，据此内行的客户分析靠近产业集中地，很可能是工厂。)Our main products cover ..., (简单介绍主要产品，不要写得过细，切中客户行业即可。)

If any products meet your demand, please feel free to contact us. Catalog & Free samples can be offered if price content.(有任何需要随时联系，如果价格满意，提供样品和目录)

We're sure your any inquiry will get prompt attention.

Best regards,

Sam

2) 分析优质外贸开发信的特征

优质外贸开发信的主要特点有简洁扼要、语法正确、表达清晰、避免重复词语、正式商业化的口吻、行文流畅凝练。

另外，发开发信不在于多，而在于精。不要为了发开发信而发开发信。同样是发开发信，你用一分钟看客户的网站，记录下网站上的邮箱，然后套上模板就发送出去的效果显然很差。只投入了一分钟，就想得到100%的回报，这是不可能的事。

由于进口商的角色不同，所处行业不同，需要展示的方式和内容也不同。买家所处行业中的地位、对供应商的需求程度、采购偏好、其自身性格差异等也都会影响到邮件回复率。高回复率虽不可轻易复制成功，但仍可以从实战中提炼出一个公式：

高回复率=Basic Search, Target Right+避开 SPAM 高频词+少图片、少链接+好的标题+行文简洁清晰+Key Point+运气或时机

(1) Basic Search, Target Right。

开发信写得再出彩，也不能保证开发信递送到真正的买家。需先进行初步的调查了解，前期的工作很必要。

① Basic Search(初步调查分析)。

一定要每个确定是经销商的网站，都认真地研究，看看他们在卖些什么，他们是做什么的，他们在哪个地方。例如，开发成功的客户 A，在研究其网站的时候发现：第一，网站上有这个产品，已经比较陈旧了，但是他还放在网站上，说明他还在做；第二，他网站上有税号等信息，通过网站可以查到他的公司注册资料；第三，他的网站制作是比较专业的风格，说明他这个人很严谨；第四，网上有他的电话，但是没有邮箱，说明他比较讨厌群发邮件。他有个网页发邮件的程序，但通过记事本查看源代码却没能找到邮箱，说明这个客户对这方面的保护非常认真，他讨厌垃圾广告。

② Target Right(发给正确的人)。

有些对口的客户，网站上只有 info, sales 这些邮箱的，建议直接打电话。打电话先问到负责采购的邮箱，然后发送开发信。如果电话打不通，用 Google 浏览器并配合 Whois 信息，尽可能地找出这家公司的其他邮箱地址。再利用人名和邮箱名，去国外社交平台上进行搜索，有时候也有意外的收获。社交平台没有任何发现，再发送开发信到你搜索出的那些邮箱。

在社交平台上，建议以如下方式进行交流。

Dear Sammi,

I suggest you try to make initial contact via phone call if you're sure they are real buyers. It is too easy for people to ignore E-mails, especially when E-mails are from somebody who with poor knowledge and morals of E-mail marketing.

If telephone contact is not possible then you can work via E-mail. Remember that, do not make the E-mail full of selling-language or words, such as "FREE", "OPPORTUNITY", "CHEAP", "PRICE",

"DISCOUNT", when you've got buyer's reply, it doesn't matter but if this is just the first E-mail, NEVER USE THEM…

Additionally，I would strongly suggest LinkedIn, there are a lot of professionals on there now, and it's growing every day. It's easier to check what's new. Maybe you can find your target customers there.

(2) 避开 SPAM 高频词。

E-mail 营销还是外贸中常用的营销手段，然而至少有 80%的人对 E-mail 营销缺乏正确的认识。因此，有必要给大家普及一些基本的知识点。

邮件地址中的符号@是英语"at"的意思，所以 E-mail 地址如 sammi@sohu.com 的完整解释为"sammi 在 sohu.com 这个服务器上面的一个邮件账号"。一封邮件，从发送到最后收到，必然要经过以下路径：A 方邮件客户端，A 方邮件服务器，B 方邮件服务器，B 方邮件客户端。一般而言，邮件服务器含有众多用户的电子信箱。A 如果使用的是企业邮箱，那么 A 向企业邮箱服务器的 SMTP(Simple Transfer Protocol，简单邮件传输协议)服务器发送。如果 A 使用的是公共邮箱(如搜狐邮箱)，那么 A 向搜狐邮箱服务器的 SMTP 服务器发送。A 方的 SMPT 服务器识别邮箱中 B 的地址，并向管理 B 地址的 B 方邮件服务器的 POP3(Post Office Protocol 3，邮局协议的第 3 个版本)服务器发送消息。B 方 POP3 邮件服务器将邮件转存入 B 的邮箱内，并告知 B 有新邮件到来。B 通过邮件客户端程序连接到服务器后，就会看到新邮件。当 B 回复了 A 邮件，A 收到 B 的回复。这样一个过程就被记录为可信可允许的通信，并且 A 的地址也被记录为可信。所以建议使用公司邮箱。具体如图 3.1 所示。

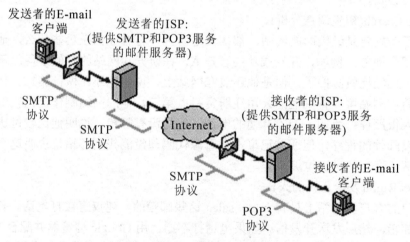

图 3.1　E-mail 的收发流程示意

建议发国外开发信用企业邮箱是因为公共邮箱服务器上承载的邮件账号太多，可能之前有很多其他人的邮件账户都发过未经接收方许可的垃圾邮件，不利于邮件服务器的评级。所以最好还是使用企业邮箱，也就是"用户名@公司网站域名"。这样是一个干净的、无不良记录的邮件服务器。

公司网站的建设也很重要，它会影响客户对企业的第一印象，有时可以增加信任。很多企业网站做得很差。现在都进入 Web 2.0 时代了，还在用 Table 布局，用 ASP+ACCESS，用国内主机空间，无 FAQ(Frequently Asked Questions，检索系统)，无 SITEMAP, META 标签 [META 标签用来描述一个 HTML(Hyper Text Mark-up Language，超文本标记语言)网页文档的属性，如作者、日期和时间、网页描述、关键词、页面刷新等。META 标签的内容设计对于搜索引擎营销而言是一个至关重要的因素，尤其是其中的 "description(网页描述)" 和 "Keywords(关键词)" 两个属性更为重要]中的 Keywords 和 Description 还是留空，TITLE(网页标题)仅写了个公司英文名，具体如图 3.2 所示。

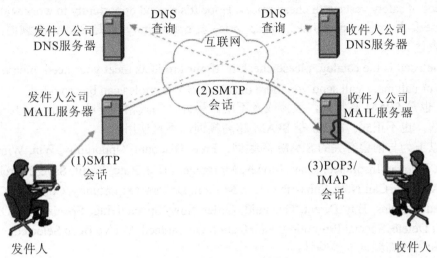

图 3.2　公司网站的制作流程

什么样的邮件会被判定为垃圾邮件？根据国际电子邮件协会的判定规则：未经收件人允许的，在一段时间内发送频率过快、内容重复度过高；对方未订阅但发件人发送附件的；邮件中含有 SPAM 高频词。因此，即使是用模板发送开发信，也应尽量设置多种不同内容的模板，并且不要发得那么频繁。

【例 3-2】下面以某公司新入职的外贸业务员所撰写的外贸开发信为例。

Dear Larry,

We know your company from alibaba.com. Your company seems sell safety vests, right？I want to know do you need ××× products?

We are Chinese professional manufacturer specializing safety products, we can provide various types of safety vests with cheap prices. Hope it's a good opportunity to work with you.

Enclosed is the catalog, please check it. If our products meet your need, please feel free to contact me or call me. I will send you more details. FREE Samples can be provided

Thank you very much.

Best regards,
Cliff

以下是对该开发信进行的分析和修改。

① 一定要拿掉附件目录。第一封邮件的价值永远是确保对方能够顺利收到。完全没有必要附上任何图片和目录，客户可以从签名中去看你的网站。

② "We know your company from alibaba.com." 这句不好，直接就暴露了你是一个 "unsubscribed sender" 或者说 "The Uninvited"。

③ Your company seems sell safety vests, right? 此句问得很多余。既然对客户公司有了个基本了解，就不必要多问。Sell 这个敏感词不要用。

④ Do you need ××× products？这句无必要，删除。

We are Chinese professional manufacturer specialized in safety products, we can provide various types of safety vests with cheap prices. Hope it's a good opportunity to work with you.

Chinese 尽量不用。specialized, cheap, price 及 opportunity 都是 SPAM 高频词，应换用其他词进行表达。

⑤ Enclosed is the catalog, please check it. If our products meet your need, please feel free to contact me or call me. I will send you more details. FREE Samples can be provided.

check 也是 SPAM 高频词，换掉或者不用。另外，句式稍显啰嗦。call me 用于国际贸易中不太合适，也不正式。FREE 是 SPAM 超高频词，不宜使用。

注：以下为与销售有关的 SPAM 高频词：Free, Discount, Oppotunity, Win, Winner, Cheap, Deal, Debt, Income, Insurance, Loan, Money, Mortgage, Price, Rate, Profit, Save, Merchant, Stock, Act Now, All New, Call Now, Subscribe Now, Million, Dollars, Opportunity, Compare, Check, Cash, Bonus, Credit, Loans, Buy Direct, Get Paid, Order Now, Specializing, Specialized, Offer, Please Read, Don't Delete, Special Promotion, Satisfaction Guaranteed, You've Been Selected.

具体 SPAM 高频词查询网址：

http://www.bloomtools.com/articles/spam-trigger-words-to-avoid.html

根据以上原则，将该开发信进行修改后形成以下文本。

Hi Larry,

Glad to learn you're in the market for labor safety products.(让他不确定你是不是展会上和他见过，有过一面之缘，或者给他 voice mail 留过言，或者给他打过一次电话)

We are a leading manufacturer of personal protective workwear, as well as 4 years Walmart's vendor. Our main items are reflective vests(不用 safety vests，避免 safety 单词重复过多。能不重复尽量不重复)and at present, for German market, our superior type is ×××, quality meet EN471 and ANSI107 standard.

Please contact us if any questions. Your wear, we care！

Best regards,

Cliff

这算是一封很"安全"的开发信了，并未提到"Price"这个词。原因有二：一是为了尽可能避免使用 SPAM 高频词；二是 Rpice 这个词使用频率太高，易引起客户反感。

为何有的开发信中有 Price 这些词，照样可以收到客户回复？为什么也会偶尔收到国内一些公司甚至国外发来的开发信，他们的开发信里好像也有 SPAM 高频词？

每个邮件服务器运营商都不一样，他们预设的 SPAM 高频词也不一样。

前面列出的一系列 SPAM 高频词，是知名国外网络服务商 GoDaddy 做出的统计，并不是所有的国外邮件服务器都使用相同的 SPAM 高频词。

(3) 少图片、少链接。

第一封邮件中尽量不使用图片和超链接。

① 图片：很多反垃圾邮件机制对图片很敏感。图片会很直接，但是垃圾邮件过滤器却不这么认为。有些国外邮件客户端默认就不显示图片，这样你的图片就变成了被封锁的信息。客户的建议如下。

For security reasons, my E-mail client is configured not to display embedded messages. I know, it makes reading fancy sales pitches less enjoyable, but it keeps my system cleaner. And I'm not the only one - several webmail systems don't display images by default(in some, the user needs to opt to turn them on per message). What's the worst is that: some people lack of acknowdge of E-mail rules and sending entirely image-based E-mail.

② 超链接：能不用超链接就不用。文中千万不要用类似"For more details, pls visit our website www.××××.com"的语句。签名处，不要写 MSN 和 E-mail 地址。网址是一定要写的，不过不要带超链接。

具体方法：如果是传真信息，可以在签名管理里面在网址上右击"取消超链接"。

(4) 好的标题。

一个好的标题也是非常重要的。当客户收到一封邮件时，他最多用 3 秒钟就能决定看或者不看。

如果经常收到国外的新产品推广信，你会发现欧美人邮件标题通常都是一些非正式性的、轻松的语句，如 We've got you covered by ××× working apparel.

再如，某客户写邮件，他的标题都很简单，但很清楚，而且几份邮件往来之后，标题变长了，他很快就会根据他的目的修改标题栏，如下所示。

REQUEST: Quick offer for 150 000 lab coats

RECHECK: Best price for 150 000 lab coats

ATTENTION: Delivery time too long

URGENT: Need samples.

INFO: Samples have been received.

REQUEST: Good quality but change color ?

INFO: NEW PO#××××××

REMIND: Typing mistake on PI ?

CONFIRM: Revised PI No.:×××2012014 Labcoats

ACTION: Send me shipping documents by this weekend

还有时候，会收到邮件标题如 I will let you know soon eom. 邮件只有签名，无正文。当邮件内容太短，所说的内容标题里就能说完的时候后面接一个 eom。

一点建议：关于标题加上"Re: FW:"。

"Re: FW:"等标记不要随便用，因为人们不喜欢被欺骗。如果打开以后根本这个人不认识，或者这个人准备推销，那么邮件读了个开头就被会删除。如果你和对方素不相识，那么可能你的开发信要经过几次转手才能到采购的邮箱中，而这途中被删除的可能太高。

对于拟好的标题，提供以下几个建议。

方法一：客户网站上找素材。

看看客户的网站上，有没有公司明显的标语、核心价值(Core Value)、总裁致辞等。好好看看，然后借用内容过来，放在标题里，这样对方想不打开都不行。

例如，我曾给某客户发邮件，邮件标题为"Attn: GDP Inc-Professional Manufacturer - Safety vests"。发过去后等了两天都没回复。重新发送，还是没回复，这时我在客户网站上看到一行大字："Secure Your Daily Work"。我把标题栏换成了: Secure Your Daily Work, can we involved ? 结果没用多久，对方的采购就回复了：Thanks for your interest in applying for our supplier…

方法二：以客户利益为目标，越具体越好。

例如，客户行业对口，但是网站上没有看到过这类产品，不知道对方是否做这类产品。

初步设定：Expand your safety products line with economy items - PIS company

接着进行改造：Economy safety products - Revenue 20% up - PIS company

加上对方公司，最终改造为

Attn: GDP INC - Economy safety products get Revenue up - PIS company

Attn: GDP INC - Economy safety products get Revenue 20% up - PIS company

方法三：以主打产品为标题，一目了然。

例如，Attn:purchasing - Featured products/ Safetyvests - PIS company

方法四：以市场信息为标题。

例如，PIS Company: Nonwoven material rise in April

方法五：直接表明意图。

例如，How could we be your possible vendor - PIS company

(5) 行文简洁清晰。

邮件的正文也非常重要，务必在有限的空间内把意思表达清楚，能用一个词表达就不要用两个词，尽量压缩篇幅，主动改为被动语态，可省略的尽量省略。

这里还是继续用文章一开头用到的那个开发信范例，但是结合前面说到的 SPAM 高频词，来进行修改：

Dear Henry,

Glad to learn you're on the market of ××× products.

260 workers, 25 000 m^2 non-dust workshop, 12 years experience, 3 years' vendor of Wal-mart, ISO, CE & FDA certificated, one hour reach Wuhan port, this is how we keep good quality and reliable cooperation for global valued customers.

Our main products cover most of PPE industry products while featured products are all type of safety vests.

If any product meet your demand, please contact us. We are sure any your question will get our prompt reply.

Best regards,
Sam

这样的表达算是比较简洁清晰，我们已经注意到 SPAM 词，因此内容应该算比较安全。因此做到了简洁，展现实力，内容清晰。

(6) Key Points (关键点)。

开发信中，一个很明显的规律是对客户公司的了解有多少，表达的内容就有多少能引起对方兴趣的地方。换言之，为了进入对方的视野，你需要前期了解这个客户，然后你的邮件才能有"料"，才能吸引对方的注意力和兴趣，并判断对方是否有价值。

例如，很多人经常会收到含有各种海关数据的营销邮件但很多人不相信此类数据。要引起客户的注意，应做到如下几点。

第一封邮件：列出公司去年的北美客户的提单数据，只截取一小块，然后告诉客户"试试海关数据开发客户的威力吧，它有真实的数据让你信服"。客户对于这封邮件会有些好奇，试一试后会真的找到北美客户。但是仍不会完全相信，没回复。

第二封邮件：列出自己的客户，他们或许是收件者的竞争对手。他们已经在使用海关数据找客户了，列出两个行业内有代表性的进口商。这时，客户会被调动起兴趣，但是又会犹豫效果会不会好，还是没有回应。

第三封邮件：很简单，就一句话："很多你的竞争对手在关注你的北美出口记录，你还不行动起来？"影响到自己的切身利益了，收件者会赶紧打电话过去咨询了解。

目前很少有卖海关数据的营销人员能思考到第三个问题的层次，而这样多思考一层就能有效地激发客户的兴趣和行动。

此案例是为了说明，当你还没有进入客户的视野时，应该多思考怎样才能引起客户的注意和兴趣，让客户关注你。应多和他谈一些市场上的信息，以及对他们公司的了解，包括他可能的竞争对手等。

你能带给客户什么价值、传递什么服务、你和别的供应商有哪些不同、你有哪些参考客户，你能帮客户具体解决什么问题等，这些都是外贸业务员需要深层次去考虑的问题。

以下是按关键点的要求对上一封 Sam 所写开发信的修改。

Attn: GDP INC - Economy safety products get Revenue 20% up - PIS Company

Dear purchasing manager,

We are professional manufacturer of labor safety products.(简洁地介绍自己，不再去展示实力，准备说本公司能为客户做什么) With reference to your safety products on your website, we found it's a pity that there is no economy choice for customers such as SAFETY VESTS, which are just our featured products.(存在的问题及和你有什么联系)

We have some reference cases and solutions of US safety companies like you, with our superior quality products, they got a 20% revenue up. We believe it's a good supplement to your product offering.(可信的合作获益保障)

Should you have any interest, please contact us for possible deal, thanks !

Best regards,

Sam

(7) 运气或时机。

有时候，一封平淡无奇的开发信，只要客户正处于想更换供应商，或者增加供应商，或者正有比较比价的需求，照样会回复你。但是我们不能靠运气，因为只靠运气，很少能够成功。

2．利用开发信模板完成开发信

通常我们在撰写外贸开发信时可以利用一些外贸开发信的模板，将其进行修改，使之成为具有独特风格的开发信。

模板一(陈毅冰在福步外贸论坛提供的模板)

Hi Sir,

Glad to hear that you're in the market for fiberglass. We specialize in this field for several years, with the strength of chopped strand mat and stitch chopped strand mat, with good quality and pretty competitive price.

Should you have any questions, pls do not hesitate to contact me. FREE SAMPLES will be sent for your evaluation!

  Tks & br,

  Jack

××××company(这里留下公司名、电话、传真、邮件就可以了，正文就可以写得很简单)

Tel: ×××

Fax: ×××

Mail: ×××

Website: ××××××(请记住，如果必须要有网页链接，请放在签名里，不要放入正文)

  模板二(国外客户善用的个性模板)

Hey guy,

  XYZ trading here, exporting LANTERNS with good quality and low price in US.

Call me, let's talk details.

Rgds,

Rick

Cell phone: ×××

  模板三(开发信发出后客户没回音的跟催信)

Dear ×××,

  Sorry to trouble you again!

  Please find my mail below. Could you please kindly check by return today? Because we'll be on holiday from May.1st to 3rd.

Thank you in advance!

  Best regards,

  Cindy

  模板四

Dear ××,

Morning!

This is Eason from Shandong JAC industry Co,.LTD.We are the professional manufacture of ×× in China for about 10 years.

Now we are exporting our ×× to ABC company in your country.

I know you are producing ×× using our ××.

Raw material in low price makes your own products more competitive in your market.

Waiting for your E-mail for further discussion.

  Best Regards,

  Eason

任务 3.2 使用邮件管理软件

3.2.1 操作步骤

(1) 选择邮件管理软件。

(2) 安装并使用邮件管理软件。

3.2.2 操作分析

1. 选择邮件管理软件

目前,有多家软件公司针对办公管理的需求开发了不同用途及功能的邮件管理软件,如 Microsoft 公司的 Outlook 软件、Foxmail 的邮件客户端、U-mail 邮件管理软件、Dreammail 邮件客户端软件及浙大恩特外贸客户资源管理系统(以下简称"恩特系统")。外贸业务员可根据个人需要进行选择。以下以恩特系统作为管理客户邮件的平台进行介绍。

2. 安装并使用恩特系统邮件管理软件

恩特系统具有如下优势。

(1) 数据集中处理机制,有效保护客户资源,降低企业风险。

所有的信息数据(客户资料、客户邮件、传真、来往联系记录等)都集中存储在服务器上,统一管理,业务人员只能查看和使用(不能删除)其权限范围内的数据信息,无权查看其他业务人员的客户信息。当公司业务人员发生变动时,只需将其联系的客户信息重新分配给其他业务人员,大大降低了由于业务人员流动给企业带来的风险,如图 3.3 所示。

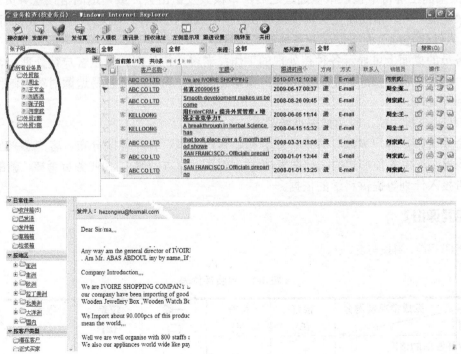

图 3.3 数据集中处理机制

(2) 科学管理客户资料，提高业务员跟进效率。

参加了国内外的展会之后，会获得大量的名片资料，业务员可以将这些名片资料一一输入系统，并将这些信息划分出等级，设置好每个等级的跟进提醒时间，科学地提醒相应的业务员去处理这些客户信息，主动与客户联系，积极创造商机和利润。

(3) 客户邮件传真统一管理、自动分发，轻松管理业务联系记录。

当客户有邮件或传真(选配)发来，恩特系统会自动发送到相应客户/业务人员的名下。对于没有对号的新客户的邮件或传真，只有经理或总经理有权限查阅，也可以根据情况将该新客户分配给指定业务人员，而发出的邮件和传真会自动地记录到该客户的联系记录中。

(4) B/S(Browser/Server，浏览器/服务器模式)架构带来的远程使用，极大地方便了异地办公。

外贸公司的负责人有可能经常出差，业务员有可能要在家中夜间加班，而厂区分布各地，办事处远在千里之外，这些现实情况都迫切地需要软件支持跨地域管理，该系统支持企业异地办公。

(5) 邮件群发功能，方便产品推广和参展通知客户。

企业有了新的产品推出，借助于恩特系统的群发功能，可以方便地把新产品信息发送给新老客户(可以按产品、地区、类型等将客户进行分类)。科学合理地使用该项功能可以减少网络推广的费用，提高企业产品知名度，增加成功的机会。

同样，在参加广交会及国内外其他展会之前，借助恩特系统的群发功能，可以方便地通知客户自己的展位，轻松地向客户发出邀请，简洁高效。

(6) 邮件审核功能，帮助新业务员把握客户。

对于新来的业务员，恩特系统科学地设计了邮件审核功能，可以设定给客户写好邮件之后，不能直接发送，而是单击"提交审核"，邮件转到审核人(可以是经理，也可以是其他老业务员)的桌面上等待审核，审核通过之后由审核人发送出去，或是退回给该业务员。

审核功能，可以帮助新业务员快速成长，也可以防止对客户回复不当而造成公司的损失。

(7) 人性化提醒页面，提高业务员的工作效率。

业务员的桌面上可显示各种待处理的工作：老客户待处理、陌生客户待处理、客户跟进提醒等，让业务员能快速地把需要处理的事情处理掉，再忙也不容易遗漏对客户邮件、传真的及时回复处理。

(8) 统计分析功能，科学把握市场动态。

恩特系统根据客户来源、客户行业分布、客户类型、客户地区分布、客户感兴趣的产品等多种情况，产生多种形式的统计图表(折线、饼图、直方图等)，为业务员考核、新的市场开拓、广告投入计划等提供科学的依据。

【自我评价】

进行自我评价，并填写表 3-1。

表 3-1 自我评价表

评价项目	完成情况及得分					分项得分
	很好 (5)	良好 (4)	一般 (3)	较差 (2)	很差 (1)	
撰写外贸开发信的情况						
使用邮件管理软件的熟练程度						

【能力迁移】

假如你是南京德创伟业进出口有限公司(Nanjing Dechuangweiye Import & Export Co., Ltd)的业务员 Cathy Lee，你公司主要经营各种五金产品(Hardware)。一位加拿大客户从网上了解到你公司的情况并给你公司发来邮件，希望购买你公司的产品。请根据该邮件给你的客户回信，信函表头如图 3.4 所示，写信时间为 2013 年 9 月 9 日。

Nanjing Dechuangweiye Import & Export Co., Ltd.

Hongwu Road 16#, Nanjing 210004 P. R. China
TEL:(025)84217836   FAX:(025)84217835
ZIP CODE: 210004

图 3.4　回信信函表头

项目 4

管理样品

GUANLI YANGPIN

【项目导入】

样品(Sample)对于进出口企业是非常重要的。许多进出口企业都会投入较多的人力、物力筹集和准备样品,建立品种多样的样品展示室(厅)等。因为进出口企业都共性地意识到:样品质量是直接关系到成交率,关系到企业生存的大问题。所以,外贸业务员在进行样品管理的工作中,一定要高度重视样品的作用。

诚通贸易公司在选定了富亚达服装有限公司进行合作后,业务部经理指示外贸业务员李玮与客户及富亚达公司沟通,全权负责接下来的样品制作与寄送,而且要在国外客户规定的时限内顺利完成。要完成这项重要任务,李玮必须达到以下要求。

【知识目标】

1. 了解样品的种类及各种样品的作用;
2. 懂得如何分析样品制作要求;
3. 懂得如何评估样品的品质;
4. 掌握寄样的方式、时间及跟踪方法;
5. 掌握样品寄送的费用核算方法;
6. 掌握如何制作形式发票。

【能力目标】

1. 能够按照进口商来函分析样品制作的要求；
2. 能够在规定时间内完成样品的制作；
3. 能够对样品进行分析及检验；
4. 能够根据客户要求将各类样品进行留存；
5. 能够按时制作形式发票、寄送样品并进行跟踪；
6. 能够将寄给买方的样品进行留样归档。

【任务分解】

任务 4.1　鉴别各类样品；
任务 4.2　制作生产通知单及形式发票(Proforma Invoice，PI)；
任务 4.3　寄送样品。

任务 4.1　鉴别各类样品

4.1.1　操作步骤

(1) 分析客户对样品的要求。
(2) 制作样品管理时间表。

4.1.2　操作分析

1. 分析客户对样品的要求

在诚通贸易公司与富亚达公司签订加工合同后，李玮就联系了富亚达公司的联系人小沈，确认各种样品生产的时间。而后，小沈请李玮将国外客户对各种样品的要求和工艺单用 E-mail 发送到富亚达公司的信箱。

于是，李玮根据订单条款整理好了样品要求(表 4-1)，并将其和产品样图(图 4.1)、工艺单一起用 E-mail 发送给了小沈。

表 4-1　样品要求

样品种类	寄送时间要求	数量要求
机织样(Handloom)	2013 年 3 月 31 日前送达买方	1 件
确认样(Approval sample)	2013 年 4 月 10 日前送达买方	每个货号 3 件 M 码
产前样(Pre-production sample)	2013 年 4 月 15 日前送达买方	每个货号 3 件 M 码
辅料(Accessories)	2013 年 4 月 20 日前送达买方	
齐码船样 (Shipping sample for all size)	2013 年 5 月 31 日前送达买方	每个货号每码 1 件 (S、M、L、XL)
具体规格要求		
规格/尺码	S(厘米)	M(厘米)	L(厘米)	XL(厘米)
胸围	80	90	100	110

续表

颈宽	39	40	41	42
袖长	59	60	61	63
领高	10	10	10	10
面料与规格	50%亚麻和50%棉灰色面料　　12厘米×12厘米　　52厘米×52厘米			
绣花色及面料	不能含有偶氮			
主标	PR logo　位置：后颈中			
洗标	显示正确成分和洗涤说明　位置：左摆缝下摆朝上7厘米处			
吊卡	PR logo　位置：打在主标上			

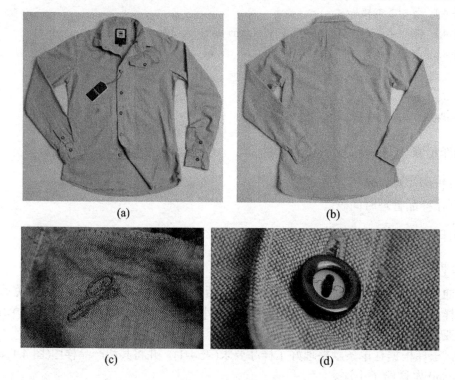

图 4.1　产品样图

2．制作样品管理时间表

为了便于管理样品，可制作一份样品管理时间表(表4-2)。

表 4-2　样品管理时间表

订单号		TX9086		
样品种类	数量	生产时间	寄送时间	
机织样(Handloom)	1件	1天	2013年3月31日前送达买方	
确认样(Approval sample)	每个货号3件M码	1.5天	2013年4月10日前送达买方	
产前样(Pre-production sample)	每个货号3件M码	1.5天	2013年4月15日前送达买方	
辅料(Accessories)			2013年4月20日前送达买方	

续表

齐码船样 (Shipping sample for all size)	每个货号每码 1 件 (S、M、L、XL)	1 天	2013 年 5 月 31 日前送达买方
注意事项			

规格/尺码	S(厘米)	M(厘米)	L(厘米)	XL(厘米)
胸围	80	90	100	110
颈宽	39	40	41	42
袖长	59	60	61	63
领高	10	10	10	10
面料与规格	50%亚麻 50%棉灰色面料	12 厘米×12 厘米	52 厘米×52 厘米	
绣花色及面料	不能含有偶氮			
主标	PR logo　位置：后颈中			
洗标	显示正确成分和洗涤说明　位置：左摆缝下摆朝上 7 厘米处			
吊卡	PR logo　位置：打在主标上			

【知识链接】

样　品

1. 样品的含义

样品是指从一批商品中抽出来的或由生产使用部门设计、加工出来的，足以反映和代表整批商品品质的少量实物。

2. 样品的重要性

(1) 样品是一个企业的形象代表。

(2) 样品是产品品质的代表。

(3) 样品是价格的代表。

(4) 样品是生产的代表。

(5) 样品是验货和索赔的依据。

3. 样品的分类

样品的种类很多，一般常用的有宣传推广样、参考样、测试样、修改样、确认样、成交样、产前样、生产样、出货样等。此外，在不同的行业还有针对本行业的样品分类。

1) 宣传推广样

宣传推广样(Sales Sample)是指企业用于境内外参展、对外展示的实物，一般是从一批商品中抽取出来的，或是由生产使用部门设计加工出来能代表今后交货质量的实物，通过该类样品的实物形态向公众反映出商品品质全貌。

2) 参考样

参考样(Reference Sample)是指卖方向买方提供仅作为双方谈判参考用的样品。参考样与成交样品的性质不同，不作为正式的检验依据。该类样品寄给买方只作为品质、样式、结构、工艺等方面的参考，为产品的某一方面达成共识创造条件。

3) 测试样

测试样(Test Sample)是指交由买方客户通过某种测试检验卖方产品品质的样品。如果测试结果不能达到客户的要求，客户可能不会下单订货。

4) 修改样

修改样(Modified Sample)是指买方对样品的某些方面提出修改，修改后卖方又重新寄回买方确认的样品。

5) 确认样

确认样(Approval Sample)是指买卖双方认可、最后经买方确认的样品。一旦买方确认，卖方就必须据此来生产产品。在完成确认样品后，必须由技术检验部门评估。只有经技术检验部门评估合格的样品才可发送给客户。样品的评估重点包括以下方面。

(1) 所选的材料是否与客户的要求完全一致。

(2) 样品各个部位的尺寸是否与客户的图纸完全一致。

(3) 样品的颜色和包装是否与客户的要求完全一致。

(4) 样品的数量是否与客户的要求完全一致。

(5) 本企业是否有留样。留样至少需保留一件，以便日后生产大货订单的实物依据。

确认样要打好，要注意生产的难度，生产工艺达不到的样品，绝对不能作为确认样寄给客户。

6) 成交样

成交样(Deal Sample)是指卖方交付的标的物与买方保留的样品具有同一质量标准。凭成交样品买卖的商品不多，一般限于不能完全使用科学方法和使用文字说明表示品质的产品。凭成交样品的买卖与一般买卖的区别在于，凭样品买卖在订立合同时就存在样品，并且当事人在合同中明确约定"标的物的质量必须与样品的质量保持一致"或"按样品买卖"等字样。如果当事人未在合同中明确规定，即使卖方已向买方提供了样品，都不作为凭样品买卖。

成交样买卖有以下几种情况。

(1) 由卖方或买方提出，经过双方确认。

(2) 由买方提供样品，经卖方复制样品(又称回样)再寄买方确认。

(3) 由买卖双方会同签封。

(4) 申请出入境检验检疫机构签封，一般以相同的样品一式三份，经审核后签封，买卖双方各执一份，另一份由出入境检验检疫机构留存，供今后检验时对照。

外贸业务员对出口商品的成交样品要慎重把握，成交样必须具有代表性，应当能够代表今后交货的实际质量，不能偏高或偏低。偏高可能造成今后履约交货困难或引起出口后国外客户索赔，偏低则可能在成交时不能提高卖价。成交样品必须预留完全相同的复样，并健全编号、登记、保管制度，以免错乱。

7) 产前样

产前样(Pre-production Sample)是指生产之前需寄客户确认的样品。一般是客户为了确认大货生产前的颜色、工艺等是否正确，向卖方提出的基本要求之一。

以纺织服装为例：在大货面料出来后，为了保证大货生产的准确性，在裁剪前，先以大货面料和辅料生产几件产品给客户，以提高客户对大货生产的信心。

如果客户对产前样确认，提升为确认样，此时，要求产前样不能用其他原材料替代，必须用与之一致的原材料(包括辅料)生产。在客户完全认可产前样后，方可大批量进行大货生产。

8) 生产样

生产样(Production Sample)是指大货正在生产中随即抽取的样品。该类样品反映大货生产时的品质等情况，客户根据生产样，可能会做出一些新的改进指示。

9) 出货样

出货样(Pre-shipment Sample)是指完成大货生产后随机抽取的样品。有些客户就根据这个样品来决定这批货的品质。

此外，在不同的行业中，还有与该行业对应的其他样品种类，如款式样、广告齐色齐码样、水洗样、船样、色样、绣(印)花样、辅料样等。以下以纺织服装为例进行简单介绍。

1) 款式样

款式样(Pattern Sample)主要是给客户看产品的款式和工艺水平。一般情况下用同类布料(即可用代替面料和辅料)打样，主要用于设计师看款式效果及生产的用料，但当有配色时，一定要搭配合适才行，尺寸做工完全按照客户工艺指示办理。

2) 广告样

广告样(Salesman Sample)是在订单确定后客户用来扩大宣传、增加销售量的样品。一般要求齐色齐码，外观效果要好，起到门面宣传作用。另外，广告样必须提前安排，一般是在大货生产量的50%时，必须完成广告样。

3) 齐色齐码样

齐色齐码样(Size/Colored Set Sample)是客户要求出口商按照其工艺要求，提供所有颜色和尺寸的样品。

4) 水洗样

水洗样(Washed Sample)是产品进行水洗生产工序后的样品，目的是检查成衣经过水洗后，成衣尺寸是否变化，成衣的形态如何。若发现水洗对成衣影响较大时，须查找原因，提出解决办法，如提前做好面料的预缩来控制缩水率等。

5) 船样

船样(Production Sample/Shipping Sample)是代表出口货物的品质水平的样品，也称"船头版"或"大货版"。如果大货是以海运方式运输出口的，则要求船样以空运方式直接寄给客户。在计算出口数量时，一般要将船样的数量一并计算在内。由于船样是先于大货到达客户手中，有时它是客户检验大货品质签发"检验报告"的依据，因此外贸业务员提供合格的船样较为重要。

6) 色样

色样(Lap DIP)是出口商(生产商)按客户的"色卡"要求，对面料和辅料进行染色后的样品。出口商(生产商)的同一种颜色的色样至少要有3种，以便客户确认最接近的颜色(确认3种色样中的一种)。同时，出口商(生产商)不仅保留客户的原"色卡"，而且也要保留客户确认的"色卡"。由于光线会影响人的眼睛对颜色的辨认，因此，颜色的核对，必须在统一的光线下进行。通常需要在自然光或专用灯箱光线下进行颜色的辨认。

7) 绣(印)花样

绣(印)花样(Embroidery/Printed Sample)是对面料、成衣等进行绣(印)花图案后的样品。往往需要用正确颜色的布、线进行模仿打样，以示生产商有能力按客户的要求生产。在模仿打样时，首先要制版和染色，然后生产制作。特别是绣花，绣花线一定要用正确颜色，如确有难度，可以与客户沟通另行安排。绣(印)花材料必须保证准确，如颜色搭配、花型等，如有不明确的地方，要及时与客户沟通，争取缩短确认周期。由于绣(印)花涉及工序多，不确定因素多，通过打确认样，不仅可以展示生产实力，而且可以测算生产周期，比较准确地计算大货生产时间，从而确定交货时间。

8) 辅料样

辅料样(Accessory Material Sample)是通过采购或加工生产的辅料样品。因生产企业大多需要外购辅料，外购辅料存在诸多不确定因素，通过辅料采购，能够发现辅料生产采购过程中的不确定因素，同时也可以了解辅料的加工费用和时间。外贸业务员要对以前及以后采购的辅料价格、规格、牌号、标准等资料进行汇总，便于以后出现同类辅料时方便查询。

任务 4.2　制作生产通知单及形式发票

4.2.1　操作步骤

(1) 管理样品。
(2) 下达生产通知单。
(3) 制作形式发票。

4.2.2　操作分析

1．管理样品

将留存的确认样和产前样进行编号、拍照，同时将照片上传到计算机中以寄送日期为照片的文件名进行保存，如图 4.2 所示。

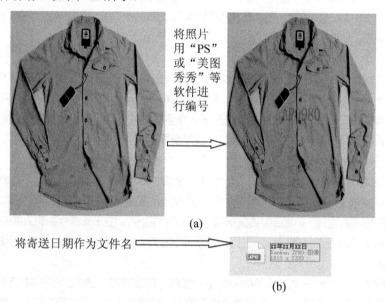

图 4.2　样品管理过程

2．下达生产通知单

李玮联系富亚达公司业务员小沈，告知国外客户已经确认了产前样，并将已经制好的生产通知单(图 4.3)的扫描件以 E-mail 发送了小沈。小沈收到生产通知单后请示生产部经理，由生产部经理按照生产通知单的要求落实车间生产。

宁波诚通贸易公司

地址：浙江省宁波市鄞州区姜山镇茅山工业区　　邮编：315193
联系电话：0574-××××××××　　传真：0574-××××××××

生产通知单

编号：　CT20100421　
日期：　2010.04.21　

加工单位	富亚达服装有限公司	加工合同编号	CT20100323	生产日期	2013.03.26
产品名称	左胸带有绣花标志的男式灰色织长袖衬衫	生产数量	20 000 件	完工日期	2013.05.25
规格型号	DN32、DN15			交货期限	2013.05.26
工艺要求	与产前样一致				
质检要求	与产前样一致				
包装要求	每件装入一个塑料袋，4件混码装入一个小盒，5盒装入一个出口纸箱，在衬衫背面放入衬纸				

使用材料						
序号	料号	品名	规格	单位	单机用量	损耗率
1	C02	50%亚麻50%棉的灰色衬衫布料	12×12　52×52	米		0.1%

生产方法	按工艺单要求				
	尺码	S(厘米)	M(厘米)	L(厘米)	XL(厘米)	公差
	胸围	80	90	100	120	1
	颈宽	39	40	41	42	0.5
	袖长	59	60	61	65	0.5
	领高	10	10	10	10	0
附件　　生产要求	(1) 绣花色及面料不能含有偶氮 (2) 主标：PR logo　位置：后颈中 (3) 洗标：显示正确成分和洗涤说明　位置：左摆缝下摆朝上7厘米处 (4) 吊卡：PR logo　位置：打在主标上 (5) 请严格按生产通知单及各项要求组织生产 (6) 请使用正面的布料 (7) 按加工合同规定的交货时间按质完成

公司签章：（宁波诚通进出口贸易公司 NINGBOCHENGTONG IMP&EXP TRADING CO.,LTD）　　　　　　　　　　　　　　制单人：李玮

图4.3　生产通知单

3. 制作形式发票

形式发票是一种非正式发票,是卖方对潜在的买方报价的一种形式。买方常常需要形式发票,以作为申请进口和批准外汇之用。此外,卖方在向潜在买方提供样品时要制作该发票以作为快递公司进口清关时的凭证。

李玮在寄送样品时要提供形式发票作为进口方的进口清关凭证。形式发票的样例如图4.4所示。

宁波×××有限公司
NINGBO XXX CO., LTD.

Lucheng Development Zone, Ditang Town, Yuyao City, Ningbo, Zhejiang, China

TEL. 86-574-××××××××   FAX. 86-574-××××××××

PROFORMA INVOICE

TO: INVOICE NO.:

PAYMENT:

DATE:

Descriptions of Goods	Quantity	Unit price	Amount(USD)
TOTAL(FOB NINGBO)			0.00

1. Packing:
2. Brand:
3. Delivery:

BANK INFORMATION:
BANK: CHINA CONSTRUCTION BANK NINGBO BRANCH
        YUYAO, NINGBO, CHINA
BENEFICIARY: NINGBO ××× CO.,LTD
SWIFT CODE: PCBCCNBJNPX
ACCOUNT NO: 3311405150022×××××××

图4.4 形式发票样例

任务 4.3　寄送样品

4.3.1　操作步骤

(1) 选择国际快递公司。

(2) 与客户确认运费付费方式。

(3) 交付与寄送样品。

4.3.2　操作分析

1．选择国际快递公司

从事国际快递业务的公司较多，如 EMS、FedEX、DHL、TNT、UPS、OCS 等，但是寄送国际快递与国内快递有所不同，要以公司名义开通国际快递账号。开通国际快递的方法有两种，即到国际快递公司官网开通和拨打国际快递公司电话开通。开通国际快递要求每个月有一定的寄国际快递的量才能享受到优惠。

每一个快递公司针对同一样品的收费有所不同，因此，要对每家快递公司比价后再选择合适的快递公司，但是还要确认对方客户是否也开通了同样的快递公司的账户，否则对方是无法收到该样品包裹的。

2．与客户确认运费付费方式

快递公司运费支付方式分为到付(Freight Collect)和预付(Freight Prepaid)。因此，要根据本公司样品付费原则与客户确认付费方式。

样品收费策略包括以下 3 种。

1) 初次交往的客户

(1) 对于国内客户收取样品费用，按产品报价的 3 倍收取，另加收快递费用。

(2) 用 E-mail 或传真将样品的形式发票发给客户确认并要求其支付费用。在形式发票上需注明工厂详细资料。

注：此策略可以将许多没诚意下订单和骗样品的公司从客户中过滤出来。

2) 合作过的公司或下过订单的公司

(1) 在样品费用较少及公司主营产品与工厂产品对口的情况下，免费提供样品，但客户需支付样品运费。对于那些连运费都不想支付的公司，可以将其纳入放弃的客户群体中。

(2) 当样品费用较高时，需要收取样品费用，但可承诺在其下订单后从货款中给予退还。

3) 大客户

大客户是指订单频率高、数量较大的公司。对于大客户，样品全部免费；如果客户同意，可以让客户支付样品运费。

下面提供一份要求客户做快递费用到付的 E-mail 模板，供参考。

Hi ×××,

Thank you so much for your kind reply!

Sure, samples will be prepared soon. Could you pls give me your courier account? Such as FedEx,

DHL, UPS, TNT, etc. Each one is ok. I'll inform you the tracking number after parcel picked!
Please contact me if further questions. Thank you!
Kind regards,
×××

3. 交付与寄送样品

寄送样品几乎是交易的必要阶段，外贸交易实质上就是样品交易。样品的好坏甚至关系到这笔生意能否做成。寄送样品应做到6个字，即"正确、质优、快速"。

（1）正确。即保证客人收到的是正确的样品，这一点非常重要。假如客户要购买一个带MP3的闪存盘，可他花了比样品贵几倍甚至几十倍的运费后，收到的却是一个简单的MP3。这时客户肯定会非常恼怒，甚至觉得被欺骗了。这种情形下就不能达成合作。因此，在寄样品前，一定要跟客人确认好颜色、型号、规格等。如果是电器产品，还要确认好客人所在国的电压、频率等。在能力所及的情况下，严格按照客人的要求定做样品，如日本的电线要有PSE标志，英国的用BS电源插头，欧洲的电线有VDE标志等。

（2）质优。样品的质量在整个交易中占据着举足轻重的地位。一个劣质样品很可能就毁掉了一次生意。因此，首先要保证样品的质量，如家电产品，先测试一下是否工作正常，包装时检查一下说明书是否到位，配件有没有确实，客户特别要求的资料如测试报告/证书等有没有附在内，最好将产品目录、资料及名片、产品光盘等也一同附上。

（3）快速。如果能提供快速的服务，也会给客户留下一个比较好的印象。相反，如果一个样品都要等上半个月，可想办事效率有多低。对于一些收费样品，通常可在收到客人汇款单后就尽早安排寄样。

为了提高寄样的效率，还应做到以下几点。首先，在寄样品前应尽量与客户多联系，如确认一下地址，在寄出之前以照片形式通知客户，客户确认需要后才寄出。寄出时给他传真邮递底单(Courier Receipt)，发送一封E-mail给客户，内容精简，加深客户对本公司的良好印象。其次，尽可能多了解该公司的实力和业务范围，可通过其他客户去了解。再次，经常与该客户联络，一有新产品就马上推荐给他，希望他能支持你的业务，你给他优惠的价格，希望能下试订单，数量由他来决定。

寄出样品后，并且感觉客户应该是满意的，但是他没有回音，可以追发一封如下内容的E-mail进行催单。

Dear ×××,
Sorry to trouble you again!
Regarding the project we discussed last time, could you pls confirm by return today? Because we need plenty of time for mass production. P/I will be sent to you asap after your confirmation.
If anything changed, pls keep me posted! Thank you!
Best regards,
×××

简单版如下。

Dear ×××,
What about the final decision about our samples? We need your comments to go ahead!

Thank you!
Kind regards,
×××

××× Co. Ltd.
Tel: ×××
Fax: ×××
Mail: ×××
Web: ×××

【知识链接】

1. 样品制作费的处理

样品制作将产生费用。样品的生产费用一般由客户或厂商或外贸企业承担，或通过商谈由多方共同分担等。由于在国际贸易中涉及大量的样品，所以要掌握其中的技巧。工作中遇到较多的是客户提供样品要求外贸企业打样。常见的处理方法如下。

(1) 客户提供样品，需开模具等，费用由客户支付。当客户确认同意并支付模具费后，外贸业务员需确定样品工艺要求和完成时间，经主管批准后安排打样。

(2) 客户提供样品，需开模具等，费用由厂家支付。但厂家可以提出要求，如需要客户或外贸企业先付样品生产费用，达到一定生产约定量后，厂家向客户或外贸企业退还模具费等。

(3) 客户提供样品，需开模具等，费用由外贸企业支付。但外贸企业可以向客户提出最小起订量的要求等。

(4) 对于由多个品种的样品，则须分别列明每件样品的单价及费用要求等。

2. 寄送样品的运费处理

在国际贸易中，寄送样品一般通过快递公司。其中，从事国际快递业务的公司主要有 EMS、FedEX、DHL、TNT、UPS、OCS 等。这些快递公司邮寄费用一般采用寄件方预付(Freight Prepaid)、收货方支付(到付，Freight Collect)和第三方支付的方法。但是不管用何种方法，先要求寄件方要在快递公司开户，取得账号。

预付：寄件方交付所需邮寄费用。此支付方式多用于寄送费用低，客户信誉好或老客户，成交希望大的情况。

到付：收件人交付所需邮寄费用。此支付方式多用于寄送费用高，客户信誉好或老客户，成交希望无法确定的情况下。但需注意，有时收件人会在当地采取拒付的行为(此行为非洲多见)，最后快递公司仍需寄件方支付费用。因此，一般要求收件人必须提供某一快递公司的到付账号。

3. 一般样品的寄送

(1) 邮政的航空大包：价格较便宜，航程在两周左右(不含目的国的海关检验和其国内的邮政递送时间)。此方法可适用于大宗的低值产品寄送，可在各地邮局办理。一般商品(非危险品)可正常寄送，如普通化工品，仅需要出具一般的品质证书(证明其无毒、无害、无爆破性等)，便于海关查验核实。如危险化工品或者疑似危险化工品(如钛白粉)，需要出具特殊的证明及特殊托运。需要注意，最小邮寄重量是2千克，20千克为一个限重单位。如超出部分，需要另行打包计费。

(2) 航空快递：主要通过 EMS 和国际快递公司寄送，其费率大致相当。但其费用比邮政的航空大包高。当企业与快递公司有协议时，可以享受一定的折扣。邮寄时间需一周左右。如普通化工品，仅需要出具一般的品质证书(证明其无毒、无害、无爆破性等)，便于海关查验核实。如系危险化工品或者疑似危险化工品(如钛白粉)，需要出具特殊的证明及特殊托运。

4．样品通知

(1) 将邮件或快递底单第一时间通知客户寄件方的发样信息，包括样品跟踪号码、何时发送、大约何时到达等信息。

(2) 送交形式发票。形式发票是客户进口清关的必需单据，此外，也是出口商样品管理或进口商进口批汇的重要记录。

(3) 请客户收到样品后确认。

5．样品管理

(1) 可设计样品管理表，包括送样国别、客户名称、样品名、样品的版本及生产批次、编号、样品数量、金额、客户对样品评估内容等。

(2) 妥善保存好形式发票，用以留档。

6．跟踪样品情况

(1) 询问样品是否顺利到达。这体现了对客户的重视程度和外贸服务技能，避免被客户忘记。

(2) 以质量检测报告跟进客户方的样品进展情况(准入测试、终端用户使用体验、参展效果等)。

(3) 跟踪客户的反馈意见。客户对样品的评价及改进的看法对于企业的发展方向起着举足轻重的作用，因此，外贸业务员要想办法请客户给出具体满意或不满意的说明，最好设计一份样品评估表(图4.5)并让客户给予评价。

SAMPLE EVALUATION FORM

Sample: _____

Reviewer: _____

Rate the sample from 1~5 based on its qualifications, performance and/or quality in each area. Please add comments to support numerical score.

Rating System:	0	Unable to make judgment					
	1	Does not meet requirement					
	2	Meets requirement					
	3	Exceeds requirement					
	4	Substantially exceeds requirement					
	5	Perfect					
① **Surface Research** general appearance of the samples. Such as tolerance, degree of finish and the package of sample etc. **Comments:**			0	1	2	3	4	5
② **Detection experience** that is related to the performance. Such as the hardness, fatigue test, torque test etc. Please give us a totally score. **Comments:**			0	1	2	3	4	5

图 4.5　样品评估表样例

	0	1	2	3	4	5
③ **Contrast to other** As professional buyer, you must have seen many items of this part. Please kindly give us your precious advice after contrasting to other samples. Then give a score for rank standing for our sample's ratio in all the other samples you have seen. **Comments:**	0	1	2	3	4	5
④ **Sample delivery service** Your suggestion is important to us for improving the sample delivery service for our customers. **Comments:**	0	1	2	3	4	5
⑤ **Overall suitability for application** According the above items, please give us a whole evaluation. **Comments:**	0	1	2	3	4	5
⑥ **Defect and improvement** **Comments:**	0	1	2	3	4	5
Totals						

图 4.5 样品评估表样例(续)

7. 建立稳定联系

(1) 样品都是很重要的，千万不要以为只有确认样才是最重要的。客户总是想方设法购买让他更加满意的产品，不要在任何样品方面让客户产生遗憾。

(2) 无论短期内有无订单，尽量与收到样品的客户建立起一种稳定的联系，不断通知其产品的最新情况。沟通的频率很重要，要注意沟通节奏的把握，不要引起客户的反感。要让客户感到从你处可以不断获得产品信息，有离不开你的感觉。

【自我评价】

进行自我评价，并填写表 4-3。

表 4-3 自我评价表

评价项目 \ 完成情况及得分	很好 (5)	良好 (4)	一般 (3)	较差 (2)	很差 (1)	分项得分
分析样品制作要求的情况						
制作形式发票的情况						
拟写样品跟踪函的情况						

【能力迁移】

合同、订单审查操作

背景资料:

宁波晨晨有限公司(NINGBO CHENCHEN CO.,LTD.)是一家流通性外贸企业,2010年12月15日收到德国 AAA COMPANY INC.的订单如下。

 ORDER NO.：AAA20101215
 DATE：14 DEC, 2010
 SUPPLIER：NINGBO CHENCHEN CO., LTD
 ADDRESS：NO.118 XUEYUAN ROAD,
     NINGBO,CHINA
 DESCRIPTION OF GOODS：
 LADIES JACKET, WOVEN, FUR AT COLLAR,WITH BRONZE-COLOURED BUTTONS, 2 POCKETS AT FRONT AND 2 POCKETS WITHOUT FLAPS AT CHEST, INSIDE POCKET&INSIDE MOBILE PHONE POCKET, LIKE ORIGINAL SAMPLE BUT WITHOUT FLAPS AT CHEST.
 COUNTRY OF ORIGIN:CHINA
 CODE NO.：6202920001
 DOCUMENTS：CERTIFICATE OF ORIGIN
 QUALITY：
 SHELL:100% COTTON TWILL 20×16/128×60, REACTIVE DYED,STONE WASHED
 LINING：100% POLYESTER, BODY 140G, SLEEVE 120G
 UNIT PRICE：USD7.10/PC FOB NINGBO
 QUANTITY：14 400PCS
 AMOUNT：USD102 240.00
 MORE OR LESS 1% OF THE QUANTITY AND THE AMOUNT ARE ALLOWED
 TERMS OF PAYMENT：L/C 90 DAYS AFTER B/L DATE
 DATE AND METHOD OF SHIPMENT：20 JUN., 2011-30 JUN., 2011 BY SEA；OTHERWISE 1 JUN., 2011-15 JUL., 2011 ON SELLER'S ACCOUNT BY AIR.
 PORT OF LOADING：NINGBO
 PORT OF DESTINATION：HAMBURG
 PARTIAL SHIPMENT：PROHIBITED
 FORWARDING AGENT：KUEHNE AND NAGEL

ASSORTMENT(TOTAL ASSORTMENT=8)	S 36/38	M 38/40	L 40/42	XL 42/44	XXL 44/46
BROWN LIKE ORG. SAMPLE	1	1	1	1	1
GREY LIKE APPROVAL SAMPLE OF 980830/00 ADVISED ON 20.02.2011		1	1	1	

SIZE SPECIFICATION	S	M	L	XL	XXL
	36/38	38/40	40/42	42/44	44/46
1/2 CHEST	54	56	59	62	65
1/2 WAIST	52	54	57	60	65
1/2 BOTTOM	56	58	61	64	67
LENGTH AT CB	62	64	66	68	70
WHOLE SHOULDER	45	46	47	48	49
ARMHOLE STRAIGHT	26	27	28	29	30
SLEEVE	62	63	64	65	66
CUFF WIDTH	16	16	17	18	18
NECK WIDTH	22	22	23	23	24
FRONT NECK DROP	7	7	7	7	7
NECK HEIGHT AT CB	8	8	8	8	8
SUBJECT OF APPROVAL SAMPLE					

SELLING PRICE	GERMANY: EUR22.99 AUSTRIA: EUR26.99		
HANGTAG	PRICING/AAA HANTAG WITH LOGOS EC,DA,AA,BD	POSITION	THROUGH NECKLABEL
HANGTAG/PRICE STICKER	ATTENTION: IN ADDITION TO THE REQUIRED INFORMATION ON THE HANGTAG/PRICE STICKER THERE MUST BE PRINTED "HERGESTELIT+++" (NOT SMALLER THAN WRITING SIZE 7)		
SEW IN LABEL	ON THE CARELABEL THERE MUST BE PRINTED "MIT +++++"		

PACKING	THE CARTON MEASUREMENT WHICH CAN BE USED
8 PCS PER EXPORT CARTON,ASSORTED COLOURS AND SIZE,PER COLOUR IN BLISTERPOLYBAG	120×40CM,80×60CM,69×40CM,40×30CM,30×20CM,20×15CM THE MIN. HEIGHT OF THE CARTON MUST BE 10CM THE MAX. WEIGHT OF A CARTON IS 15KG.
SAMPLE	SEW IN LABEL
APPROVAL SAMPLES TO BE SENT LATEST 30 JAN.,2011 LAB DIPS TO BE SENT LATEST 28 FEB.,2011 HANGTAG/LABEL TO BE SENT LATEST 20 APR.,2011 PRE-PRODUCTON SAMPLES TO BE SENT LATEST 05 MAY.,2011	AAA WOVEN LABEL WITH SIZE LABEL BESIDE,AT SIDESEAM COMPOSITION AND CARE INSTRUCTIONS: SHELL:100% COTTON LINING:100% POLYESTER PADDING:100% POLYESTER FUR:100% ACRYLIC FIRST TIME WASH SEPARETELY,WITH SIMILAR COLOURS AND INSIDE OUT. +ORDER NUMBER ON EACH REQUIRED.

PURCHASE CONDITIONS:
ATTN.-AZO AND NICKEL.

THE IMPORT AND SALE OF PRODUCTS WITH AZO-COLOURS AND NICKEL ACCESSORIES INTO GERMANY IS STRICTLY FORBIDDED. THE SUPPLIER WARRANTS THAT THE MANUFACTURE OF THE DELIVERED GOODS HAS NOT INVOLVED WORK BY CHILDREN IN AN EXPLOITING, HEALTH-ENDANGERING OR SLAVE-LIKE MANNER, FORCED LABOUR OR EXPLOITATIVE PRISON WORK.

THE MATERIAL COMPOSITION OF EACH ARTICLE HAS TO BE ADVISED; FOR GARMENTS ON THE SEW-IN LABEL IN FOLLOWING LANGUAGES: GERMAN, ENGLISH, SPANISH AND FRENCH; FOR NON-TEXTILES ON THE PACKING ACCORDING TO THE SPECIAL INSTRUCTIONS WHICH WILL BE SPECIFIED FOR EACH INDIVIDUAL ORDER.

IF THE LABELING OR PRICING OF THE GOODS IS NOT CORRECT, WE WILL DEBIT THE SUPPLIER 3% OF PURCHASE PRICE.

PLACE OF PERFORMANCE AND COURT OF JURISDICTION: DORTMUND/GERMANY.
SHIPPING MARKS:

```
                    050526
                    AAA
                    HAMBURG
                    C/NO.:1-UP
    SIDEMARKS:
                    LIEF-NR:70019
                    AUFTR.NR:050526
                    EKB:DOB1
                    WGR.:938
                    ST/KRTN   1/:8
                    SPKA2699
                    SPKD2499
SIGNATURE                                           SIGNATURE

(SELLER)                                            (BUYER)
```

请根据以上提供的订单资料完成以下审单记录表(表 4-4)，请重点填写对于样品的要求。此外，请制作一份样品管理时间表。

表 4-4 审单记录表

订单条款	审核要点	备注
品名条款		
品质条款		
数量条款		
交货期限		
装运港、目的港		
分批装运与转运条款		

续表

订单条款	审核要点	备注
样品要求*		
支付方式		
包装条款		
检验条款		
不可抗力条款		
索赔条款		
仲裁条款		
其他补充条款		

项目 5

与客户磋商

YU KEHU CUOSHANG

【项目导入】

作为宁波诚通进出口贸易公司的新业务员,为了与国外客户进行及时、有效的磋商,李玮下载了一系列的即时通信软件,同时他通过百度与 Google 等搜索引擎对国际商务谈判的策略技巧及国外客户接待的相关事宜进行了归整与学习。

【知识目标】

1. 了解即时通信工具的种类、特点及其适用范围;
2. 了解即时通信工具的下载与安装方法;
3. 了解即时通信工具的使用方法;
4. 了解世界主要国家的商务谈判风格;
5. 掌握国际商务谈判的基本策略技巧。

【能力目标】

1. 能实现即时通信工具的下载、安装及相关参数配置;
2. 能正确使用即时通信工具与他人实时通信;

3. 能通过即时通信工具实现音频、视频及文件的收发；
4. 能按照国际商务礼仪规范进行涉外商务谈判；
5. 能做好谈判前的出国准备；
6. 能根据不同国家的商务谈判风格制定相应的谈判策略。

【任务分解】

任务 5.1 即时通信工具；
任务 5.2 掌握谈判技巧。

 任务 5.1 即时通信工具

5.1.1 操作步骤

(1) 目前国外客户常用的即时通信工具。
(2) 主流即时通信工具的安装与使用。
(3) 使用即时通信工具成功联系外商。
(4) 使用 Skype 搜索客户的方法与技巧。
(5) 结合 Google 来搜索 Skype 用户的方法与技巧。

5.1.2 操作分析

1. 目前国外客户常用即时通信工具

在众多的即时通信工具中，在欧洲最集中使用的是 Skype。另外，虽然雅虎通已没那么流行了，但不少年龄偏大的外商仍习惯用它。

【知识链接】

MSN 曾经是全球最大的即时通信工具，使用 MSN 的外商已遍及全球各地，其中在美国、加拿大、英国、印度这些国家最为普及。拥有 Hotmail 免费邮箱的外商一般都有自己的 MSN，其 Hotmail 邮箱一般就是其 MSN 号。MSN 于 2004 年进入中国市场。但是在 2012 年 11 月，Microsoft 公司突然宣布，MSN 服务（中国以外地区）将在 2013 年第一季度中停止使用。虽然 Microsoft 在声明中表示关停 MSN 业务并不包括中国内地用户，但是随着 MSN 全面退出全球市场，相信中国市场也将逐步停止服务。

2. 主流即时通信工具的安装与使用

1) Skype 的使用方法

Skype 是一种具有语音通信功能的网络即时沟通工具。它具备视频聊天、多人语音会议、多人聊天、传送文件、文字聊天等功能。它可以免费高清晰地与其他用户语音对话，也可以拨打国内、国际电话，无论固定电话、手机均可直接拨打，并且可以实现呼叫转移、短信发送等功能，拨打国内电话为 0.17 元/分，中国到美国也是 0.17 元/分，全球费率基本为 0.1～0.2 元/分。但是，SKYPE 使用的范围比较狭窄，主要集中于少数英语国家，如美国、加拿大、澳大利亚、英国等，其安装及主要的使用方法可登录 http://skype.tom.com 获取。

2) 雅虎通的使用方法

雅虎通是由全球领先的互联网公司雅虎(Yahoo!)推出的即时聊天工具,是国际主流即时通信工具之一。该软件在美国 2007 年即时通信市场占有率排名第一,全球每天有超过 5 千万人次登录和使用雅虎通。它拥有独特的聊天情景(IMViroment)、语音聊天室、超级视频等功能。进入 http://cn.messenger.yahoo.com,按其指示下载操作,就可以获得雅虎通号码。

3) Google Talk 的使用方法

Google Talk 是 Google 公司于 2005 年 8 月 24 日推出的一款即时通信工具。它支持文字信息、电子邮箱及网络语音交流 3 种通信方式。Google Talk 非常简单,直观易用,只要有互联网连接、麦克风和扬声器就可以实现网络聊天。下载 Google Talk 后,使用 Gmail 用户名和密码登录。邀请您的朋友也下载 Google Talk 之后,就可以实现通话或发送即时消息了。Google Talk 支持离线消息、文件及文件夹传输、语音信件及音乐状态等功能。Google Talk 小巧、资源占用极小,Gmail 用户数量庞大,Google Talk 已成为不少人外贸业务员必备的即时通信工具之一。

3. 使用即时通信工具成功联系外商

1) 即时通信工具的选择

使用 Skype 与 Google Talk 的外商已遍及全球各地,其中在美国、加拿大、英国、印度等国家的外商中最为普及。需要注意的是,即时通信一般都有网络语音对话的功能,一般情况下,作为初出茅庐的业务员,应该避免与外商进行语音对话,而只采取书写的方式。

2) 即时通信工具号码的获取方法

要获取外商的即时通信号码可分为主动获取与被动获取两种方式

(1) 主动方式。

① 网上公布的外商询盘中的"联系形式"中经常都会注明外商有某种或某些即时通信号码。

② 目前超过 80%的外商都有自己的网站,而一些外商的即时通信号码也会在其邮箱中公布。因此,登录外商网站时不妨多留意。

(2) 被动方式。

应先通过邮件与外商联系。如果在邮件中主动表达自己,就要可能与客户通过即时通信工具细谈。在联系外商的邮件落款中主动地留下除电话、传真、邮箱及自己的即时通信号码。这样就有可能被动地获取对方的即时通信号码。

3) 在运用即时通信工具联系外商前做好准备工作

由于即时通信具有直接性的特点,在得到了外商的即时通信号码后,想要进一步与外商直接网上对话,准备工作是否充分是联系成功与否的关键。因此,在正式联系外商前,需要做到以下几点。

(1) 确定能够向该外商提供该产品。作为业务员而言,如果因为各种原因,根本无法提供货源,那接下来所有的联系都是徒劳的。

(2) 请确信已熟悉了该产品的主要规格与质量要求,同时必须能准确地用英文表达出来。

(3) 请确认已掌握该产品的出口行情。如外商提出的质量要求并不特别的话,请确认能即时报出产品的出口价格。因为实践证明,当业务员在通过即时通信与外商联系并洽谈时,**99%的外商一定会即时向你索要价格的**。

4) 使用即时通信工具的时间选择

对于西方外商而言,由于中国与国外存在时差,作为外贸业务员应尽量选择在晚上通过即时通信工具上网来联系外商。因为晚上外商在线的可能性最大,其联系效果自然也更好。

4. Skype 搜索客户的方法与技巧

安装 Skype 后,要搜索 Skype 用户可以先输入产品名或某些特定的专业词汇,然后限定一个国家搜索对方账户,最后利用 Google 搜索一下客户账户确认是否对口,或者直接输入产品名称并在其后加入特定国家的缩写。

【操作示范 1】

宁波思壮光电科技有限公司是 LED 射灯、LED 天花灯、LED 筒灯、LED 球泡灯等产品专业生产加工的公司,拥有完整、科学的质量管理体系。公司产品远销港澳台地区、日本、北美等市场。假设你是该公司的外贸业务员,现公司想要开拓德国市场,你认为如何使用 Skype 查找德国客户?

查找德国客户可按如下步骤进行。

(1) 登陆 Skype 后,单击"联系人"→"添加联系人",选择"搜索 Skype 目录"。

(2) 在搜索栏里,输入产品名称"LED GMBH"(GMBH 是德国公司名后缀,指有限公司)。这样就直接出现一系列与 LED 有关的德国公司的名字,具体如图 5.1 所示。

(3) 单击"anders-brandt1",出现客户名片(图 5.2),里面还有企业的网站:http://www.ledinternationalgmbh.com/。

图 5.1 Skype 德国 LED 客户查找

图 5.2 Skype 客户名片

(4) 按照上述方法,对 Skype 中筛选出来的客户,进行逐一查看,进一步筛选,从而获取其相应的联系方式。最终通过 Skype 在线联系,也可以直接发邮件或进行电话开发。

【操作示范 2】

义乌市埃伊曼礼品贸易公司成立于 2005 年,坐落于全国闻名的义乌中国国际商贸城,是一家集各类电子产品、广告礼品、促销礼品及日用小家电产品开发生产代理为一体的综合性礼品公司。公司产品品种繁多,款式新颖,产品主要销往美国、英国、日本等地。假设你是该公司的外贸业务员,现公司想要开拓德国市场。

你认为如何使用 Skype 查找德国的促销礼品客户？

如果要查找德国的促销礼品客户，可按如下步骤进行。

(1) 登陆 Skype 后，单击"联系人"、"添加联系人"，选择"搜索 Skype 目录"。

(2) 在搜索栏里，输入关键词"promotion"，同时在"国家地区"一栏，选择"德国"。这样就直接出现一系列与促销礼品有关的德国公司的名字，具体如图 5.3 所示。

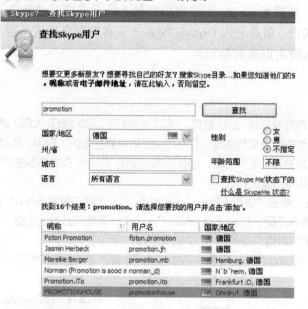

图 5.3　Skype 查找德国促销礼品公司

5. 结合 Google 来搜索 Skype 用户的方法与技巧

结合 Google 来搜索 Skype 用户的方法相对而言搜索的目标比较有针对性，但找到 Skype 用户后，要和对方联系上，就比较困难了。要利用好本方法，最关键是如何选择关键词组合，现给出一些建议如下。

(1) 用目标国家的 Google 版本进行搜索，如要搜索英国的用户，应该用 http://www.google.com.uk，并采用英文进行搜索。

(2) 关键词的组合形式，如"产品、行业或公司名称+Skype"。"Skype"这个关键词最好放在组合关键词的最后面，不然搜索出来的页面都是和 Skype 介绍相关的页面了，加"Skype"这个关键词的目的是要搜索公布了 Skype 用户名的网站。

(3) 利用 Google 的高级搜索框来搜索，这样可以更加精确地锁定潜在目标客户。通过这种方法搜索到的网站，一般都是目标客户群的网站。然后再通过上对方的网站上去找公布出来的 Skype 用户名。

【知识链接】

使用即时通信方式的优点

1. 方便

只要外商在线，就可以立即联络外商并与外商深入洽谈。即使外商不在线，也可把留言直接发到其邮箱，避免了邮件被系统退回的烦恼，也不用担心外商看不到发送的邮件。

2. 直接

使用即时通信工具联系外商，正如与外商面对面交谈一样。无论身置何处，只要有条件使用即时通信工具，特别是通过即时通信工具提供的音频、视频功能便可实现"面对面"交流。双方如同坐在谈判桌旁一样倾听对方的发言，表达自己的观点，甚至可以根据对方的表情、神态变换谈判思路，灵活运用谈判技巧，最终达成交易。这些优势显然是 E-mail 和电话方式所不具备的。

3. 实惠

使用即时通信工具联系外商，其联系成本几乎为零。即使是使用 Skype 等网络电话拨打国外的固定电话和手机，其费用也比实际的国际长途低得多。即时通信工具的廉价性为贸易主体在对外交往中降低成本的愿望创造了条件。无论是原料的进口或者产品的出口，即时通信工具使得贸易主体能够在近乎零成本的沟通中进行。以一个贸易公司的询价、报价环节为例：A 代表美国买方、B 代表中间贸易商、C 代表生产商、D 代表德国某部件供应商。询问过程为 A-B-C-D，答复过程反之。如果通过通信即时工具来完成，发生的费用可以忽略不计。

4. 有效

实践证明，当你获得外商的即时通信号码而外商在线时，95%的外商都会立即回复。毫无疑问，即时通信方式在所有联系外商的联系方式中应该是最有效的一种。

任务 5.2　掌握谈判技巧

5.2.1　操作步骤

(1) 谈判前做好充分的准备。
(2) 国际商务价格谈判的策略技巧。
(3) 避免跨国文化交流产生的歧义。
(4) 跨文化商务谈判要诀。

5.2.2　操作分析

1. 谈判前做好充分的准备

要在谈判前做好充分的准备。首先，谈判人员必须了解商品的知识、品类市场、价格、品类供需状况、本企业情况等。同时，一定要把各种条件列出优先顺序，将重点简短地写在纸上，在谈判时随时参考，提醒自己。其次，要做好客户的资信调查工作与商品的调研。主要弄清对方的资信情况，即客户的信誉、资金状况及客户对商品的要求等。最重要的是，谈判前，必须根据对方可能提出的和接受的条件，以及我方认定的最高可接受的交易条件和最低可让步的界限，同时结合客户的具体情况和国际市场行情的发展趋势，制定几套谈判方案，并做好比价准备工作。

2. 国际商务价格谈判的策略技巧

1) 尽量避免与无权决定事务的人谈判

谈判之前，最好先了解和判断对方的权限。谈判人员接触的对象可能有业务代表、业务各级主管、经理、副总经理、总经理甚至董事长。这些人的权限都不一样，采购人员应尽量避免与无权决定事务的人谈判，以免浪费自己的时间，同时也可避免事先将本企业的立场透露给对方。

2) 谈判地点尽量选择本企业

零售商通常明确要求采购员只能在本企业的业务洽谈室里谈业务。这样做除了提高采购活动的透明度、杜绝个人交易行为之外，最大的目的其实是帮助采购人员创造谈判的优势地位。在自己的地盘上谈判，除了有心理上的优势外，还可以随时得到其他同事、部门或主管的必要支援，同时还可以节省时间和旅行的开支，提高采购员自己的时间利用率和工作效率。

3) 遵循对等原则

不要单独与一群供应商的人员谈判。谈判时应注意"对等原则"，也就是说：我方的人数与级别应与对方大致相同。如果对方极想集体谈，先拒绝，再研究对策。

4) 不要表露对供应商的认可和对商品的兴趣

交易开始前，对方的期待值会决定最终的交易条件，所以有经验的采购员，无论遇到多好的商品和价格，都不过度表露内心的看法。在谈判的每一分钟，要一直持怀疑态度，不要流露与对方合作的兴趣，要让供应商感觉他在你心中可有可无，这样可以比较容易地获得有利的交易条件。

5) 放长线钓大鱼

有经验的采购员会想办法知道对手的需要，因此尽量从小处着手满足对方，然后渐渐引导对方满足采购人员的需要。但采购员要避免先让对手知道我公司的需要，否则对手会利用此弱点要求采购人员先做出让步。因此采购人员不要先让步，或不能让步太多。

6) 采取主动，但避免让对方了解本企业的立场

善用咨询技术，"询问及征求要比论断及攻击更有效"，而且在大多数的时候，供应商在他们的领域比我们还专业，多询问，就可获得更多的市场信息。故谈判代表应尽量将自己预先准备好的问题，以"开放式"的问话方式，让对方尽量暴露出其立场。然后再采取主动，乘胜追击，给对方足够的压力。对方若难以招架，自然会做出让步。

7) 必要时转移话题

若买卖双方对某一细节争论不休，无法谈判，有经验的谈判人员会转移话题，或暂停讨论，以缓和紧张气氛，并寻找新的切入点或更合适的谈判时机。

8) 谈判时要避免谈判破裂，同时不要草率决定

有经验的谈判人员，不会让谈判完全破裂，否则根本就不必谈判。他总会给对方留一点退路，以待下次谈判达成协议。但另一方面，谈判人员须说明：在双方意见实在无法达成一致时，没有达成协议总比达成协议的要好，因为勉强达成的协议可能后患无穷。

【案例分析】

我国某冶金公司要向美国购买一套先进的组合炉，派一名高级工程师与美商谈判。为了不负使命，这位工程师做了充分的准备工作，他查找了大量有关冶炼组合炉的资料，花了很大的精力对国际市场上组合炉的行情及美国这家公司的历史和现状、经营情况等进行了解。谈判开始，美商一开口要价150万美元。中方工程师列举各国成交价格，使美商目瞪口呆，终于以80万美元达成协议。当谈判购买冶炼自动设备时，美商报价230万美元，经过讨价还价压到130万美元，中方仍然不同意，坚持出价100万美元。美商表示不愿继续谈下去了，把合同往中方工程师面前一扔，说："我们已经作了这么大的让步，贵公司仍不能合作，看来你们没有诚意，这笔生意就算了，明天我们回国了。"中方工程师闻言轻轻一笑，把手一伸，做了一个优雅的"请"的动作。美商真的走了，冶金公司的其他人有些着急，甚至埋怨工程师不该抠得这么紧。工程师说："放心吧，他们会回来的。同样的设备，去年他们卖给法国只有95万美元，国际市场上这种设备的价格100

万美元是正常的。"果然不出所料,一个星期后美方又回来继续谈判了。工程师向美商点明了他们与法国的成交价格,美商又愣住了,没有想到眼前这位中国工程师如此精明,于是不敢再报虚价,只得说:"现在物价上涨得很快,比不了去年。"工程师说:"每年物价上涨指数没有超过6%。一年时间,你们算算该涨多少?"美商被问得哑口无言,在事实面前,不得不让步,最终以101万美元达成了这笔交易。

分析:从这个案例中明显可以看出,中方工程师对于谈判技巧的运用更为恰当准确,赢得有利于己方利益的谈判结果也是一种必然。而美方谈判人员可以说存在以下几个问题。第一,在收集、整理对方信息上没有做到准确、详尽、全面。从文中来看,重要的原因可能是没有认清谈判对象的位置。美商凭借其技术的优势性及多次进行相类似交易的大量经验,轻视对手,谈判前就没有做好信息收集工作,于是在谈判中步步在对方大量信息面前陷于被动,一开始就丧失了整个谈判的主动权。第二,在谈判方案的设计上,没有做到多样与多种。在对方的多次反击中,仓促应对。针对其谈判方式设计的单一化。美方过早地判定问题,只关心自己的利益,并固执地认为以其组合炉技术的先进为最大优势,肯定会卖出高价,但并未考虑到中方对此的急迫需求与相应的谈判准备,在中方的信息攻击下,频频让步。第三,虽然在谈判过程中,美方希望用伪装退出谈判以迫使中方做出让步,无奈在中方以资料为基础辨别出其伪装的情况下,该策略失败。而中方在此次谈判中胜利的关键点在于对对方信息充分的收集整理,用大量客观的数据给对方施加压力。中方不仅查出了美方与他国的谈判价格(援引先例),也设想到了对方可能会反驳的内容并运用相关数据(如6%)加以反击,对客观标准作了恰到好处的运用。

因此,商务谈判中的各种技巧,对于在各种商战中为自己赢得有利位置,实现自己利益的最大化有着极其重要的作用。但我们也要注意的是,技巧与诡计、花招并不相同,前者要求的是恰如其分,既要赢,也要赢得让对方心服口服,赢得有理有据。只有这样,对于谈判技巧的运用,才是真正的游刃有余。

3. 避免跨国文化交流产生的歧义

国际商务谈判大多用英语进行,而谈判双方的母语往往又不都是英语,这就增加了交流的难度。在这种情况下,我们要尽量用简单、清楚、明确的英语,不要用易引起误会的多义词、双关语、俚语、成语,也不要用易引起对方反感的词句,如:"To tell you the truth"、"I'll be honest with you..."、"I shall do my best."、"It's none of my business but..."。这些词语带有不信任色彩,会使对方担心,从而不愿积极与我方合作。跨国文化交流的一个严重通病是"以己度人",即主观地认为对方一定会按照我方的意愿和习惯去理解我方的发言,或从对方的发言中我们所理解的意思正是对方想表达的意思。

最典型的例子就是"Yes"和"No"的使用和理解。曾经有一家美国公司和一家日本公司进行商务谈判。在谈判中,美国人很高兴地发现,每当他提出一个意见时,对方就点头说"Yes",他以为这次谈判特别顺利。直到他要求签合同时才震惊地发现日本人说的"Yes"是表示礼貌的"I hear you"的"Yes",不是"I agree with you"的"Yes"。实际上,"Yes"这个词的意思是非常丰富的,除了以上两种以外,还有"I understand the question"的"Yes"和"I'll consider it"的"Yes"。"No"的表达方式也很复杂。有些文化的价值观反对正面冲突,因此人们一般不直接说"No",而用一些模糊的词句表示拒绝。例如,巴西人用"Somewhat difficult"代替"Impossible",没有经验的谈判者若按字面意思去理解,就会浪费时间,延缓谈判进程。因此,我们必须尽量了解对方的文化、对方的价值观和风俗习惯,只有这样才能正确无误地传递和接收信息。

为了避免误会,可用释义法确保沟通顺利进行。释义法就是用自己的话把对方的话解释一遍,并询问对方我们的理解是否正确。例如,对方说:"We would accept private if you could modify your specifications."我们可以说:"If I understand you correctly, what you are really saying is that you agree to accept our price if we improve our product as you request."这样做的另一个好处是可以加深对方对这个问题的印象。

确保沟通顺利的另一个方法是在谈判结束前作一个小结,把到现在为止达成的协议重述一遍并要求对方予以认可。小结一定要实事求是,措辞一定要得当,否则对方会起疑心,对小结不予认可,已谈好的问题又得重谈一遍。

4. 跨文化商务谈判要诀

1) 同美国人谈判的要诀

(1) 同美国人谈判,"是"与"非"必须保持清楚,这是一条基本的原则。当无法接受对方的条款时,要明白地告知对方,而不应含糊其辞或迟迟不作答复,否则会导致日后纠纷的产生。

(2) 如果在同美国人的生意往来中出现了纠纷,在商谈解决办法时应格外注意谈判的态度,必须诚恳、认真,绝对不要笑。因为在美国人看来,当因出现了纠纷而争论时,双方的心情都不好,此时的笑容必定是装出来的,这会使他们更加生气,甚至认为你已经自认理亏了。

(3) 同美国人谈判,绝对不要指名批评某人。指责客户公司中某人的缺点,或把以前与某些人有过摩擦的事旧话重提,或把作为己方竞争对手的公司的缺点抖搂出来进行贬低等,都是绝对不可以的。美国的谈判者在触及这类话题时,会讲得很婉转,尽量避免损伤别人的人格。对于这一点,请务必牢记于心,否则是会被对方蔑视的。

(4) 美国的谈判者,不少也能听懂中文。因此在谈判时,不要以为他们听不懂中文而大意地用中文讨论对策,此时他们很可能会装出听不懂的样子而专注聆听,这就会在无意中让他们摸清我方的底牌从而掌握谈判的主动权。

(5) 除非特殊需要,同美国人谈判时间不宜过长,因为美国公司每月、每季都必须向董事会报告经营利润情况。因此,只要报价基本合适,谈判进行了两三个回合,就应抓住时机拍板成交。

2) 同英国人谈判的要诀

与英国人交谈不该谈到的7个方面。

(1) 不问年龄。英国人的年龄是保密的,特别是24岁以后绝不会谈论自己的年龄。

(2) 不问财物。一个人的收入和随身所带的财物都与个人的能力、地位、面子等有关。

(3) 不问婚姻。这属于个人隐私。让一位年龄不小的外宾交代自己尚未婚配并不是件愉快的事情。

(4) 不问住址。英国人认为给人留下住址,就得请对方到家做客。英国人是不喜欢随便请人到家里做客的。

(5) 不问信仰。政治见解和宗教信仰都是非常严肃的。

(6) 不问行踪。

(7) 不问吃饭。

3) 与法国人谈判的要诀

(1) 要重视衣着。法国的时装引导世界潮流,法国的男士和女士都穿戴得极为考究。在他们看来,衣着代表一个人的修养和身份。因此,与法国人谈判时,必须要非常重视衣着。

(2) 在洽谈时找一个法语翻译。

(3) 不要在法国人假期时与他谈生意。每年的 8 月，法国全国都在放假。法国人喜欢度假，任何劝诱都无法使法国人错过一个假期来谈生意。甚至在 7 月的最后一个星期或者 9 月初，法国人心思仍在度假中。

(4) 弄清楚细节。凡事不勉强是法国人的作风。在法国的一些中小企业中，不懂得贸易业务的公司为数不少，因此在洽谈中要尽量把每个细节弄清楚。

(5) 反复确认。这一点令不少谈判对手头疼。法国人是"边跑边想的人种"，法国人可能在谈妥了 50%的时候，就会在合同上签字，但昨天才签好的合同，也许明天又要求修改，这一点常令谈判对手头疼。协议达成后，必须用书面文字相互确认，而且签约之后，还要一再地确认，以免法国人在签约之后又要求修改。

(6) 注重了解法国人的禁忌。法国的国花是鸢尾花。送花不要送菊花、杜鹃花及黄色的花。在当地送菊花是表示对死者的哀悼。同时，不要送带有仙鹤图案的礼物，不要送核桃，因为他们认为仙鹤是愚蠢的标志，而核桃是不吉利的。送花时要注意，送花的支数不能是双数，男人不能送红玫瑰给已婚女子。法国人把每一种花都赋予了一定的含义，所以选送花时要格外小心。法国人大多喜爱蓝色、白色与红色，他们所忌讳的色彩主要是黄色与墨绿色。

法国人大多信奉天主教，其次才是新教、东正教和伊斯兰教。他们认为"13"这个数以及"星期五"都是不吉利的，甚至能由此引发祸事。

4) 与日本人谈判的要诀

(1) 注重礼节。与日本人谈判要注意的首要问题是礼节。要做到这一点，以下 4 个方面需要注意。第一，千万不要直接指责日本人，否则肯定会有损于相互之间的合作关系，较好的方法是把自己的建议间接地表示出来，或采取某种方法让日本人自己谈起棘手的话题，或通过中间人去交涉令人不快的问题。第二，避免直截了当地拒绝日本人。如果不得不否定某个建议，要尽量婉转地表达，或做出某种暗示，也可以陈述你不能接受的客观原因，绝对避免使用羞辱、威胁性的语言。第三，不要当众提出令日本人难堪或他们不愿回答的问题。有的谈判者喜欢运用令对方难堪的战术来打击对方，但这种策略对日本人最好不用。如果让其感到在集体中丢了面子，那么完满的合作是不存在的。第四，要十分注意送礼方面的问题。赠送各种礼品是日本社会最常见的现象。日本的税法鼓励人们在这方面开支，因为送礼的习惯在日本已是根深蒂固的事情。

(2) 选择谈判代表应避免年轻化。千万不要选派年龄在 35 岁以下的人同日本人谈判。

【小案例】

美国总统福特访问日本之前，美国电视网 CBS 公司派了一位年轻的代表去日本，与日本的 NHK 商谈福特总统访问日本的电视转播问题。这位年轻的代表没有与日本人谈判的经验，他以美国人的谈判风格，直截了当地向 NHK 的主管提出电视转播要求，他要求日本方面到时提供超出实际需要近 2 倍的人员和通信设备，他的态度使日本人感到盛气凌人。日本 NHK 主管是一位老成持重且有资历的人物，他立刻有礼貌地回绝了那位年轻代表的要求。随着总统访日日期的临近，谈判毫无进展，CBS 公司非常焦急，只好撤换代表，改派公司高层领导到东京重新与 NHK 谈判。美方首先向日方道歉，请求 NHK 在这次福特总统访日期间帮助 CBS 进行电视转播。日方见美方态度转好，言辞恳切，也就同意通融，经过商谈满足了美方的要求。后来，那位年轻的美国代表终于觉悟到美国式的谈判风格对日本人来说是不能被接受的。

(3) 正确理解日本的语言差异。不要把日本人礼节性的表示误认为是同意的表示。在谈判中，日方代表可能会不断地点头，并且嘴里说着"是"，但是日本人这样说往往是提醒对方他在注意听，而不表示同意。

(4) 谈判前获得日方的信任。在同从未打过交道的日本企业谈判时，必须在谈判前就获得日方的信任。公认的最好办法是取得日方认为可靠的、另一个信誉很好的企业的支持，即找一个信誉较好的中间人。在谈判的初始阶段，就是在面对面地讨论细则之前，对谈判内容的确定往往都由中间人出面，中间人告诉你是否有可能将谈判推向下一步。总之，中间人在沟通双方信息、加强联系、建立信任与友谊上都有着不可估量的作用。所以，在与日方谈判时，要千方百计地寻找中间人牵线搭桥。中间人既可以是企业、社团组织、皇族成员、知名人士，也可以是银行、为企业提供服务的咨询组织等。

(5) 耐心是与日本人谈判成功的保证。日本人在谈判中的耐心是举世闻名的。日本人的耐心不仅仅是缓慢，而且是准备充分，考虑周全，谈判有条不紊，决策谨慎小心。当日方谈判代表仔细推敲某一个问题时，总是一下子变得沉默不语。一些外国人对这一点常常不能理解，很容易掉进圈套，等他们醒悟过来时已是后悔莫及。其实，只要他们再耐心地等待几分钟，一切都会圆满解决。为了一笔理想交易，他们可以毫无怨言地等上两三个月。耐心使日本人在谈判中具有充分的准备，耐心使他们多次成功地击败那些急于求成的欧美人，耐心使他们成功地运用最后期限策略，耐心使他们赢得了每一次的主动。所以，与日本人谈判，缺乏耐心或急于求成，恐怕会一败涂地。

【知识链接】

各国的商务谈判风格比较

1. 美国人的谈判风格

1) 自信心强，自我感觉良好

美国是世界上经济技术发达的国家之一，国民经济实力也最为雄厚，不论是美国人所讲的语言，还是美国人所使用的货币，都在世界经济中占有重要的地位。英语几乎是国际谈判的通用语言，世界贸易有50%以上用美元结算。所有这些，都使美国人对自己的国家深感自豪，对自己的民族具有强烈的自尊感与荣誉感。这种心理在他们的贸易活动中充分表现出来。他们在谈判中，自信心和自尊感都比较强，加之他们所信奉的自我奋斗的信条，常使与他们打交道的外国谈判者感到美国人有自我优越感。美国人的谈判说话声音大、频率快，办事讲究效率，而且很少讲对不起。他们喜欢别人按他们的意愿行事，喜欢以自我为中心。想让美国人显得谦卑、暴露自己的不足、承认自己的无知实在太困难了。

美国人的自信表现在他们坚持公平合理的原则上。他们认为两方进行交易，双方都要有利可图。在这一原则下，他们会提出一个"合理"方案，并认为是十分公平合理的。他们的谈判方式是喜欢在双方接触的初始就阐明自己的立场、观点，推出自己的方案，以争取主动。

美国人的自信还表现在对本国产品的品质优越、技术先进性毫不掩饰的称赞上。他们认为，如果你有十分能力，就要表现出十分来，千万不要遮掩、谦虚，否则很可能被看做无能。如果你的产品质量过硬，性能优越，就要让购买你产品的人认识到，那种到实践中才检验的想法，美国人认为是不妥的。

美国人的自信与傲慢也表现在他们喜欢批评别人，指责别人。当谈判不能按照他们的意愿进展时，他们常常直率地批评或抱怨。这是因为，他们往往认为自己做的一切都是合理的，缺少对别人的宽容与理解。

2) 讲究实际，注重利益

美国人做交易，往往以获取经济利益作为最终目标。所以，他们有时对日本人、中国人在谈判中所考虑的由于政治关系所形成的利益共同体表示不可理解。尽管他们注重实际利益，但他们一般不漫天要价，也不喜欢别人漫天要价。他们认为，做买卖要双方都获利，不管哪一方提出的方案都要公平合理。所以，美国人对于日本人、中国人所习惯由于友情可以随意通融的做法很不适应。

美国人做生意时更多考虑的是做生意所能带来的实际利益，而不是生意人之间的私人交情。所以，亚洲国家和拉美国家的人都有这种感觉：美国人谈生意就是直接谈生意，不注意在洽商中培养双方的友谊，而且还力图把生意和友谊清楚地分开，所以显得比较生硬。

美国人注重实际利益，还表现在他们一旦签订了合同，就非常重视合同的法律性，合同履约率较高。在他们看来，如果签订合同不能履约，那么就要严格按照合同的违约条款支付赔偿金和违约金，没有再协商的余地。所以，他们也十分注重违约条款的洽商与执行。

3) 热情坦率，性格外向

美国人属于性格外向的民族。他们的喜怒哀乐大多通过他们的言行举止表现出来。在谈判中，他们精力充沛，感情洋溢，不论在陈述己方观点，还是表明对对方的立场、态度上，都比较直接坦率。如果对方提出的建议他们不能接受，也会毫不隐讳地直言相告。所以，美国人常对中国人在谈判中的迂回曲折、兜圈子感到莫名其妙。对于中国人在谈判中用微妙的暗示来提出实质性的要求，美国人感到十分不习惯。

谈判中的直率也好，暗示也好，看起来是谈判风格的不同，实际上是文化差异的问题。东方人认为直接地拒绝对方，表明自己的要求，会损害对方的面子，僵化关系，像美国人那样感情爆发、直率、激烈的言辞是缺乏修养的表现。同样，东方人所推崇的谦虚、有耐性、涵养，可能会被美国人认为是虚伪、客套、耍花招。

4) 重合同，法律观念强

美国是一个高度法制化的国家。有关资料披露：平均 450 名美国人就有一名律师，因而这与美国人解决矛盾纠纷习惯于诉诸法律有直接的关系。他们这种法律观念在商业交易中也表现得十分明显。美国人认为，交易最重要的是经济利益。为了保证自己的利益，最公正、最妥善的解决办法就是依靠法律，依靠合同，而其他的都是靠不住的。因此，他们特别看重合同。 美国人的这种法律意识与中国人的传统观念反差较大，这也反映在中美谈判人员的洽商中。中国人重视协议的"精神"，而美国人重视协议本身的条文。一遇矛盾，中国人就喜欢提醒美国伙伴注意协议的精神，而不是按协议的条款办。与中国人签约，本身就是一种"精神的象征"。美国人重合同、重法律，还表现在他们认为商业合同就是商业合同，朋友归朋友，两者之间不能混淆起来。私交再好，甚至是父子关系，在经济利益上也是绝对分明的。

5) 注重时间效率

美国是一个高度发达的国家，生活节奏比较快。这使得美国人特别重视、珍惜时间，注重活动的效率。所以在商务谈判中，美国人常抱怨其他国家的谈判对手拖延，缺乏工作效率，而这些国家的人也埋怨美国人缺少耐心。

在美国的本土企业，各级部门职责分明，分工具体。因此，谈判的信息收集、决策都比较快速、效率高。加之他们个性外向、坦率，所以，他们一般谈判的特点是开门见山，报价及提出的具体条件也比较客观，水分较少。

美国商人重视时间，还表现在做事要一切井然有序，有一定的计划性。不喜欢事先没安排妥当的不速之客来访。与美国人约会，早到或迟到都是不礼貌的。

2. 英国人的谈判风格

英国是最早的工业化国家，早在 17 世纪，它的贸易就遍及世界各地，但英国人的民族性格是传统、内向、谨慎的。尽管从事贸易的历史较早，范围广泛，但是贸易洽商特点却不同于其他欧洲国家。

1) 不轻易与对方建立个人关系

英国人不轻易与对方建立个人关系，即使是本国人，人们个人之间的交往也比较谨慎，很难一见如故。他们不轻易相信别人，依靠别人。这种传统、保守的个性，在某种程式上反映了英国人的优越感。但是如果你一旦与英国人建立了友谊，他们会十分珍惜，长期信任你。在做生意上关系也会十分融洽。

英国是老牌的资本主义国家，那种平等和自由更多地表现在形式上。在人们的观念中，等级制度依然存在，这就是为什么英国还保留象征性的王室统治。在人们的社交场合，"平民"与"贵族"仍然是不同的。例如，在英国上流社会，人们喜欢阅读的是《时报》、《金融时报》；中产阶层的人阅读《每日电讯报》；而下层人则读《太阳报》或《每日镜报》。因此，在对外交往中，英国人比较注重对方的身份、经历、业绩，而不是像美国人那样更看重对手在谈判中的表现。总之，在必要的情况下，与英国人谈判，派有较高身份、地位的人，有一定的积极作用。

2) 英国人对谈判本身缺乏重视

英国人对谈判本身不如日本人、美国人那样看重。相应地，他们对谈判的准备也不充分，不够详细周密。他们善于简明扼要地阐述立场、陈述观点，在谈判中表现出更多的沉默、平静、自信、谨慎，而不是激动、冒险和夸夸其谈。他们对于物质利益的追求，不如日本人表现得那样强烈，不如美国人表现得那样直接。他们宁愿做风险小、利润少的买卖，不喜欢冒大风险、赚大利润的买卖。在1989年，英方与中方曾拟合作一个大专案，当一切都谈妥之后，由于形势有了变化，英方担心中方政策有变，毅然放弃了这个合作专案，这就是英国人的特点。

3) 谈判中缺乏灵活性

英国人在谈判中缺乏灵活性。他们通常采取一种非此即彼、不允许讨价还价的态度。因此，在谈判的关键阶段，他们表现得非常固执。

4) 非常重视礼节

英国人在初相识时，一般都以握手为礼。介绍时，一般是由妇女、地位高的、年纪大的那一方先伸手，然后才是男子、地位低的、年纪轻的那一方再伸手。

英国人忌用山羊、孔雀等做商品装潢，很忌讳黑猫，他们很讨厌墨绿色，认为墨绿色会给人带来懊丧。英国人非常忌讳"13"这个数字，认为不吉祥。英国人忌讳百合花，并把百合花看作死亡的象征。他们忌讳在众人面前相互耳语，认为这是一种失礼的行为。

3. 法国人的谈判风格

1) 喜欢在融洽的谈判气氛中会谈

一些谈判专家认为，如果你与法国公司的负责人或洽商人员建立了十分友好、相互信任的关系，那么也就建立了牢固的生意关系。同时，你也会发现他们是十分容易共事的伙伴。在实际业务中，许多人发现，与法国人不要只谈生意上的事，适当的情况下，与法国人聊聊社会新闻、文化、娱乐等方面的话题，更能融洽双方的关系，创造良好的会谈气氛。

2) 谈判时大部分使用法语

法国人坚持在谈判中使用法语，即使他们英语讲得很好也是如此，而且在这一点上很少让步。因此，如果一个法国人在谈判中对你使用英语，那么这可能是你争取到的最大让步。

3) 法国人偏爱横向谈判

法国商人惯用横向式谈判。横向式谈判就是先为协议勾画出一个大致的轮廓，然后再达成原则性协议，最后确认谈判协议上各个方面的内容。这与美国人逐个议题磋商的谈判方式不同。同时，法国人也不像德国人那样在签订协议之前认真、仔细地审核所有具体细节。法国人的做法是，签署交易的大概内容。如果协定执行起来对他们有利，他们会若无其事；如果协议对他们不利，他们也会毁约，要求修改或重新签署。

4) 法国人大都重视个人的力量，很少有集体决策的情况

这是由于他们组织机构明确、简单，实行个人负责制，个人权力很大。在商务谈判中，也多是由个人决策负责，所以谈判的效率也较高。即使是专业性很强的洽商，他们也能一个人独当几面。

5) 法国人严格区分工作时间与休息时间

法国人严格区分工作时间与休息时间，所以不要在休息时间和他们谈工作。

4. 日本人的谈判风格

1) 日本人喜欢"投石问路"

在正式会谈之前，日本人常举行一些带有社交性质的聚会，以试探对方意图、个性等方面。在这种场合，日本人会"毫不经意"地问这问那，显得异常热情与真诚。这种"醉翁之意不在酒"的聚会，既是一种礼貌，也是一种策略。

2) "拖延战术"是日本商人惯用的"伎俩"

日本人经常导演的局面是减交或不成交，往往拖延到谈判结束前才敲定。为此，他们往往千方百计地探听对方的行期和日程安排。之所以采取这种战术，是因为他们懂得"任何成交总比不成交好"这一商人的普遍心理。他们利用这种心理，尽量拖延，尽可能使最终的谈判结果对自己有利。

3) 日本式的"巨大牺牲"是虚假的

美国的日本问题专家麦克尔·布莱克在研究了日本人的国际谈判风格后指出，日本人做出让步是具有形式主义色彩的。他们会将自己不断变换的新的立场称作"气量极大"的"最大限度"的让步。实际上，这种类似于"最后通牒"的声明可以在同一次谈判中不止一次地听到，因而也就没有当真的必要，尽管他们最终的意愿是真诚的。

4) "以多胜少"是日本人一种谈判习惯

日本人都希望在谈判中自己一方的人数超过对方，这主要出于以下原因：一方面，日本人强调集体主义，并且只有在集体中，他们才会有一种心理上的安全感；另一方面，日本公司的决策需要各个部门、各个层次的雇员参加，参加谈判的人越多，越容易在最后的决策中达成一致的意见。

5) 日本人不喜欢硬性、快速的"推销式"谈判

日本人讨厌进攻性的滔滔不绝的讲话。他们注重镇静、自信、优雅和耐心，喜欢在介绍情况时作"低调"处理。事实上，在谈判中人们会发现日本人目光显得呆滞，面无表情，长时间地坐在那里一言不发。这并不说明他们对对方的话不感兴趣或不同意，也不说明他们有内部分歧。这种沉默和含糊的态度，正是日本人在谈判中很典型的态度。

6) 细致认真是日本人的一大特点

日本人在表面上显得含含糊糊，模棱两可，但实际上他们在谈判中非常细致。他们不仅会对各种情况进行详细地调查了解，在会谈中对具体的问题进行反复权衡，即使在达成协议之后，他们也会索取大量情况介绍、研究调查报告、图表等。

谈判是一门复杂的艺术，需要我们多看、多听、多实践。签订协议并不表示谈判的成功，也许这只完成了一项事务，建立良好的商业关系是谈判的关键所在。

【自我评价】

进行自我评价，并填写表 5-1。

表 5-1 自我评价表

评价项目 \ 完成情况及得分	很好 (5)	良好 (4)	一般 (3)	较差 (2)	很差 (1)	分项得分
对即时通信工具的熟悉程度						
世界主要国家的商务谈判风格						
国际商务谈判的基本策略技巧						

【能力迁移】

王琳是宁波城市职业技术学院的 2013 届毕业生。经过上海进出口贸易公司国际市场部近半年的实习，该公司市场部主管决定让她尝试接手公司的正式业务。恰逢下周公司日本市场的主要客户 Mr. King 要来本公司拜访，并洽谈双方今后的合作事宜。王琳负责全面的客户接待工作。这就要求她对日本的风俗、礼仪、禁忌及商务习惯了如指掌。假如你是王琳，请完成以下任务。

(1) 对日本的风俗、礼仪、禁忌、商务习惯进行全面了解。
(2) 制作一份完整的外商接待方案。

课后训练

(1) 通过网络信息查找的方式，比较亚洲国家与欧美、拉丁美洲主要国家的礼仪规范有哪些相同之处和不同之处。
(2) 在商务交往过程中，与欧美国家人士交换礼品时，应注意哪些禁忌。

项目 6

订立外贸合同

DINGLI WAIMAO HETONG

【项目导入】

小沈收到李玮的成交函后,回复李玮,要求他将 5 种产品的样品在 10 天内以快递方式寄送到小沈所在的公司。李玮按照小沈的要求在 10 天内将样品寄到了小沈所在公司。小沈及其老板和技术人员仔细研究过样品质量,感到满意。同时经过与李玮多次的 MSN 以及外贸邮件的磋商,小沈及其老板和技术人员在仔细研究过样品质量后决定向李玮下试订单(trial order)。

【知识目标】

1. 掌握合同中的品名、品质、数量、包装、价格、装运、支付、保险等条款内容及规定方法;
2. 掌握合同的格式及签订程序。

【能力目标】

1. 能够准确缮制外销合同或销售确认书;
2. 能够熟练掌握签订合同的要领。

【任务分解】

任务 6.1　分析往来 E-mail；

任务 6.2　拟定合同；

任务 6.3　正式签订合同。

任务 6.1　分析往来 E-mail

6.1.1　操作步骤

分析往来 E-mail。

6.1.2　操作分析

李玮在福步外贸论坛网上查阅到一个通过 E-mail 跟进订单的实例，她根据自己在学校所学的专业知识与在公司积累的外贸经验，对这封询盘函进行了分析。

【操作示范1】

一位客户的询盘函实例如下。

Enquiry—12th, Oct. 2010

Buyer's Message
Subject: I'm interested in your ramie solid dying fabric, ramie piece dyed fabric, solid dyed ramie fabric
Dear Ladies and Gentlemen, 　　We're looking for a ramie or linen supplier, because we are having a 100% ramie sample pant here which should be produced. Thank you very much! Best regards, ×××

因为此询盘函内容非常简单，询盘函里的客户甚至都没有介绍自己，因此可以判断这个客户没有实单在手。

【操作示范2】

这是该卖家给客户发的第一封回信。

1st feedback on 12th, Oct. 2010

Dear ×××,

Thanks very much for your inquiry. I am Gavin from Goldentex, a professional ramie, linen fabric and garment factory in China. All our products are excellent in quality and competitive in price. We are annually exporting more than 10 million meters ramie, linen fabric and 2.5 million pcs of garments to the worldwide such as Italy, Germany, France, Turkey and South Korea…

Sincerely hope to establish business relationship with your esteemed company in the near future. And I believe both of our business will be blooming after our cooperation. As to the 100% ramie pants, could you please kindly send that original sample to us for analyzing and quotation.
Any query, please feel free to contact me.

Best Regards
Sales Supervisor

Gavin

这是一封很常规的回复，卖家的目的可能是得到客户手里的资料，看看到底是不是潜在的客户，手里是否有原样。

【操作示范3】

该客户的回复如下。

Dear Gavin,

Thanks for your kind message —— I will send you the ramie sample. But please be so kind to send me the quotation incl. sample pant in dark grey and black colour back to my reference.
Thank you very much!

Best regards,
×××

客户有原样在手，打算寄过来分析，说明其潜在性很大。此时，坐等原料过来，然后分析面料规格，再进行服装报价。这应该是一般卖家的应对方式。

【操作示范4】

10月21号收到客户的原样后，卖家报价如下。

Dear ×××,

We confirmed that we have received your original sample this morning. After analysing the specification and measuring the pants, measurement with M size, we can only quote approx price to you as below.

Pure Ramie Pants USD5.70/Pc FOB Shanghai;
MOQ: 5 000 pcs/order; 2 000 pcs/design(colour),200 pcs/size

Whenever you propose more details, such as total measurement charts, special packing... Thus exact price can be quoted per details.

> Waiting for yr prompt reply.
> Best Regards
> Sales Supervisor
> Gavin

 【操作示范 5】

客户还价如下。

> Dear Gavin,
>   Thanks for your kind message, but 5 70USD is really too expensive — please be so kind to quote the same pant in all over linen fabric and all over cotton fabric.
>   Regarding the sample, it should be exactly the same in size M — size S, L and XL should be arrange proportional to this pant size M EU standard in dark grey and black colour. Please be so kind to get back to me asap!
> Best regards,
> ×××

 【操作示范 6】

卖家回复如下。

> Dear ×××,
>   Thanks for your prompt reply! Compared with linen cotton and pure linen fabric material, the prices I sent to you are the lowest. M size is the smallest one, so I am afraid the average price will be USD5.80/Pc. I trust our price is very competitive, and you can compare the price with other suppliers.
>   Could you please kindly advise your approx order quantity for reference? If there is any other questions please feel free to let me know.
> Best Regards,
> Sales Supervisor
> Gavin

  从这封邮件里可以判断这是一个实在的买家，因为计较价格是商人的天性。但是也应注意，第一次报价要给对方留下讨价还价的空间，而且价格的有效期不能太长。现阶段是要询问及判断一下客户的订单具体有多大，再据此决定讨价还价的空间。

 【操作示范 7】

客户立即回复如下。

> Dear Gavin,
>   Thanks for your kind message again — size S will be the smallest size, the sample you got is size M. Please be so kind to quote the pant in full linen and full cotton fabric too. Then please be kind to arrange samples in dark grey and black colour.
>   After receiving the samples, we'll discuss about the quantities and colours.
> Thank you very much!
> Best regards,
> ×××

此邮件中,客户避实就虚,不回答大概的订单数量,只是让对方报其他面料做这个裤子的价格。

【操作示范8】

Dear ×××,
　　Thanks for your reply. We will calculate price of pants which made by linen cotton and pure linen material as well as similar size to your original sample, and will quote to you later.
　　Please kindly advise your approx quantity for our reference, if it's below our MOQ, there is difficult for us to make that order.Hope you can be kindly understanding. As to the sample pants, we usually charge sample cost from clients, and will return it back after bulk order. Is it available for you? Please kindly advise your comments.
Best Regards,
Sales Supervisor
Gavin

【操作示范9】

Dear Gavin,
　　Thanks for your kind quick reply – no problem for the sample charges. But as I explained before, we have to check the pants and colours first to decide the quantities. Please be so kind to send me the sample charges invoice.

Best regards,
×××

此时,卖方是想抓住机会,先把打样落实好,同时落实样品费的问题,然后再谈接下来的细节。关于样品费的分担,一般情况下,如果样品价值较高,对于新客户,卖方可以适当收取一定的样品费和国际运费。如果订单最后落实,样品费可以从货款中扣除。这样做能非常有效地阻止一些仅仅看重样品,而无意下单的客户。从客户的回复看,这是一个非常有诚意的潜在客户。

【操作示范10】

Dear ×××,
　　Enclosed, please find attachment of sampling pants PI. Total USD100 for sampling cost. Please kindly noted this sampling surcharge will be returned to your esteemed company once the bulk order confirmed.
　　To linen cotton material, advise LC1515# dyed fabric 15X15 54X52 165GSM 53/54". Linen cotton pants USD6.70/PC FOB Shanghai by sea;
　　To pure linen material, advise PL101# dyed fabric 14×14 54×54 165GSM 53/54"
　　Pure linen pants USD8.90/PC FOB Shanghai by sea;
　　Any questions, please feel free to contact me.
Best Regards,
Sales Supervisor
Gavin

【操作示范 11】

Dear Gavin,

    Thanks for your kind message again – so now, finally we discussed the order; please be so kind to check as follows:

    Linen cotton LC1515# dyed fabric, 15×15 54×52 165 GSM 53/54" - black colour
- Size S – 300pcs
- Size M – 500pcs
- Size L – 200pcs

Linen cotton LC1515# dyed fabric, 15×15 54×52 165 GSM 53/54" – dark grey colour
- Size S – 300pcs
- Size M – 500pcs
- Size L – 200pcs

Please be so kind to fit size S/M/L as sample size. Furthermore, we would like to have pockets on both sides of pant - pocket size will be advised later to you – dark grey colour should be confirmed finally too.

    We're going to confirm and arrange deposit payment as soon as you sent the PI.

Thank you very much!

Best regards,

×××

任何一笔外贸订单都很难一步到位，最重要的是与客户把细节一步步落实好！

【操作示范 12】

Dear ×××,

    Please kindly advise how to add the pockets on pants? Do you have original sample or images to show it? Also, please kindly send your dark gray and black colour standard for lab dip making.

    As to the price, Please confirm it over validity. During these days, the prices of linen cotton fabric keep raising up. At meanwhile, you plan to add two pockets, the final price will be surely changed. The accurate price can be calculated clearly after we get your. pocket details and S,L size measurement chart. I Hope you can be kindly understand. Any other query, please feel free to contact me.

Best Regards,
Sales Supervisor
Gavin/Goldentex

任务 6.2　拟定合同

6.2.1　操作步骤

（1）收到用快递寄送过来的已签署的采购订单(Purchasing Order，PO)，通过仔细审核确认无误后，转交企业负责人要求签章。

（2）发函通知客户 PO 已经经过卖方会签，请其注意查收用快递寄送的 PO。

(3) 根据双方签署的留在卖方的订单内容拟定销售确认书的内容，在经过审核无误后，交给企业负责人签章。

(4) 发函通知客户由卖方拟定的两份销售确认书要由客户会签，会签后以快递方式寄送回卖方。

6.2.2 操作分析

1. 审查 Kevin 邮寄来的 PO

小沈邮寄来的 PO 如图 6.1 所示。

PR Valves,llc
Address: 1313 Missouri St.
South Houston, TX 77587
USA
Tel: 713-947-8044
Fax: 713-947-8842
Web: www.prvalves.com
PURCHASING ORDER

Order No.:TX9086
Date:17 Mar,2009

We hereby place an order with NINGBO CHENGTONG IMP.&EXP. CO.LTD. of the products as follows:

Commodity Name	Style no	Quantity	Unit price	Amount
High-quality ball valve	DN32	1 200PCS	USD35.00	FOB NINGBO USD42 000.00
Cantonese-style cast steel flanged ball valve	DN15	1 000PCS	USD13.85	USD13 500.00
Cast steel ball valve	DN40	1 000PCS	USD30.00	USD30 000.00
202 magnetic lock valve	DN50	2 000PCS	USD16.00	USD32 000.00
Copper valve	DN25	2 500PCS	USD3.00	USD7 500.00
Total		7 700		USD125 000.00

Sample lead time: within 1 month after the receipt of this order.
Delivery time: within 2 months after the seller receives the approval of the buyer to agree with production.
Latest date of shipment: within 20 days after the seller receives the 30% payment by T/T.
Terms of payment: Upon receipt from the Sellers of the advice as to the time and quantify expected ready for shipment, the Buyers shall open, 20days before shipment, with the Bank acceptable for seller an irrevocable Letter of Credit in favour of the Seller payable by the opening bank against sight draft。
Port of loading: Ningbo
Port of discharge: BostoN
Seller shall provide the following documents: 1.A FULL SET OF CLEAN B/L. 2.SIGNED COMMERICAL INVOICE. 3. PACKING LIST.4.AMERICAN CUSTOMS INVOICE.5.SHIPPING ADVICE.
The Buyer
The Seller
PR Valves,llc
Signature
　EDWARD STEVEN

图 6.1　邮寄来的 PO

李玮审查了 PO 后认为没有问题,于是请示领导会签,接着李玮将按照公司规定根据 PO 拟定本公司的销售确认书(Sales Confirmation,S/C),审核无误后用快递寄回小沈所在的公司并通过邮件告知其将 S/C 会签后寄回本公司以作保存。

【知识链接】

一、有效合同成立的条件

一般而言,一项有法律约束力的合同,需具备下列 5 个条件。

1. 当事人必须在自愿和真实的基础上达成协议

法律上把当事人的意思表示一致分解为要约和承诺。要约人用明示的方式向受约人提出要约,要约一经承诺,合同即告成立。《中华人民共和国合同法》①(以下简称《合同法》)明确规定:"合同当事人的法律地位平等,一方不得将自己的意志强加给另一方";"当事人依法享有自愿订立合同的权利,任何单位和个人不得非法干预"。可见,贸易合同必须建立在当事人自愿和真实的基础上。

2. 当事人必须具有订立合同的行为能力

一般而言,具有法律行为能力的人是指登记注册的企业法人和自然人中的法定成年人。没有法律行为能力的人,或限制法律行为能力的人,如未成年人、精神病患者等,都被视为没有签订合同能力的人。各国法律一般都规定缺乏订约能力的人所订立的合同,根据情况可以撤销或宣布无效,而企业法人则要在其登记注册的经营范围内签订进出口合同。

3. 合同必须有对价和合法

合同必须有对价和合法的约因(cause)。所谓"对价(consideration)",是指当事人为了取得合同利益所付出的代价,这是英、美、法的概念。例如,在买卖合同中,买方得到卖方提供的货物必须支付货款,而卖方取得买方支付的货款必须交货,买方支付和卖方交货就是买卖合同的"对价"。"约因"是法国法律的概念。"约因"与"对价"相类似,是指当事人签订合同所追求的直接目的。买卖合同在具有"对价"和"约因"的情况下,才是有效的。无"对价"或无"约因"的合同,是得不到法律保护的。

4. 合同标的和内容必须合法

几乎所有国家的法律都要求当事人所订立的合同必须合法,合法是合同的基本性质。凡是违反法律、违反公共秩序或公共政策及违反善良风俗或道德的合同,一律无效。《合同法》规定,当事人订立、履行合同,应当遵守法律、行政法规,尊重社会公德,不得扰乱社会经济秩序,损害社会公共利益。

5. 合同必须符合法律规定的形式

世界上大多数国家,只对少数合同要求按法律规定的特定形式订立,而对大多数合同形式一般不从法律上规定。《联合国国际货物销售合同公约》规定:"买卖合同无须以书面订立或证明,在形式方面不受任何其他条件的限制,买卖合同可以包括人证在内的任何方法证明。"可见,《联合国国际货物销售合同公约》对国际货物买卖合同的形式不加以限制,无论采用书面或口头方式,均不影响合同的效力。

《合同法》规定:"当事人订立合同,有书面形式、口头形式和其他形式。法律、行政法规规定采用书面形式的,应当采用书面形式。当事人约定采用书面形式的,应当采用书面形式。"根据这项规定,我国对国际货物买卖合同的形式,原则上也不加以限制,但如果法律、行政法规规定及当事人约定采用书面形式时,应当采用书面形式。在我国,涉外合同一律要求采用书面形式。

二、出口贸易合同的签订

在国际贸易实践中,买卖双方进行交易磋商,无论是通过口头磋商还是书面磋商,当交易达成后,买卖

---

① 一般如外贸合同中未规定合同条款按照某国相关的法律解释,则参照与本合同有密切联系的国家的相关法律。因为多数出口合同签订的地点和履行的地点均在我国,所以可以参照我国《合同法》的相关规定。

双方往往还需要签订一份正式的书面合同，将双方的权利、义务等明文规定下来。

（一）书面合同的作用

1. 作为合同成立的证据

按照各国法律的要求，凡是合同都需能被证明，提供证据，以证明合同关系的存在。当双方在事后发生争议提交仲裁或诉讼时，仲裁庭和法庭也要先确定双方之间是否已建立了合同关系，并要求当事人对合同处理提供证据。如果不用一定的书面形式加以确定，合同将由于不能被证明而难以得到法律的保障。因此，尽管许多国家的法律并不否认口头合同的效力，但在国际贸易中，一般多要求签订书面合同。

2. 合同履行的依据

在国际贸易中，合同的履行涉及企业内的许多部门，涉及外部的许多相关机构，如运输公司、保险公司、银行等，过程也相当复杂。口头合同如不转变成书面合同，几乎无法履行。即使通过信件、电报、电传等达成交易，如不把分散在多份信函、电报或电传中的双方协议一致的条件集中归纳到一份书面合同上来，也将难以正确履行合同。因此，买卖双方不论通过口头还是书面磋商，在达成交易后，双方都要求将商定的交易条件、各自应享受的权利和承担的义务，全面清晰地在一个文件上用文字规定下来，作为履行合同的依据。

3. 合同生效的条件

在一般情况下，合同的生效是以接受生效为条件的，只要接受生效，合同就成立。但是在下述两种特定的情况下，书面合同就作为合同生效的条件了。

首先，如果在交易磋商时，买卖双方的一方曾声明并经另一方同意，合同的成立以双方签订正式书面合同或确认书为准。在这种情况下，即使双方已对交易条件全部取得一致意见，但在正式书面合同或确认书签订之前，还不存在法律上有效的合同。这样，正式书面合同或确认书的签署就成为合同生效必不可少的条件了。

其次，根据国家法律或政府政策的规定，必须经政府部门审核批准的合同，也必须是正式书面合同。此类合同生效时间应为授权机构批准之日，而并非双方当事人在合同上签字的日期。

（二）书面合同形式

书面合同形式主要有正式的合同(Contract)和确认书(Confirmation)，也有协议(Agreement)、备忘录(Memorandum)，实际业务中还有订单(Order)和委托订购单(Indent)等形式。

在我国出口业务中，书面合同主要采用两种形式：一种是条款完备、内容较全面的正式合同，如销售合同(Sales Contract)；另一种是内容较简单的简式合同，如销售确认书(Sales Confirmation)。

1. 销售合同

销售合同的内容比较全面，除商品的名称、规格、包装、数量、单价、装运港和目的港、交货期、付款方式、运输标志、商品检验等条款外，还有异议索赔、仲裁、不可抗力等条款。它的特点在于，内容比较全面，对双方的权利和义务及发生争议后如何处理，均有详细的规定。签订这种形式的合同，对于明确双方的责任、避免争议的发生都是有利的。因此，对大宗商品或成交金额较大的交易，一般应采用这种合同形式。

2. 销售确认书

销售确认书属于一种简式合同，其内容一般包括商品名称、规格、包装、数量、单价、交货期、装运港和目的港、付款方式、运输标志、商品检验等主要条款。对于异议索赔、仲裁、不可抗力等条款，一般都不予列入。这种格式的合同，适用于金额不大、批数较多的小土特产品和轻工产品，或者已订有代理、包销等长期协议的交易。

上述两种形式的合同，虽然在格式、条款项目和内容的繁简上有所不同，但在法律上具有同等效力，对买卖双方均有约束力。

（三）书面合同的内容

进出口贸易合同的基本内容由约首、正文和约尾组成。

1. 约首

约首是合同的首部，包括合同的名称、合同号数、订约的日期、订约地点、买卖双方的名称和地址及序言等内容。

2. 正文

正文是合同的主体和核心，具体列明各项交易的条件。其主要条款有：①品名条款；②品质规格条款；③数量条款；④包装条款；⑤价格条款；⑥支付方式；⑦运输条款；⑧保险条款；⑨检验条款；⑩不可抗力条款；⑪索赔条款；⑫仲裁条款。

3. 约尾

约尾是合同的结尾部分，包括合同适用的法律和惯例、合同的有效期、合同的有效份数及保管办法、合同使用的文字及其效力、双方代表的签字等内容。有时，订约地点、订约时间也出现在约尾。

三、签订书面合同应注意的问题

签订书面合同是一项具体、复杂而又特别重要的工作，在操作过程中要特别注意以下5个问题。

1. 要注意合同各条款间的内在联系

合同是一个有机整体，各个条款之间应相互衔接，保持一致，不应出现相互矛盾的内容。例如，合同中规定采用 CIF 术语，同时又规定出口方必须保证货物于×月×日前到达目的港。这实际上已经否定 CIF 术语的作用，增加了出口方的责任与风险。

2. 合同条款要完善和明确

首先，合同条款一定要订得具体、完善，防止错列和漏列主要事项。其次，合同的文字要简练、严谨、明确，切忌使用模棱两可或含混不清的词句和文字。

3. 必须符合我国有关的法律和法规的规定

我国对外签订的国际货物买卖合同都必须遵守我国的法律规定，不符合我国法律规定的合同将被视为无效，不能得到我国法律的承认和保护。

4. 必须贯彻我国的各项对外政策

目前，对外贸易已经成为各国对外关系的一个十分重要的方面，"政治问题贸易化"或"贸易问题政治化"的现象越来越普遍。我国奉行独立自主的对外政策，愿意在和平共处五项原则的基础上发展与各国、各地区的经济和贸易关系。为此，对外签订贸易合同必须符合和贯彻我国对外政策与方针。

5. 必须遵守有关的国际公约与国际贸易惯例

国际贸易已经超出一国的国内行为，因此，必须接受有关国际公约的约束。目前，《联合国国际货物销售合同公约》已经成为国际货物买卖方面影响力最大的国际公约。我国是《联合国国际货物销售合同公约》的签字国，理应遵守《联合国国际货物销售合同公约》的各项规定，但我国政府提出保留的意见除外。此外，我国对外签订的各种贸易协定、支付协定，以及有关的国际贸易惯例也是对外签订贸易合同应该遵守的规则。

★【操作示范1】

李玮审查小沈寄来的 PO 后，为了加深自己对贸易合同的理解，他从网上搜集了几篇诚通贸易公司的贸易合同样例，并对其进行了分析。

诚通贸易公司与日本高田商社就全棉色织 T 恤衫交易条件达成一致后，双方需要签订一份正式的书面合同，将双方的权利、义务等明文规定下来。为此，诚通贸易公司拟定销售确认书（图6.2）一式两份，签章后寄给日本高田商社。日本高田商社对合同进行审核，核准无误后会签，双方各持一份作为履行合同的依据。

诚通贸易公司
CHENGTONG TRADE COMPANY
1405 BAIZHANG EAST ROAD NINGBO CHINA

TEL：0086-574-××××××× 　　销 售 确 认 书　　S/C NO.：RXT26
Fax：0086-574-××××××× 　　Sales Confirmation　　DATE：Apr.10, 2009

To Messrs:
TKARMRA TRADING CORPORATION
1-5. KAWARA MACH OSAKA JAPAN

谨启者：兹确认售予你方下列货品，其成交条款如下：
Dear Sirs,
We hereby confirm having sold to you the following goods on terms and conditions as specified below:

唛头 SHIPPING MARK	货物描述及包装 DESCRIPTIONS OF GOODS, PACKING	数量 QUANTITY	单价 UNIT PRICE	总值 TOTAL AMOUNT
T.C RXT26 OSAKA C/NO.1-UP	100% COTTON COLOUR WEAVE T-SHIRT RM111 RM222 RM333 RM444 PACKED IN ONE CARTON 30 PCS OF EACH	2 000 PCS 2 000 PCS 1 000 PCS 1 000 PCS	CIF OSAKA USD 11.00 USD 10.00 USD 9.50 USD 8.50	USD 22 000.00 USD 20 000.00 USD 9 500.00 USD 8 500.00 USD60 000.00

装运港：
LOADING PORT：SHANGHAI PORT
目的港：
DESTINATION：OSAKA PORT
装运期限：
TIME OF SHIPMENT：LATEST DATE OF SHIPMENT 090630
分批装运：
PARTIAL SHIPMENT：PROHIBITED
转船：
TRANSSHIPMENT：PROHIBITED
保险：
INSURANCE：FOR 110 PERCENT OF THE INVOICE VALUE COVERING ALL RISKS AND WAR RISK
付款条件：
TERMS OF PAYMENT：L/C AT SIGHT
买方须于 2009 年 5 月 20 日前开出本批交易的信用证(或通知售方进口许可证号码)，否则，售方有权不经过通知取消本确认书，或向买方提出索赔。

图 6.2　销售确认书 1

The Buyer shall establish the covering Letter of Credit(or notify the Import License Number)before May 20, 2009, failing which the Seller reserves the right to rescind without further notice, or to accept whole or any part of this Sales Confirmation non-fulfilled by the Buyer, or, to lodge claim for direct losses sustained, if any.

凡以 CIF 条件成交的业务，保额为发票价的 110%，投保险别以售货确认书中所开列的为限，买方如果要求增加保额或保险范围，应于装船前经卖方同意，因此而增加的保险费由买方负责。

For transactions conclude on CIF basis, it is understood that the insurance amount will be for 110% of the invoice value against the risks specified in Sales Confirmation. If additional insurance amount or coverage is required, the buyer must have consent of the Seller before Shipment, and the additional premium is to be borne by the Buyer.

品质/数量异议：如买方提出索赔，凡属品质异议，须于货到目的口岸之 60 日内提出，凡属数量异议，须于货到目的口岸之 30 日内提出，对所装货物所提任何异议属于保险公司、轮船公司等其他有关运输或邮递机构的责任范畴，卖方不负任何责任。

Quality/Quantity Discrepancy: In case of quality discrepancy, claim should be filed by the Buyer within 60 days after the arrival of the goods at port of destination; while for quantity discrepancy, claim should be filed by the Buyer within 30 days after the arrival of the goods at port of destination. It is understood that the seller shall not be liable for any discrepancy of the goods shipped due to causes for which the Insurance Company, Shipping Company, other transportation organization/or Post Office are liable.

本确认书内所述全部或部分商品，如因人力不可抗拒的原因，以致不能履约或延迟交货，卖方概不负责。

The Seller shall not be held liable for failure of delay in delivery of the entire lot or a portion of the goods under this Sales Confirmation in consequence of any Force Majeure incidents.

买方在开给卖方的信用证上请填注本确认书号码。

The Buyer is requested always to quote THE NUMBER OF THIS SALES CONFIR MATION in the letter of Credit to be opened in favour of the Seller.

买方收到本售货确认书后请立即签回一份，如买方对本确认书有异议，应于收到后 5 日内提出，否则认为买方已同意接受本确认书所规定的各项条款。

The buyer is requested to sign and return one copy of the Sales Confirmation imme diately after the receipt of same, Objection, if any, should be raised by the Buyer within five days after the receipt of this Sales Confirmation, in the absence of which it is understood that the Buyer has accepted the terms and condition of the sales confirmation.

买方：高田商社　　　　　　卖方：诚通贸易公司
THE BUYER:　　　　　　　THE SELLERS:

图 6.2　销售确认书 1(续)

2．根据 PO 内容草拟销售确认书

李玮将根据 PO 的相关内容，按照如图 6.3 所示的格式拟定一份销售确认书。

销售确认书
SALES CONFIRMATION

卖方 SELLER:		编号 NO.:	
		日期 DATE:	
		地点 SIGNED IN:	
买方 BUYEER:			

买卖双方同意以下条款达成交易:
This contract is made by and agreed between the BUYER and SELLER, in accordance with the terms and conditions stipulated below.

1. 商品号 Art No.	2. 品名及规格 Commodity & Specification	3. 数量 Quantity	4. 单价及价格条款 Unit Price & Trade Terms	5. 金额 Amount

允许 With	溢短装,由卖方决定 More or less of shipment allowed at the sellers' option

6. 总值 Total Value	
7. 包装 Packing	
8. 唛头 Shipping Marks	
9. 装运期及运输方式 Time of Shipment & means of Transportation	
10. 装运港及目的地 Port of Loading & Destination	
11. 保险 Insurance	
12. 付款方式 Terms of Payment	
13. 备注 Remarks	

The Buyer	The Seller

图 6.3 销售确认书 2

【知识链接】

商品品质条款的拟定

一、商品品质的含义及表示方法

（一）商品品名

商品品名（Name of Commodity）又称商品名称，是指能使某种商品区别于其他商品的一种称呼或概念，是合同中不可缺少的重要交易条件。商品的名称常常与品质联系在一起，构成描述或说明货物的重要组成部分。

根据《联合国国际货物销售合同公约》的规定，商品名称的描述是构成商品说明的一个主要部分，是买卖双方交接货物的一项基本依据。若卖方交付的货物不符合约定的品名，买方有权要求损害赔偿，直至拒收货物或撤销合同。因此，列明合同标的物的具体名称具有重要的法律和实践意义。

（二）商品品质的表示方法

商品品质（Quality of Goods）又称商品质量，是指商品的外观形态和内在质量的综合。前者是指人们的感官可以直接感觉到的外形特征，如商品的结构、造型、款式、色泽和味觉等；后者则是指商品的物理和机械机能、化学成分、生物特征和技术指标等。

在贸易合同中，对商品的品质、规格主要有两种表示方法。

1. 用样品表示商品的品质

在国际贸易中，以实物样品来说明商品的品质，通常分为凭卖方样品买卖和凭买方样品买卖两种。

(1) 凭卖方样品买卖（Sale by Seller's Sample）是由卖方提供样品并经买方确认后，作为交货品质的依据。在出口交易中，卖方应注意样品的代表性，不可将品质定得太高或太低，要留存"复样"[①]，作为交货时检验品质的依据。

(2) 凭买方样品买卖（Sale by Buyer's Sample）是由买方提供样品，卖方应按来样复制或从自己的在库商品中选择与来样品质一致的样品交买方确认后，将其样品作为交货的依据。复制样品又称回样（Counter Sample），当买方确认了回样后，卖方再按其样品品质进行加工。

2. 用文字说明表示商品的品质

在国际贸易中，大部分商品可用文字说明其品质，具体可分为下列几种。

(1) 凭规格买卖（Sale by Specification）。规格是指用来反映商品品质的某些主要指标，如成分、重量和尺寸等。由于凭规格销售比较简单准确，所以在国际贸易中应用十分普遍。例如，中国东北大米的合同规格：水分（最高）14%，杂质（最高）5%，不完善粒（最高）6%。

(2) 凭等级买卖（Sale by Grade）。等级是指同一类商品，按规格上的差异，分为质量优劣各不相同的若干等级，每一种等级代表一定的商品质量。在交易合同中列明买卖货物的级别，以其作为商品品质的依据，如中国特级绿茶。

(3) 凭标准买卖（Sale by Standard）。标准是指将商品的规格和等级由一定的部门或社会团体予以标准化。商品的标准，有的由国家或有关政府主管部门规定，也有的由同业公会、交易所或国际性的工商组织规定。例如，国际标准化组织质量管理和质量保证技术委员会为适应国际间贸易发展的需要，制定了 ISO 9000 系列标准体系，于 1987 年正式发布，目前已有近 100 个国家和地区推行这套系列标准。我国于 1994 年 4 月成立了中国质量体系认证机构国家认可委员会，该质量标准也获得了一部分国家同行的认可。目前世界上约有 300 个国际和区域性组织制定标准或技术规则，其中最大的是国际标准化组织、国际电工委员会、国际电信联盟。这些组织制定的标准为国际标准，被国际标准化组织认可的其他国际组织制定的标准也被视为国际标准。

[①] 卖方将买方提交的样品复制一份或几份进行保存以防出现纠纷的样品

此外，还有两种表示标准的方法：一是"良好平均品质(Fair Average Quality, FAQ)"，指在一定时期内某地出口产品的平均品质规格，是指一定时期内某地出口货物的平均质量水平，一般是指中等货。在我国实际业务中，用FAQ来说明质量，一般是指大路货而言。在标明大路货的同时，通常还约定具体规格作为质量依据。二是"良好可销品质(Good Merchantable Quality, GMQ)"，是指卖方所交货物为"品质良好，合乎销售"，通常用于无法以样品或国际公认的标准来检验的产品，如木材、冷冻或冰鲜鱼虾等。由于该标准过于笼统，在我国的对外贸易业务中很少被采用。

(4) 凭商标或牌号买卖(Sale by Trade Mark or Brand)。是指有些商品的质量在国际市场上已被广大消费者一致公认并予以接受，久而久之，该商标或牌号就代表了有关商品的品质，如德国的奔驰汽车、中国的海尔冰箱等。

(5) 凭产地名称买卖(Sale by Name of origin)。是指某些商品由于受产地自然条件和传统的生产技术或加工工艺的影响，在品质上具有其他地区产品所不具备的特色，因而其产地名称成为代表该项产品的品质标志，如中国的龙口粉丝、青岛啤酒、北京烤鸭等。

(6) 凭说明书买卖(Sale by Description)。是指机器、电器和电子仪表等技术密集型的商品，因其结构复杂，加工精细，难以用几个简单的指标说明其品质，只能用说明书和图样来说明其构造、用途和性能等。因此，在进行这类商品的交易时，可凭说明书买卖，如数控机床、便携式计算机等。

二、贸易合同品质条款的拟定

(一) 品质条款的主要内容

品名的表示通常是在贸易合同中的品名条款上列明缔约双方同意买卖的商品名称，如长毛绒玩具、计算机等。合同中的品质条款通常应列明商品的规格、等级、标准或商标等。由于商品种类繁多，品质千差万别，品质条款的内容有简有繁，如长毛绒狗熊玩具、东芝便携式计算机等。

在外贸实践中，往往将品名和品质条款整合在一起作为品名品质条款，简称品质条款(description of goods 或 name of commodity&specification)。

(二) 拟定品质条款应注意的问题

1. 订立品名时应注意的问题如下。

(1) 商品名称是买卖合同中必须首先确定的一个概念，应明确、具体，对已确定的品名或译文的名称应表述准确，尽可能使用国际上通用的商品名称，避免双方误解。

(2) 新的商品名称的提出，要用学名而不要用国内习惯名称。

(3) 合理选择有利于降低费用和方便进出口的商品名称。例如，根据有关国家的海关税则和进出口限制的有关规定，在不影响我国对外贸易政策的前提下，从中选择有利于降低关税或方便进口的名称，作为合同的品名；或根据班轮运价表中对同类商品不同名称的货物所规定的不同等级的收费标准，采用较低运费的相关品名。

2. 拟定品质条款时应注意的问题如下。

(1) 品质的规定要具有合理性。卖方在提高出口商品的质量、增强国际竞争力的同时，又必须从实际出发，根据本企业的实际技术条件制定相应的品质。如果标准制定得过高，将会给合同履行带来一定的困难，使企业处于被动状态。

(2) 品质的规定要具有确定性。卖方应根据商品特性来确定品质的表示方法。在规定商品品质时，应明确具体，避免因表述不清而引起争议。同时，对一些特殊的商品要有一定的灵活性，可采取品质机动幅度和品质公差的办法。品质机动幅度和品质公差的方法主要有以下3种。第一，规定范围，即对某种商品的规格，应允许有一定幅度的差异。例如，漂布幅宽35~36英寸。第二，规定极限，是对某种商品的规格规定上下极限。例如，白籼米碎粒含量允许最多不超过1%。第三，规定上下差异，是指卖方所交货物的品质允许在误差的范围内。例如，机械手表走时允许每月快或慢零点几秒。这一误差，如为国际同行业所公认，即成为"品质公差(Quality Tolerance)"。

(3) 品质的规定方法应避免多样性。在国际贸易中,要避免品质双重指标的要求,否则会给合同履行带来一定的困难。如果必须以两种方法表示,应明确以何种指标作为表示商品品质的主要依据,其他表示方法仅供参考,并向买方明确表示。

【操作示范2】

拟定贸易合同中的品质条款,如图6.4所示。

诚通贸易公司
CHENGTONG TRADE COMPANY
1405 BAIZHANG EAST ROAD NINGBO CHINA

TEL: (86-574)×××××××   销 售 确 认 书   S/C NO.: RXT26
FAX: (86-574)×××××××   Sales Confirmation   DATE: Apr. 10, 2009

To Messrs:
TKARMRA TRADING CORPORATION
1-5. KAWARA MACH OSAKA JAPAN
谨启者:兹确认售予你方下列货品,其成交条款如下:
Dear Sirs,
We hereby confirm having sold to you the following goods on terms and conditions as specified below:

品质条款 ↓

唛头 SHIPPING MARK	货物描述及包装 DESCRIPTION OF GOODS, PACKING	数量 QUANTITY	单价 UNIT PRICE	总值 TOTAL AMOUNT
T.C RXT26 OSAKA C/NO.1-UP	100% COTTON COLOUR WEAVE T-SHIRT RM111 RM222 RM333 RM444 PACKED IN ONE CARTON 30 PCS OF EACH	 2 000 PCS 2 000 PCS 1 000 PCS 1 000 PCS	CIF OSAKA USD 11.00 USD 10.00 USD 9.50 USD 8.50	 USD 22 000.00 USD 20 000.00 USD 9 500.00 USD 8 500.00
		6 000 PCS		USD60 000.00

图6.4 销售确认书3

【知识链接】

商品数量条款的拟定

一、计量单位与度量衡制度

(一)数量的计量单位

计量单位(Unit of Quantity)是指用以表示商品标准量的名称。商品数量的计量单位首先取决于商品的种类和性质,不同的商品需要采用不同的计量单位来表示。同时,对于不同的度量衡制度,商品的计量单位也有所不同。在国际贸易中，常用的计量单位主要有以下6种。

(1) 按重量(Weight)计算。按重量计算是当今国际贸易中广为使用的一种。例如，许多农副产品、矿产品和工业制成品都按重量计量。按重量计量的单位有公吨(Metric Ton, M/T)、长吨(Long Ton)、短吨(Short Ton)、千克(Kilogram, kg)、克(Gram, g)、磅(Pound, lb)、盎司(Ounce, oz)等。

(2) 按数量(Number)计算。大多数工业制成品，尤其是日用消费品、轻工业品、机械产品及一部分土特产品，均习惯于按数量进行买卖。所使用的计量单位有只、件(Piece)、双(Pair)、套(Set)、打(Dozen)、令(Ream)、罗(Gross)等。

(3) 按长度(Length)计算。在金属绳索、丝绸、布匹等类商品的交易中，通常采用米(Meter, m)、英尺(Foot, ft)、英寸(Inch, in)、码(Yard, yd)等长度单位来计量。

(4) 按面积(Area)计算。在玻璃板、地毯等商品的交易中，一般习惯于以面积作为计量单位。常用的有平方米(Square Meter)、平方英尺(Square Foot)、平方码(Square Yard)等。

(5) 按体积(Volume)计算。按体积成交的商品有限，仅用于木材、天然气和化学气体等。属于这方面的计量单位有立方米(Cubic Meter)、立方尺(Cubic Foot)、立方码(Cubic Yard)等。

(6) 按容积(Capacity)计算。各类谷物和液体货物，往往按容积计量。其中，美国以蒲式耳(Bushel)作为各种谷物的计量单位，但蒲式耳所代表的重量则因谷物不同而有差异，例如，每蒲式耳亚麻籽为56磅，燕麦为32磅，大豆和小麦为60磅。公升(Liter)、加仑(Gallon)则用于酒类、油类商品的计量。

(二) 度量衡制度

在国际贸易中，常用的度量衡制度主要有国际单位制(International System)、公制(The Meter System)、美制(The Us System)和英制(The B System)等几种。我国1959—1984年，一直使用公制，1984年2月开始采用国务院新颁布的以国际单位制为基础的法定计量单位制。

二、重量的表示方法

在国际贸易中，绝大多数商品是按重量计量的。根据商品的性质和商业习惯，通常按重量计算主要有4种方法。

(一) 按毛重计算

毛重(Gross Weight)是指商品皮重与净重之和，即商品本身的实际重量加上包装材料后的总重量。有一些价值不高的，如粮食、饲料等大宗商品，通常都是以毛重作为计价基础，习惯上称之为"以毛作净(Gross for Net)"。

(二) 按净重计算

净重(Net Weight)是指商品本身的重量，即毛重扣除皮重后的商品实际重量。净重是国际贸易中最常见的计重办法。不过有些价值较低的农产品或其他商品，有时也采用"以毛作净"的办法计重。例如，"蚕豆100公吨，单层麻袋包装，以毛作净"。所谓"以毛作净"，实际上就是按毛重计算重量。

在采用净重计重时，对于如何计算包装重量，国际上有下列几种做法。

(1) 按实际皮重(Actual Tare)计算。实际皮重即指包装的实际重量，它是指对包装逐件衡量后所得的总和。

(2) 按平均皮重(Average Tare)计算。如果商品所使用的包装比较统一标准，重量相差不大，就可以从整货物中抽出一定的件数，称出其皮重，然后求出平均重量，再乘以总件数，即可求得整货物的皮重。近年来，随着技术的发展和包装用料及规格的标准化，用平均皮重计算的做法已日益普遍，也称标准皮重。

(3) 按习惯皮重(Customary Tare)计算。一些商品，由于其所使用的包装材料和规格已比较定型，皮重已为市场所公认，因此，在计算其皮重时，就无需对包装逐件过秤，按习惯上公认皮重乘以总件数即可。

(4) 按约定皮重(Computed Tare)计算，即以买卖双方事先约定的包装重量作为计算的基础。

国际上有多种计算皮重的方法，究竟采用哪一种计算方法来求得净重，应根据商品的性质、所使用的包装的特点、合同数量的多少及交易习惯，由双方当事人事先约定并列出合同条款，以免事后引起争议。

（三）按公量计算

公量（Conditioned Weight）是指用科学、公认的方法去除商品中所含水分，得出商品的"干量"，再加上标准含水量后所求得的商品重量。该计量方法通常用于那些价值较高而含水量又不很稳定的商品，如羊毛、生丝、棉花等。

公量的计算公式如下。

$$公量 = [实际重量 \times (1+标准回潮率)] / (1+实际回潮率)$$

（四）按理论重量计算

理论重量（Theoretical Weight）是指某些规格尺寸固定、用材质量均匀的商品，仅根据商品规格就可推算出的商品重量。例如马口铁，根据其厚度就可以测算出重量。

三、贸易合同中数量条款的拟定

（一）数量条款的主要内容

数量条款是由成交的商品数量和计量单位所组成，对于按重量成交的商品，应明确计算的方法。

（二）拟定数量条款应注意的问题

（1）列明交易的具体数量和计量单位。合同中必须确定成交的具体数量和计量单位，不要使用"大约"或"左右"等字样。在规定计量单位时，要按照商业的习惯，并注意有些同名计量单位的不同内涵。例如，1蒲式耳在美制度量衡制度中，表示大麦重量为48磅，玉米重量却为56磅。

（2）明确按毛重或净重计算。对大宗交易商品，一定要明确是按毛重还是按净重计算，如未注明，按国际惯例应视为按净重计算。

（3）合理规定数量的机动幅度。数量的机动幅度（Quantity Allowance）是在数量条款中规定卖方实际货物数量可多于或少于合同所规定数量的一定幅度，主要方法有如下两种。

① 溢短装条款（More or Less Clause）是指运输途中容易发生缺损的商品，或为适应运输工具配载限制的需要，在买卖合同中规定允许溢装或短装的限量。例如，中国大米2 000公吨，卖方可溢短装5%。溢短装条款通常适用于粮油食品、土畜产品的交易。有时为了防止交易一方利用合同中的溢短装条款获利，可在合同中明确规定溢短装部分的计价办法，如溢短装部分按货物装船时或到达目的地时的市价计算。

② "约"量条款是指在交易数量前加一个"约"、"大约"或"近似"字样（About, Circa, Approximate Clause），表示实际交货数量可以有一定弹性的条款，如约400磅等。国际上对"约"字的解释不一致，如在谷物交易中，上下可差5%；在木材交易中则多至10%；一般商品为3%~5%。国际商会制定的《跟单信用证统一惯例》（第600号出版物）规定："约"或"大约"这类词语用于信用证金额，或用于信用证规定的数量时，应理解为10%的增减幅度。

【操作示范3】

订立贸易合同中的数量条款，如图6.5所示。

诚通贸易公司
CHENGTONG TRADE COMPANY
1405 BAIZHANG ROAD NINGBO CHINA

TEL：(86-574)××××××××	销售确认书	S/C NO.：RXT26
Fax：(86-574)××××××××	Sales Confirmation	DATE：Apr.10, 2009

To Messrs：
TKARMRA TRADING CORPORATION
1-5. KAWARA MACH OSAKA JAPAN

图6.5 销售确认书4

谨启者：兹确认售予你方下列货品，其成交条款如下：
Dear Sirs,
We hereby confirm having sold to you the following goods on terms and conditions as specified below:

数量条款

唛头 SHIPPING MARKS	货物描述及包装 DESCRIPTION OF GOODS, PACKING	数量 QUANTITY	单价 UNIT PRICE	总值 TOTAL AMOUNT
T.C RXT26 OSAKA C/NO.1-UP	100% COTTON COLOUR WEAVE T-SHIRT RM111 RM222 RM333 RM444 PACKED IN ONE CARTON 30 PCS OF EACH	2 000 PCS 2 000 PCS 1 000 PCS 1 000 PCS	CIF OSAKA USD 11.00 USD 10.00 USD 9.50 USD 8.50	USD 22 000.00 USD 20 000.00 USD 9 500.00 USD 8 500.00

图 6.5　销售确认书 4(续)

【知识链接】

商品包装条款

一、商品包装的种类

商品包装是指盛装商品的各种容器或包装物，以及采用不同形式的容器或包装物对商品进行包裹的操作过程。根据商品包装在流通过程中的作用，可分为运输包装和销售包装两大类。

(一) 运输包装

(1) 运输包装的条件。

运输包装(Package for Transport)又称外包装，是为适应货物的装卸、储存和运输的要求进行的包装，包括单件运输包装和集合运输包装。其主要功能是保护货物在运输过程中不受外界影响，完好无损地将货物运送到目的地。

在国际贸易中，商品的运输包装应具备下列要求。

① 必须适应商品的特性。
② 必须适应各种不同运输方式的要求。
③ 必须考虑有关国家的法律规定和客户的要求。
④ 要便于各环节有关人员进行操作。
⑤ 要在保证包装牢固的前提下节省费用。

(2) 包装的种类。

① 单件运输包装(Single-piece Package for Transport)是指货物在运输过程中作为一个计件单位的包装。常见的单件运输包装有以下几种。

箱(Case)，主要用于价值较高和易损货物的包装，视不同商品的特点，选择使用木箱、纸箱和板箱等。

包(Bale)，常用于易抗压的货物包装，如羊毛、棉花、生丝、布匹等。一般为棉袋或麻袋，并适宜于机压打包。

桶(Drum)，多用于液体、半液体和粉状等货物的包装。桶的材料有木材、铁皮和塑料等。

袋(Bag)，可用于粉状、颗粒状、块状的农产品和化肥等货物的包装。袋的材料通常是棉质、麻质，但也有纸质和塑料的。

② 集合运输包装(Composite Package for Transport)是由若干单件运输包装组合而成的一件大包装。采用集合运输包装，可以大大提高装卸效率，降低运输成本，减少商品损耗。集合运输包装有集装箱、集装包(袋)和托盘3种类型。

集装箱(Container)是由钢板等材料制成的长方体形状，可反复使用，既是货物的运输包装，又是运输工具的组成部分。为了适应不同商品的特性和装卸的要求，有的箱内还设有空调或冷冻设备，有的备有装入或漏出的孔道等。集装箱是现代化的运输包装，可以有效地保护商品，加快货物的装卸速度，提高码头的使用效率。

根据国际标准化组织的规定，集装箱共分为13种规格，装载量为5~40吨不等。用得最多的是8ft×8ft×20ft 和 8ft×8ft×40ft 的集装箱。国际上以 8ft×8ft×20ft 为计算集装箱的标准单位，称"TEU(Twenty-foot Equivalent Unit, 20英尺等量单位)"。凡不是20ft的集装箱，均可折合成20ft集装箱进行统计。

集装箱根据商品使用的性质，又可分为9种，见表6-1，部分样式如图6.6所示。

表6-1　集装箱分类

集装箱分类	适用范围
干货集装箱 Dry Cargo Container	除冷冻货、活动物和植物外，在尺寸、重量等方面适合集装箱运输的货物，几乎均可使用干货集装箱。这种集装箱式样比较多，使用时应注意箱子内部的容积和最大负荷
冷藏集装箱 Reefer Container	设有冷冻机的集装箱。在运输过程中，启动冷冻机使货物保持在所要求的指定温度。箱内顶部装有挂肉类、水果的钩子和轨道，用于装载冷藏食品、新鲜水果和特种化工产品等
散货集装箱 Bulk Cargo Contain	适用于装载小麦、谷类、水泥、化学制品等散装粉粒状货物
框架集装箱 Flat Rack Container	设有箱顶和两侧，可从集装箱两侧装卸货物
敞顶集装箱 Open Top Container	设有箱顶，可使用吊装设备从箱子顶上装卸货物，适用于装载超长的货物
牲畜集装箱 Pen Container	在集装箱两侧设有金属网，便于喂养牲畜和通风
罐式集装箱 Tank Container	设有液灌顶部的装货孔进入，卸货有排出孔靠重力作用自行流出，或从顶部装货孔吸出，适用装运各种液体货物
平台集装箱 Platform Container	适用于运载超长超重的货物，长度可达6米以上，载重量可达40公吨以上
汽车集装箱 Car Container	专供运载汽车的分层载货的集装箱

(a) 干货集装箱

(b) 单层挂衣集装箱

(c) 罐式集装箱

图6.6　集装箱的部分样式

集装包(袋)(Flexible Container)是用塑料纤维编织成的抽口式大包，两边有4个吊带，每包可装～4吨的货物。集装袋也是用塑料纤维编织成的圆形大口袋，每袋可容纳1～1.5吨货物，适用于已经装好的桶装和袋装多件商品。

托盘(Pallet)是指用于集装、堆放货物以便于装卸货物、搬运和运输的平台装置，其主要特点是装卸速度快、货损货差少。托盘按其基本形态分为：用叉车、手推平板车装卸的平托盘、柱式托盘、箱式托盘；用人力推动的滚轮箱式托盘、滚轮保冷箱式托盘；采用板状托盘，用设有推换附件的特殊叉车进行装卸作业的滑板，或装有滚轮的托盘卡车中使货物移动的从动托盘；其他还有装运桶、罐等专用托盘之类的与货物形状吻合的特殊构造的托盘。托盘按形状不同可分为双面叉、四面叉、单面使用型、双面使用型等。按其材质的不同，有木制、塑料制、钢制、铝制、竹制和复合材料制等。常见的托盘有平板托盘(Flat Pallet)和箱形托盘(Box Pallet)等。托盘样式如图6.7所示。

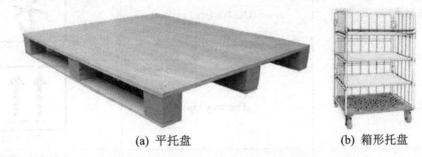

(a) 平托盘　　　(b) 箱形托盘

图6.7　托盘样式

(3) 包装标志。

① 运输标志。在进出口货物的交接、运输、通关和储存的过程中，为了便于识别货物，避免错发，在每件货物的外包装上，必须以不易脱落的油墨或油漆刷上一些易于识别的图形、文字和数字等明显标志。

运输标志(Shipping Mark)简称唛头，其内容一般包括收货人简称、合同编号、目的港(地)名称和货物件号等。运输标志一般由卖方决定，有时也可由买方指定，但须在合同中明确规定买方应在货物装运前若干天告之卖方，以免影响货物发运。运输标志如图6.8所示。

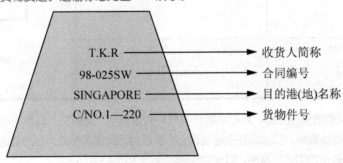

图6.8　运输标志

② 指示性标志(Indicative Mark)是关于操作方面的标志。它是根据货物的特性，对一些容易破碎、残损、变质的货物以简单醒目的文字、图形或图案在运输包装上做出标志，用以提醒操作人员在货物的运输、储存和搬运过程中应引起注意，以免损坏货物。常用的指示性标志见表6-2。

表 6-2 常用的指示性标志

中文	英文	图示标志
小心轻放 玻璃制品 易碎品	Handle With Care Glass Fragile	 (白纸印黑色)
禁用手钩	Use No Hooks	 (白纸印黑色)
此端向上	The Way Up	 (白纸印黑色)
怕热	Keep In Cool Place	 (白纸印黑色)
怕湿	Keep Dry	 (白纸印黑色)
由此开启	Open Here	

③ 警告性标志又称危险品标志。凡在运输包装内装有爆炸品、易燃品、有毒物品、腐蚀性物品、氧化剂和放射性物品等危险货物时，都必须在运输包装上标明各种危险品的标志，以示警告，使装卸、运输和保管人员按货物特性采取相应的防护措施，以保护货物和保管人员人身的安全。

除中华人民共和国国家标准《危险货物包装标志》(GB 190—2009)外，联合国政府间海事协商组织也规定了一套《国际海运危险品货物标识》，因此，在我国危险货物的运输包装上，要标明我国和国际上所规定的两种危险品标志。

有关联合国危险货物运输标志(Symbols of the United Nations Committee for the Transport of Dangerous Goods)如图 6.9 所示。

(a) 爆炸品
UN Transport symbol for explosives

(b) 有毒物品（第2类和第6.1类）
UN Transport symbol for poisonous substances（gases Class 2．other poisonous substances Class 6.1）

(c) 易自燃物品
UN Transport symbol for substances liable to spontaneous combustion

图6.9　有关联合国危险货物运输标志

（二）销售包装

销售包装(Sales Package)又称内包装，是为适应商品销售的需要，伴随商品直接进入零售点的包装，通常作为商品的组成部分卖给消费者。销售包装具有保护商品、便于携带、美化商品的作用，有利于商品的销售。

随着国际市场竞争的加剧和人们消费水平的提高，市场对销售包装的要求越来越高。其主要表现在便于陈列展销，便于识别商品，便于携带和使用，要有艺术吸引力。

销售包装可根据商品的特点采用不同的形状，如堆叠式、悬挂式和展开式包装，以便于陈列经销。同时，销售包装上还必须有条码标志，条码是由一组配有数字的黑白及粗细不等的平行条纹组成的标识，它是一种利用光电扫描阅读设备为计算机输入数据的特殊代码语言，印制在商品销售包装上，条形码样式如图6.10所示。

图6.10　条码样式

国际上通用的条形码主要有两种：一种为美国统一代码委员会编制的UPC(Universal Product Code，通用产品代码)，另一种为国际物品编码协会编制的EAN(European Product Number，欧洲产品代码)条码。EAN由13位数字构成(图6.3)，前3位为国家码，中间4位为厂商号，后5位为产品代码，最后1位为校对码。为了适应国际市场的需要和扩大出口，1988年12月我国建立了"中国商品编码中心"，负责推广条形码技术，并对其进行统一管理。1994年4月，我国正式加入国际物品编码协会。该会分配给我国的国别号为"690"、"691"和"692"。凡条形码前三位数字标有"690"、"691"和"692"的，即表示是中国生产的商品。EAN已分配的前缀码见表6-3。

表6-3　EAN已分配前缀码

前缀码	编码组织所在国家(或地区)/应用领域	前缀码	编码组织所在国家(或地区)/应用领域
00～13	美国和加拿大(UCC)	380	保加利亚
20～29	店内码	383	斯洛文尼亚
30～37	法国	385	克罗地亚

续表

前缀码	编码组织所在国家(或地区)/应用领域	前缀码	编码组织所在国家(或地区)/应用领域
387	波黑	619	突尼斯
40~44	德国	628	沙特阿拉伯
45、49	日本	629	阿拉伯联合酋长国
460~469	俄罗斯	64	芬兰
471	中国台湾	690~695	中国
474	爱沙尼亚	621	叙利亚
475	拉脱维亚	622	埃及
476	阿塞拜疆	624	利比亚
477	立陶宛	625	约旦
478	乌兹别克斯坦	626	伊朗
479	斯里兰卡	627	科威特
480	菲律宾	70	挪威
481	白俄罗斯	729	以色列
482	乌克兰	73	瑞典
484	摩尔多瓦	740	危地马拉
485	亚美尼亚	741	萨尔瓦多
486	格鲁吉亚	742	洪都拉斯
487	哈萨克斯坦	743	尼加拉瓜
489	中国香港特别行政区	744	哥斯达黎加
50	英国	745	巴拿马
520	希腊	746	多米尼加
528	黎巴嫩	750	墨西哥
529	塞浦路斯	759	委内瑞拉
531	马其顿	76	瑞士
535	马耳他	770	哥伦比亚
539	爱尔兰	773	乌拉圭
54	比利时和卢森堡	775	秘鲁
560	葡萄牙	777	玻利维亚
569	冰岛	779	阿根廷
57	丹麦	780	智利
590	波兰	784	巴拉圭
594	罗马尼亚	786	厄瓜多尔
599	匈牙利	789~790	巴西
600、601	南非	80~83	意大利
608	巴林	84	西班牙
609	毛里求斯	850	古巴
611	摩洛哥	858	斯洛伐克
613	阿尔及利亚	859	捷克
616	肯尼亚	860	南斯拉夫

续表

前缀码	编码组织所在国家(或地区)/应用领域	前缀码	编码组织所在国家(或地区)/应用领域
867	朝鲜	93	澳大利亚
869	土耳其	94	新西兰
87	荷兰	955	马来西亚
880	韩国	958	中国澳门特别行政区
885	泰国	977	连续出版物
888	新加坡	978、979	图书
890	印度	980	应收票据
893	越南	981、982	普通流通券
899	印度尼西亚	99	优惠券
90、91	奥地利		

(三) 中性包装

中性包装(Neutral Packing)是指不标明生产国别、地名和厂商名称，即在出口商品包装的内外，都没有原产地和厂商的标记。中性包装有无牌中性包装和定牌中性包装两种形式。

无牌中性包装是指包装上既无生产国别，也无生产厂家和商标等标志。在有些原料性或半成品或价值不高的商品交易中，进口商为了节省广告费和盖贴商标的人工费用等，借以降低售价，扩大销售，往往要求使用无牌中性包装。

定牌中性包装是指包装上注明买方指定的商标，但无生产国别。其主要用于国外大批量订货，目的是利用进口商的经营优势或名牌声誉，以提高商品售价，扩大销售。

中性包装是国际贸易的通常做法。在接受定牌业务时，应在合同中规定由商标或品牌引起的知识产权纠纷与我方无关，此外应要求买方提供品牌商的授权书。

二、贸易合同包装条款的拟定

包装条款一般包括包装材料、包装方式、包装规格、包装标志和包装费用等内容。为了订好包装条款，以利于合同的履行，在商定包装条款时，需要注意下列事项。

(1) 要考虑商品特点和不同运输方式的要求。

(2) 对包装的规定要明确具体，一般不宜采用"海运包装"和"习惯包装"之类的术语。

(3) 明确包装由谁供应，包装费用由谁负担。包装由谁供应，通常有下列3种做法。

① 由卖方供应包装，包装连同商品一块交付买方。

② 由卖方供应包装，但交货后，卖方将原包装收回，关于原包装返回给卖方的运费由何方负担，应作具体规定。

③ 由买方供应包装或包装物料，采用此种做法时，应明确规定买方提供包装或包装物料的时间，以及由于包装或包装物料未能及时提供而影响发运时买卖双方所负的责任。

包装费用一般包括在货价之中，不另外计收，但也有不计在货价之内而规定由买方另行支付的。究竟由何方支付，应在包装条款中做出明确的规定，以利于合同的顺利履行。

关于运输标志。按国际惯例，运输标志一般由卖方设计确定。如买方要求其指定运输标志，卖方也可接受，但必须在合同中规定提供运输标志的时间，过时则卖方可自行决定。

(资料来源：童宏祥. 国际贸易跟单员实务. 3版. 上海：上海财经大学出版社，2011)

【操作示范4】

拟定贸易合同中的包装条款，如图6.11所示。

诚通贸易公司
CHENG TONG TRADE COMPANY
1405 BAIZHANG EAST ROAD NINGBO CHINA

Tel:（86-574）××××××××	销售确认书	S/C NO.：RXT26
Fax:（86-574）××××××××	Sal Confirmation	DATE：Apr.10,2009

To Messrs:
TKARMRA TRADING CORPORATION
1-5. KAWARA MACH OSAKA JAPAN

谨启者：兹确认售予你方下列货品，其成交条款如下：
Dear Sirs,
We hereby confirm having sold to you the following goods on terms and conditions as specified below:

唛头 SHIPPING MARK	货物描述及包装 DESCRIPTIONS OF GOODS, PACKING	数量 QUANTITY	单价 UNIT PRICE	总值 TOTAL AMOUNT
T.C RXT26 OSAKA C/NO.1-UP	100% COTTON COLOUR WEAVE T-SHIRT RM111 RM222 RM333 RM444 PACKED IN ONE CARTON 30 PCS OF EACH	2 000 PCS 2 000 PCS 1 000 PCS 1 000 PCS 6 000 PCS	CIF OSAKA USD 11.00 USD 10.00 USD 9.50 USD 8.50	USD 22 000.00 USD 20 000.00 USD 9 500.00 USD 8 500.00 USD 60 000.00

（包装条款）

图 6.11 销售确认书 5

【知识链接】

商品价格条款

货物的价格是国际贸易中的主要交易条件，因此，价格条款是买卖合同中必不可少的条款，它将关系到买卖双方的利益。

1．价格条款的主要内容

合同中的价格条款，一般包括单价和总价两部分内容。

（1）单价通常由4个部分组成，包括计量单位、单位价格金额、计价货币和贸易术语，如：

"每只CIF伦敦350英镑"；

"USD500 per M/T FOB Shanghai"。

（2）总价也称总值，即单价与数量的乘积。

2．订立价格条款时应注意的事项

（1）合理确定商品的单价，以防过高或过低。

（2）根据实际情况和经营意图，权衡利弊，选用适当的贸易术语。

（3）灵活运用不同的作价办法，以防价格变动带来的风险。

（4）争取选择有利的计价货币，以防币值变动带来的汇率风险。

（5）参照国际贸易的习惯做法，注意佣金和折扣的运用。

（6）若对交货品质和数量订有机动幅度，则对机动部分的作价也应做出明确的规定。

(7) 若对包装材料和包装费用另行计算，则对其计价方法应一并规定。

(8) 单价中涉及的计量单位、单价金额、计价货币、贸易术语和港口名称，必须书写正确、清楚，以利于合同的履行。

【操作示范5】

拟定贸易合同中的价格条款，如图6.12所示。

诚通贸易公司
CHENGTONG TRADE COMPANY
1405 BAIZHANG EAST ROAD NINGBO CHINA

Tel：(86-574)×××××××　　销售确认书　　S/C NO.：RXT26
Fax：(86-574)×××××××　　Sales Confirmation　　DATE：Apr.10,2009

To Messrs:
TKARMRA TRADING CORPORATION
1-5. KAWARA MACH OSAKA JAPAN

谨启者：兹确认售予你方下列货品，其成交条款如下：
Dear Sirs,
We hereby confirm having sold to you the following goods on terms and conditions as specified below:

唛头 SHIPPING MARK	货物描述及包装 DESCRIPTIONS OF GOODS, PACKING	数量 QUANTITY	单价 UNIT PRICE	总值 TOTAL AMOUNT
T.C RXT26 OSAKA C/NO.1-UP	100% COTTON COLOUR WEAVE T-SHIRT RM111 RM222 RM333 RM444 PACKED IN ONE CARTON 30 PCS OF EACH	2 000 PCS 2 000 PCS 1 000 PCS 1 000 PCS 6 000 PCS	CIF OSAKA USD 11.00 USD 10.00 USD 9.50 USD 8.50	USD 22 000.00 USD 20 000.00 USD 9 500.00 USD 8 500.00 USD60 000.00

（贸易术语）

图6.12　销售确认书6

【知识链接】

货物运输条款的拟定

一、海洋货物运输方式

（一）海洋运输的特点

在国际货物运输中，运用最广泛的就是海洋运输(Ocean Transport)方式。目前，其运量在国际货物运输总量中占到80%以上。海洋运输之所以被如此广泛地采用，是因为它与其他国际货物运输方式相比，主要有以下明显的优势。

1. 运载量大

海洋运输多为万吨巨轮，其运载能力远远大于铁路运输和航空运输。例如，55万吨级油轮的运载量相当于12 500个火车车皮。

2. 运费低廉

由于海洋运输可以利用四通八达的天然航道，并且运程远，运载能力大，分摊于每单位货物的运输成本较低，其运价就相对低廉，是铁路运输的1/5，航空运输的1/20。

3. 对货物的适应性强

海洋运输可适应多种货物的运输，对超长、超重的货物有较强的适应性。

4. 速度慢，有风险

由于受自然条件的限制，海洋运输的航行速度比较慢，易受气候条件影响，且风险也相对较大。对于易受气候条件影响的货物，或急需的货物不宜采用海洋运输。

（二）海洋运输的方式

海洋运输按照船舶的经营方式，可分为班轮运输(Liner Transport)和租船运输(Chartering Transport)。

1. 班轮运输

1) 班轮运输的特点

班轮运输是指具有固定航线、沿途停靠若干个固定港口、按照事先规定的时间表航行并收取固定运费的一种船舶运输方式。其主要特点如下。

(1) "4个固定"，即固定船期、固定航线、固定港口和相对固定运费。

(2) 装卸费用包括在运费中，船方负责货物的装卸。

(3) 班轮承运货物的种类、数量比较灵活，只要有舱位都可接受货物装运。

(4) 货物运输当事人的权利与义务，以船公司签发的提单条款为依据。

2) 班轮运费的构成

班轮运费主要由基本运费和附加运费两部分组成。

(1) 基本运费是指货物从装运港到卸货港按照航程收取的运费，是构成全程运费的主要部分。基本运费的计算标准主要有以下几种。

① 按货物毛重计收运费，在运价表中用"W"表示。以1公吨、1长吨或1短吨收取费用，具体视船公司采用公制、英制或美制而定。

② 按货物体积计收运费，运价表中用"M"表示。尺码吨一般以1立方米或40立方英尺(合1.132 8立方米)收取费用。

③ 按货物毛重或体积计收，即在重量吨和尺码吨两种计费标准中，从高收费，运价表中以"W/M"表示。

④ 按商品价格计收，运价表中以"A.V."表示。从价运费一般按货物的FOB价的3%~5%收取。

⑤ 按货物重量、尺码和价格三者中选择最高的一种计收费用，运价表中用"W/M or A.V."表示。

⑥ 按货物的件数计收，如汽车、摩托车等货物。

⑦ 临时议定价格。由货主和船公司临时协商议定，通常适用于大宗低值货物。

另外，船公司就同一包装和同一票内的混装货物采取就高不就低的收费原则。

应注意各船公司制定的运费率不同，采用何种费率表，取决于出口货物运载船只所属的船公司。中国远洋运输公司的船只，仅采用中国远洋运输集团公司的第一号运价表；中国租船公司的船只、部分侨资班轮和经香港中转的二程船，通常采用中国远洋运输集团公司的第三号运价表。运费都以美元计收。

(2) 附加运费是对一些需要特殊处理的货物，或者由于突然事件的发生或客观情况变化等原因而需要另外加收的费用，主要有以下几种。

① 超重附加费(Extra Charges on Heavy Lifts)，是指由于货物单件重量超过一定限度而加收的一种附加费。

② 超长附加费(Extra Charges on Long Lengths)，是指单件货物的长度超过一定限度而加收的一种附加费。

③ 直航附加费(Direct Additional)，即货物达到一定数量，班轮可直航到指定非班轮停靠的港口而增收的附加费用。

④ 转船附加费(Transshipment Additional)，是指如在中途转船而运至指定目的港，船方向货方加收的费用。

⑤ 港口拥挤费(Port Congestion Surcharge)，是指由于卸货港拥挤，船到卸货港等待卸货而延长船期，给船方增加运营成本而向货方收取的附加费。

⑥ 港口附加费(Port Surcharge)，是指船方因港口装卸条件差、速度慢或港口费用高而向货方收取的附加费。

⑦ 燃料附加费(Bunker Adjustment Factor-BAF)，是因原油价格上涨，船舶开支增加而向货方增收的附加费。

⑧ 选港附加费(Optional Fees)，是在预先指定的卸货港中加以选择而向船方支付的附加费。

⑨ 变更卸货港附加费(Alternation of Destination Charge)，即在变更货物原定的卸货港的情况下，向船方补交的附加费用。

⑩ 绕航附加费(Deviation Surcharge)，是指正常航道受阻，船舶必须绕道航行而向货方收取的附加费。

附加费名目繁多，除了上述附加费之外，还有洗舱费、熏蒸费、货币贬值附加费、冰冻附加费等。

3) 班轮运费的计算

班轮运费的计算方法基本有两种：一种是按每运费吨加收若干金额计算；另一种是按基本运费的百分比计算。

按基本运费的百分比计算的公式为

$$运费 = 运输吨(重量吨或尺码吨) \times 等级运费率 \times (1 + 附加费率)$$

由于装卸费都是固定费用，不在计算之列。

班轮运输费的具体计算方法如下。首先，根据货物的英文名称在运价表的货物分级表中，查出该货物应属等级和计费标准；其次，从航线费率表中，查出有关货物的基本费率及所经航线和港口的有关附加费率；最后，根据计算公式得出该批货物的运费总额。

【例6-1】 某公司出口漂白粉到西非某港口城市100箱。该商品的内包装为塑料袋，每袋1磅。外包装为纸箱，每箱100袋，箱的尺寸为长47cm、宽39cm、高36cm。问：该批货物除装卸费以外的运费是多少？

解：①先按漂白粉的英文名字 Bleaching Powder 的字母顺序从运价表中查出它属于几级货物，按什么标准计算。经查，该商品属于5级货物，按"M"标准计算。②按航线查5级货物"M"基本费率，有无附加费。经查，去西非航线的5级货物每尺码吨基本运费为367美元，另加转船费15%、燃油附加费33%、港口拥挤费5%。③将数据代入公式得

$$F = 367 \times [1 + (15\% + 33\% + 5\%)] \times (0.47 \times 0.39 \times 0.26) \times 100 = 2\ 676.04(美元)$$

2. 租船运输

1) 租船运输的含义

租船运输(Chartering Transport)是指租船人向船东租赁船舶而从事货物运输的一种营运方式。

在租船期间，船舶所有权仍属船东，租船人只取得船舶的使用权，租期届满后，将船舶还给船东。租船运输是由租船人按与船东签订的租船合同安排航行，主要是从事大宗货物或某些特种货物的运输，如冷藏品、危险品等，或班轮不能承运的货物。租船运输的运费通常比班轮运价低廉。

2) 租船运输的方式

租船运输的方式分为定程租船(Voyage Charter)、定期租船(Time Charter)和光船租船(Bare Boat Charter)。

(1) 定程租船又称航次租船，是指由船舶所有人负责提供船舶，在指定的港口之间进行一个航次或数个

航次承运指定货物的租船运输。可按运输航次的不同,分为单程租船、来回航次租船、连续来回航次租船和包运合同租船。

定程租船的费用包括定程租船运费和定程租船的装卸费。

定程租船运费的计算方法主要有两种:一种是按运费率(Rate Freight)来计算运费,即规定每单位重量或单位体积的运费额;另一种是按整船包价(Lumpsum Freight),即规定一笔整船运费,船东保证船舶能提供的载货重量和容积,而不管租方实际装船多少。

定程租船的装卸费在定程租船合同中有明确规定。具体做法有 4 种:船方负担装货费和卸货费(Liner Terms);船方负责装不负责卸(F.O);船方负责卸不负责装(F.I);船方既不负责装也不负责卸(F.I.O),但须明确理舱费和平舱费由谁负担。

(2) 定期租船是由船舶所有人将船舶出租给承租人,供其使用一定时期的租船运输。

定期租船与定程租船的不同之处如下。

① 定期租船按期限租赁船舶;定程租船按航程租赁船舶。

② 定期租船的租船方负责船舶的调度、货物运输、船舶在租期内的营运管理和日常开支;定程租船由船方直接负责船舶的经营管理。

③ 定期租船的租金一般是按租期每月每吨若干金额计算;定程租船的租金或运费,一般按装运货物的数量或航次包租总金额计算。

(3) 光船租赁是船舶所有人将船舶出租给承租人使用一定时期,由承租人自己配备船长、船员,负责船舶营运管理所需的一切费用。光船租赁的实质是属于单纯的财产租赁。

(三) 海运单据

海洋货物运输单据主要有海运提单(Bill of Lading,B/L)和海运单(Sea Waybill, Ocean Waybill)两种形式。

1. 海运提单

1) 海运提单的作用

海运提单简称提单,是货物的承运人或其代理人收到货物后,签发给托运人的一种文件,用以说明货物运输有关当事人之间的权利与义务。其主要作用如下。

(1) 货物收据。提单是承运人或其代理人签发的货物收据,证明已按提单所列的内容收到货物。

(2) 物权凭证。提单是货物所有权的凭证,提单的合法持有人凭提单可在目的港向船运公司提取货物,也可在载货船舶到达目的港之前,通过对提单的背书转让该货物所有权,或凭以向银行办理押汇贷款。

(3) 运输契约的证明。提单是承运人与托运人之间订立的运输契约的证明,在提单背面印就的运输条款中,明确规定了承运人与托运人双方之间的权利、义务、责任和豁免,是处理承运人和托运人之间争议的法律依据。

2) 海运提单的主要内容

海运提单因船公司而异,有着不同的格式,但其主要内容基本一致,通常包括正面的记载事项和背面印就的运输条款。

提单正面的记载事项,分别由托运人和承运人或其代理人填写,如图 6.13 所示。

提单背面的运输条款是有关托运人、承运人、收货人和提单持有人之间权利与义务的主要依据,事先都由船运公司印制好。

3) 海运提单的种类

海运提单从不同的角度分析,可分为以下几种。

(1) 已装船提单(On Board B/L or Shipping B/L)和备运提单(Received for Shipment B/L)。

已装船提单是指承运人将货物装上指定的船只后签发的、并注明载货船舶名称和装货日期的提单。

备运提单是承运人收到托运的货物后,在待装船期间签发给托运人的提单,该单据上无装船日期和载货的具体船名。

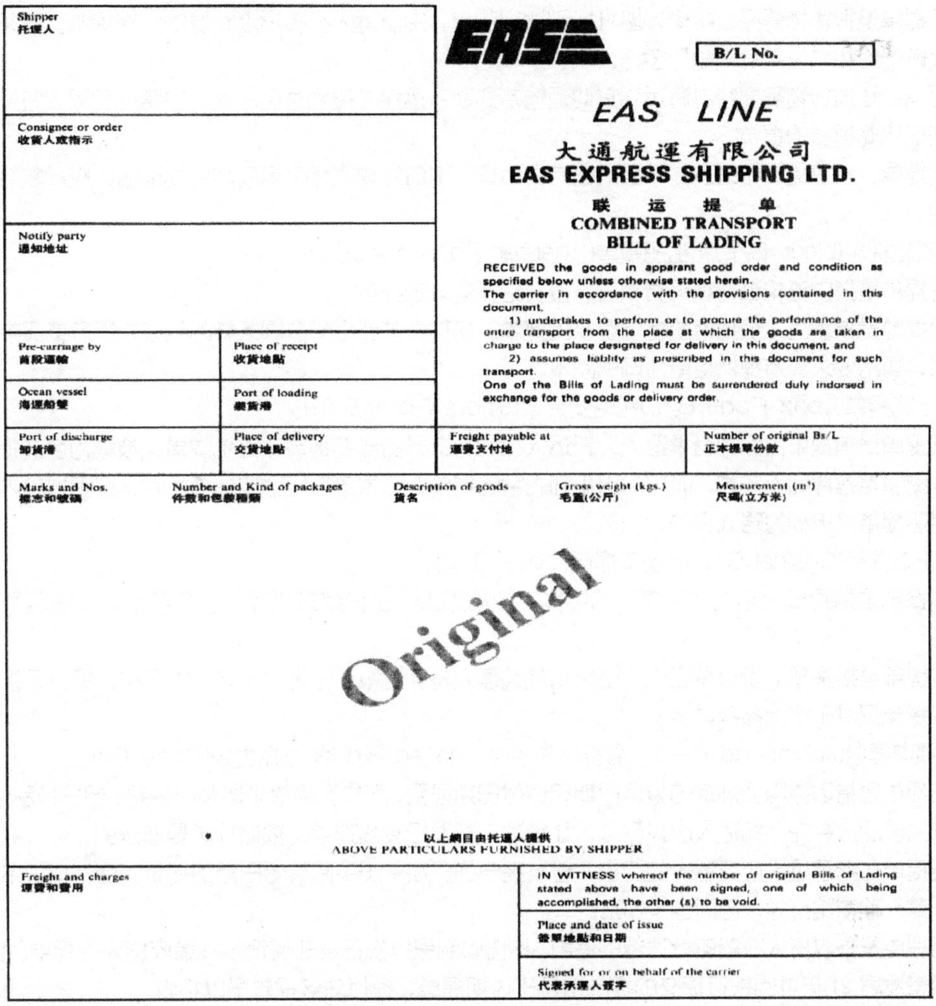
Shipper
托運人

Consignee or order
收貨人或指示

Notify party
通知地址

Pre-carriage by
前段運輸

Place of receipt
收貨地點

Ocean vessel
海運船隻

Port of loading
裝貨港

B/L No.

EAS LINE
大通航運有限公司
EAS EXPRESS SHIPPING LTD.
联 运 提 单
COMBINED TRANSPORT
BILL OF LADING

RECEIVED the goods in apparent good order and condition as specified below unless otherwise stated herein.
The carrier in accordance with the provisions contained in this document,
1) undertakes to perform or to procure the performance of the entire transport from the place at which the goods are taken in charge to the place designated for delivery in this document, and
2) assumes liability as prescribed in this document for such transport.
One of the Bills of Lading must be surrendered duly indorsed in exchange for the goods or delivery order.

Port of discharge 卸貨港	Place of delivery 交貨地點	Freight payable at 運費支付地	Number of original Bs/L 正本提單份數

Marks and Nos. 標志和號碼	Number and Kind of packages 件數和包裝種類	Description of goods 貨名	Gross weight (kgs.) 毛重(公斤)	Measurement (m³) 尺碼(立方米)

Original

以上細目由托運人提供
ABOVE PARTICULARS FURNISHED BY SHIPPER

Freight and charges
運費和費用

IN WITNESS whereof the number of original Bills of Lading stated above have been signed, one of which being accomplished, the other (s) to be void.

Place and date of issue
簽單地點和日期

Signed for or on behalf of the carrier
代表承運人簽字

图 6.13　海运提单样例

已装船提单和备运提单的根本区别在于货物是否已装船。这对于进口商来说，存在的风险大不相同。在实际业务中，都采用已装船提单。

(2) 清洁提单(Clean B/L)和不清洁提单(Unclean B/L or Foul B/L)。

清洁提单是指货物在装船时表面状况良好，承运人在签发提单上未加任何货损、包装不良或其他有碍结汇的批注。

如果承运人在签发提单上注明货物或包装有缺陷等批注，即构成不清洁提单。

清洁提单和不清洁提单反映了不同的货物状况，为了规避风险，银行和进口商只接受清洁提单。

(3) 记名提单(Straight B/L)、不记名提单(Black B/L or Open B/L)和指示提单(Order B/L)。

记名提单是在提单的收货人栏里，写明收货人的具体名称，不能转让。

不记名提单是指提单收货栏内留空，不需任何背书，即可转让，风险极大。

提单收货人一栏内填写“凭指定”、“凭发货人指定”等字样，就是指示提单。指示提单可通过空白背书或记名背书进行转让。空白背书由背书人在提单背面签名，注明背书日期；记名背书是指背书人除了在提单背面签名外，还列明受让人名称。由于指示提单既有流通性，又有安全性，在实际业务中，使用最多。

(4) 直达提单(Direct B/L)、转船提单(Transshipment B/L)和联运提单(Through B/L)。

直达提单是指装载出口货物船只不经过转船，直接驶往目的港所签发的提单。

转船提单是指货物需经过中途转船才能到达目的港，由承运人在装运港签发的全程提单。转船提单上一般注明转船船名和"在某港转船"字样。

联运提单是指货物需要经过海运和其他运输方式联合运输才能到达目的港，由第一承运人签发，在目的港或目的地凭此提货的提单。

直达提单、转船提单和联运提单因运输方式而异，出口货物究竟采用何种方式运输，应视航线、运费和航期而定。

(5) 班轮提单(Liner B/L)和租船提单(Charter Party B/L)。

班轮提单是指由班轮公司承运货物后，签发给托运人的提单。

租船提单是指承运人根据租船合同签发的提单。这种提单受租船合同条款的约束，银行或买方在接受这种提单时，通常要求卖方提供租船合同的副本。

(6) 全式提单(Long Form B/L)和略式提单(Short Form B/L)。

全式提单是指提单背面列有承运人、托运人权利与义务的详细提单。班轮提单又被称为全式提单。

略式提单是指背面无条款，而只列出正面内容的提单，法律效力与全式提单相同，仅因提单内容的繁简而异。租船提单又被称为略式提单。

(7) 正本提单(Original B/L)和副本提单(Copy B/L)。

正本提单是指提单上标有"正本"的字样，由承运人、船长或其代理人签名盖章，并注明签发日期的提单。

副本提单是指提单上没有承运人、船长或其代理人签字盖章，也无"正本"的字样。银行只接受正本提单，副本提单仅供工作上参考之用。

(8) 预借提单(Advanced B/L)、倒签提单(Anti-dated B/L)和过期提单(Stale B/L)。

预借提单是指因信用证规定的装运日期和议付日期已到，而货物因故未能及时装船，但已被承运人接管，或已经开始装而未装完，托运人出具保函，让承运人签发已装船提单。预借提单是非法的。

倒签提单是指承运人应托运人的要求，签发提单的日期早于实际装船日期的提单。倒签提单不按实际日期签发，是一种欺骗行为，因而也是违法的。

过期提单是指收货人在船舶抵达目的港前，不能收到银行按正常邮寄程序转给收货人的提单。根据惯例，凡在提单签发后21天才向银行提交的提单均属于过期提单，银行对该提单予以拒收。

(9) 其他种类。

舱面提单(On Deck B/L)是指承运人对装于甲板上的货物，所签发给托运人的提单。由于舱面货风险较大，因此，银行一般不接受舱面提单。

电子提单(Electronic B/L)是将纸面提单的全部内容，以电子形式进行传递的电子数据。国际法和各国法律对电子数据都予以承认。

2．海运单

海运单是海洋运输合同和货物收到的证明单据。海运单不是物权凭证，不可转让，也不能提货，收货人凭到货通知提货。

二、航空运输方式

航空运输(Air Transport)是一种现代化的运输方式，它与海洋运输、铁路运输相比，具有运输速度快、货运质量高且不受地面条件限制等优点。因此，它最适宜运送急需物资、鲜活商品、精密仪器和贵重物品。近年来，随着国际贸易的迅速发展及国际货物运输技术的不断现代化，采用空运方式也日趋普遍。

(一) 航空运输方式的种类

目前，我国的进出口商品中，进口采用空运的有计算机、成套设备中的精密部件、电子产品等；出口商品中主要有丝绸、纺织品、海产品、水果和蔬菜等。这些进出口商品，按不同需要，主要采用下列4种运输方式。

1. 班机运输

班机运输(Airliner Transport)是指在固定时间、固定航线、固定始发站和目的站运输的飞机运输货物，通常班机使用客货混合型飞机。一些大的航空公司也有开辟定期全货机航班的。班机因有定时、定航线、定站等特点，因此适用于运送急需物品、鲜活商品及节令性商品。

2. 包机运输

包机运输(Chartered Carrier Transport)是指包租整架飞机或由几个发货人(或航空货运代理公司)联合包租一架飞机来运送货物。因此，包机又分为整包机和部分包机两种形式，前者适用于运送数量较大的商品，后者适用于多个发货人，但货物到达站又是同一地点的货物运输。

3. 集中托运

集中托运(Consolidation Transport)是指航空货运公司把若干单独发运的货物(每一货主货物要出具一份航空运单)组成一整批货物，用一份总运单(附分运单)整批发运到预定目的地，由航空货运公司在那里的代理人收货、报关、分拨后交给实际收货人。集中托运的运价比国际空运协会公布的班机运价低 7%~10%。因此，发货人比较愿意将货物交给航空货运公司安排。

4. 航空快递

航空快递(Air Courier Service)是指具有独立法人资格的企业将进出境货物或物品人发件人(Consignor)所在地通过自身或代理运送到收件人(Consignee)的一种快速航空运输方式。

(二) 航空运输的特点

航空运输是利用飞机进行货物运输的一种方式，包括国内航空运输和国际航空运输。其特点主要有：①运货速度快，交货时间短，对于鲜活、易腐商品的运输，具有独特的优势。②安全准时，货损货差率非常低。③可节省包装和储藏等费用。

(三) 航空运输的承运人

1. 航空运输公司

航空运输公司是航空货物运输业务中的实际承运人，负责办理从起运机场到目的机场的运输，并对全程负责。

我国国际航空运输公司主要有国内航空公司、国外航空公司和包机运输公司，如中国东方航空公司、德国汉莎航空公司、英国航空公司、美国西北航空公司、日本航空公司等 40 多家。

2. 航空货运代理公司

航空货运代理公司负责办理航空货物运输的订舱，在始发机场和目的机场办理交接货物和进出口报关，以及作为航空公司的代理负责接货、签发航空运单，并对运输过程负责。中国对外贸易运输总公司既是中国民航的代理，也是我国进出口公司的货运代理，承担航空货运代理公司的职责。

(四) 航空货运单

1. 航空货运单的主要内容

航空货运单(Air Waybill)是承运人和托运人之间签订的运输契约，也是承运人或其代理人签发的货运收据。

航空货运单的正面载有航线、日期、货物名称、数量、包装、价值、收货人名称与地址、发货人名称与地址、运杂费等项目，背面则印有托运人和承运人双方各自的责任、权利与义务等内容的条款。

航空货运单一般有一式十二联，其中分正本三联、副本六联和额外副本三联。正本第一联注明"Original-for the Shipper"交托运人；正本第二联注明"Original-for the Issuing Carrier"由航空公司留存；正本第三联注明"Original-for the Consignee"由航空公司随机代交收货人。其余副本由航空公司按规定和需要进行分发，作为报关、结算、国外代理中转分拨等用途分别使用。航空货运单样式如图 6.14 所示。

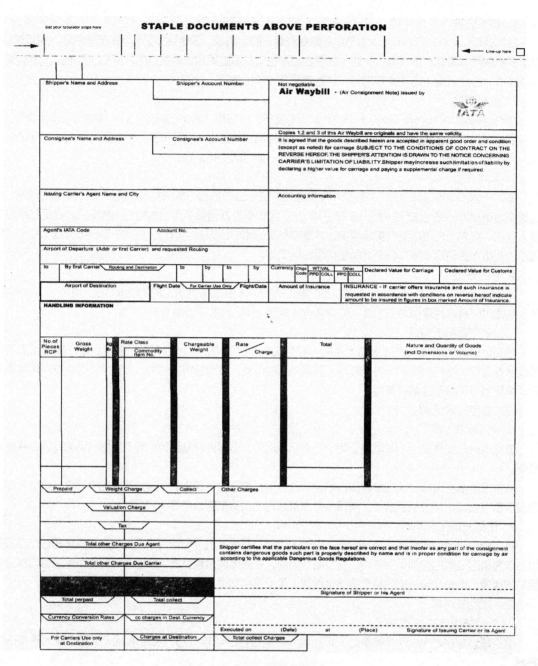

图 6.14 航空货运单实样

2. 航空货运单的种类

航空货运单依签发人的不同，可分为总运单(Master Air Waybill)和分运单(House Air Waybill)两种形式。总运单是由航空公司签发给集中托运商(航空货运代理公司)的单据。分运单则是由航空货运代理公司签发给托运人的单据，在内容上基本相同，并具有同样的法律效力。

应注意的是，航空货运单不是物权凭证，收货人提货不凭航空货运单，而是凭航空公司的提货通知单。因此，航空货运单不能背书转让，在航空货运单的收货人栏内，不能做成指示性抬头，必须详细填写收货人的全称和地址。

三、铁路货物运输方式

铁路货物运输是指利用铁路进行货物运输的一种方式,在领土相邻国家间的国际贸易中,占有重要的地位。铁路货物运输不受气候条件的影响能进行正常的运输,具有速度快、运量大、风险较小的特点。

(一) 国际铁路运输的运营方式

我国对外贸易铁路运输的运营方式有国际铁路货物联运(International Railway Through Transport)和国内铁路运输。

1. 国际铁路货物联运

国际铁路货物联运是指在两个或两个以上国家的铁路运送中,使用一份运送票据,并以连带责任办理货物的全程运送,在由一国铁路向另一国铁路移交货物时,无需收、发货人参与的一种铁路运输方式。在国际铁路联运中,货主只需把货物交给铁路部门装车后,始发站的外运机构代为办理进出口报关手续,国与国之间铁路交接运送由铁路部门全程负责。

目前,国际铁路货物联运有以下两种方式。

(1) "货协国"之间的运输。这是指签署了《国际铁路货物联运协定》(以下简称《国际货协》)成员国之间的货物运输。《国际货协》是1951年签订的。尽管"货协"中的一些国家相继解体,但铁路货物联运并未终止,原"货协"之间的运作仍然沿用。

(2) "货协国"与"货约国"之间的运输。这是指参加《国际货协》的国家与参加《国际铁路货物运送公约》(以下简称《国际货约》)的国家之间的货物运输。1890年,欧洲各国在瑞士首都伯尔尼举行的各国铁路代表大会上制定了《国际铁路货物运送规则》,1938年修改为《国际铁路货物运输公约》。参加的国家有德国、奥地利、比利时、丹麦、西班牙、法兰西、希腊、意大利、列支敦士登、卢森堡、挪威、荷兰、葡萄牙、英国、瑞士、瑞典、土耳其和南斯拉夫共18国。

"货协国"与"货约国"之间运输的具体做法是,从"货协国"发货,使用国际铁路货协的联运单据,在货物运到最后一个"货协国"国境时,由铁路边境站负责改换适当的联运票据继续转至终点站。

2. 国内铁路运输

国内铁路运输是指仅在本国范围内按《国内铁路货物运输规程》的规定办理的货物运输。我国出口货物经铁路运至港口装船及进口货物卸船后经铁路运往各地,均属国内铁路运输的范畴。供应港、澳地区的物资经铁路运往香港、九龙,也属于国内铁路运输的范围。不过,这种运输同一般经铁路运到港口装船出口有所区别。它由内地铁路段运输和港段运输两段组成,由中国对外贸易运输公司在各地的分支机构和香港中国旅行社联合组织。

内地到香港铁路货物运输的基本做法如下:首先发货人要按照《国内铁路货物运输规程》的规定,把货物从始发站托运到深圳北站,交由设在深圳北站的中外运分公司接货(不卸车),然后由设在深圳的中外运机构作为各外贸企业的代理,向铁路局办理货物运输单据交换和货运手续,并办理货物的出口报关手续,将货物转至香港段铁路九龙站后,由香港中国旅行社卸交给香港收货人(买方)。

出口到澳门的货物,先将货物运至广州南站再转船运至澳门。

(二) 铁路货物运输单据

铁路货物运输分为国际铁路联运和国内铁路运输两种方式,前者使用国际铁路联运运单,后者使用承运货物收据。

1. 国际铁路联运运单

国际铁路联运运单是参加联运的发送国铁路与发货人之间订立运输契约的证明,规定了参加联运的各国铁路和收、发货人的权利与义务。当发货人向始发站提交全部货物,并付清有关的一切费用,经始发站在运单和运单副本上加盖始发站承运戳记、证明货物已被接受承运后,运输合同即生效。国际铁路联运运单不是物权凭证,不能转让。

国际铁路货物联运分快运和慢运两种,在运单及副本上有不同的标记。快运货物运单及其副本的正反两面的上边和下边印有红线,慢运货物则不加红线。

2. 承运货物收据

承运货物收据是承运人出具的货物收据,是承运人与托运人签订的运输契约,也是收货人凭以提货的凭证。我国内地通过铁路运往港澳地区的出口货物,一般多委托中国对外贸易运输公司承办。当出口货物装车发运后,对外贸易运输公司即签发一份承运货物收据给托运人,作为对外办理结汇的凭证。

承运货物收据的格式及内容和海运提单基本相同,主要区别是它只有第一联为正本。在该正本的反面印有"承运简章",载明承运人的责任范围。

承运货物收据样式如图 6.15 所示。

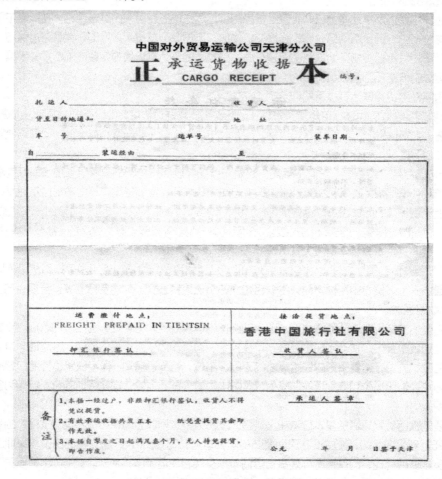

图 6.15 承运货物收据样例

四、国际多式联运方式

国际多式联运是在集装箱运输的基础上产生和发展起来的一种综合性的连贯运输方式,是以集装箱为媒介,把海、陆、空各种传统的单一运输方式有机结合起来,组成国际间的连贯运输。

(一)国际多式联运应具备的条件及特点

1. 国际多式联运应具备的条件

国际多式联运(International Multimodal Transport)是指按照多式联运合同,以至少两种不同的运输方式,由多式联运经营人将货物从一国境内接管货物的地点运至另一国境内指定交付货物地点的运输方式。

根据《联合国国际货物多式联运公约》的规定,进行多式联运必须具备下列条件。

(1)必须有一份多式联运合同,明确多式联运经营人与托运人之间的权利、义务、责任和豁免。

(2) 必须是国际间两种或两种以上不同运输方式组合的连贯货物运输。

(3) 必须使用一份包括全程的多式联运运输单据，并由多式联运经营人对全程运输负责。

(4) 必须实行全程单一的运费率。

多式联运经营人是国际多式联运的当事人，是整个运输的总承运人和多式联运合同的履行者，承担从接收货物开始一直到交付货物为止的全程运输责任。

事实上，国际多式联运极少由一个经营人承担全部运输，往往是接受了货主的委托后，联运经营人自己承担一部分运输工作，而将其余各段运输工作再委托其他的承运人。但这又不同于单一的运输方式，那些接受多式联运经营人转托的承运人，只是依照运输合同关系对联运经营人负责，与货主不发生任何关系。

2．国际多式联运的特点

国际多式联运的特点，主要有以下 3 个方面。

(1) 具有集装箱货物运输的安全性和高效性。国际多式联运的货物是集装箱或集装化的货物，这使得国际多式联运具有集装箱运输的高效率、高质量和高技术的特点。

(2) 具有简单性、统一性。国际多式联运是实行一票到底全程单一费率的运输，发货人只办理一次托运、一次付费、一次保险，通过一份运输单据就可实现从起运地到目的地的全程连贯的货物运输。

(3) 能降低运输成本。国际多式联运经营人可以通过货物运输路线、运输方式和对各区段实际承运人的选择，来提高运输速度，而且还可以降低运输成本。

(二) 国际多式联运应注意的问题

开展国际多式联运是实现"门到门"运输的有效途径，它简化了手续，减少了中间环节，加快了货运速度，降低了运输成本，并提高了货运质量。为了更有效地开展以集装箱为媒介的国际多式联运，还需注意下列事项。

(1) 考虑货价和货物性质是否适宜装集装箱。

(2) 注意装运港和目的港有无集装箱航线，有无装卸及搬运集装箱的机械设备，铁路、公路沿途桥梁、隧道、涵洞的负荷能力如何。

(3) 装箱点和起运点能否办理海关手续。

(三) 国际多式联运单据

1．国际多式联运单据的作用

国际多式联运单据是指多式联运经营人接受货物签发的收据和凭此交付货物的凭证，是多式联运合同的证明。根据发货人的要求，多式联运单据可以做成可转让的，也可以做成不可转让的。多式联运单据如签发一份以上的正本单据，应注明份数，其中一份完成交货后，其余各份正本即失效。副本单据没有法律效力。

2．国际多式联运单据与联运提单的区别

国际多式联运单据与联运提单的区别主要表现如下。

1) 责任范围不同

国际多式联运单据的多式联运经营人对全程负责，联运提单的联运经营人只对第一程负责。

2) 单据签发的对象不同

国际多式联运单据是由国际多式联运经营人签发；联运提单则由承运人、船长或承运人的代理人签发。

3) 联运组成的方式不同

国际多式联运单据的运输可以由任何两种或两种以上的方式组成；联运提单的运输仅指海运和其他运输方式的组合，且海运必须为联运中的第一程运输。

4) 单据记载的事项不同

国际多式联运单据可以不表明货物已装船，也无须载明具体的运输工具；联运提单必须表明货物已装船并载明具体装船的船名和装船日期。

五、集装箱运输方式

集装箱(Container)是用钢板等材料制成的长方形容器，是货物运输的一种辅助设备，又称货柜。根据国际标准化组织的规定，集装箱的规格有 3 个系列 13 种之多。在国际货运上使用的主要为 20 英尺和 40 英尺两种，即 1A 型 8"×8"×20" 和 1C 型 8"×8"×40"。在集装箱运输中，通常以 20" 集装箱作为标准箱，它同时也是港口计算吞吐量和船舶大小的一个重要的度量单位，一般以 TEU(Twenty Foot Equivalent Unit, 相当于 20 英尺箱单位)表示。在统计不同型号的集装箱时，应按集装箱的长度换算成 20" 标准箱加以计算。

（一）集装箱运输的作用

集装箱运输(Container Transport)是以集装箱作为运输单位进行货物运输的一种现代化运输方式，其作为组合化运输中的高级运输形态，适用于海洋运输、铁路运输和国际多式联运，其中集装箱海运已成为国际主要班轮航线的主要运输方式。它的作用主要如下。

1. 提高运输效率

由于集装箱采取专用的装卸设备，有利于提高装卸效率，扩大了港口的吞吐量，加速船舶的周转，从而缩短了货运时间。

2. 保障货物的安全

由于集装箱结构坚固，因而可以防止盗窃和挤压，减少货损货差。同时，集装箱是根据运输货物的特性进行了科学设计，能有效地保护货物的品质，有利于提高货运质量。

3. 降低货运成本

降低货运成本主要表现为：①采用集装箱运输可以降低对外包装的要求，节省相应的包装用料和包装费用；②各班轮公司承运集装箱货物的运费比非集装箱货物的运费约低 10%；③保险公司对集装箱货运的保险费率比普通货运保险费率约低 10%；④集装箱运输中间环节的减少可以节省一些杂项费用，如货物中途的免检费等。

（二）集装箱运输的装箱方式

集装箱运输有整箱货和拼箱货之分。凡装货量达到每个集装箱容积 75% 的或达到每个集装箱负荷量 95% 的即为 FCL，由货主或货代自行装箱后以箱为单位向承运人进行托运；凡货量达不到上述整箱标准的，则要拼箱托运，即由货主或货代将货物送交集装箱货运站，货运站收货后，按货物的性质、目的地分类整理，然后将去同一目的地的货物拼装成整箱后再发运。两者的货物交接方式也有区别。

整箱货由货方在工厂或仓库进行装箱，货物装箱后直接运交集装箱堆场(Container Yard, CY)等待装运。货到目的港(地)后，收货人可以直接从目的港(地)的集装箱堆场提走，即"场到场"的方式。

拼箱货是指由于货量不足一整箱，需要由承运人在集装箱货运站(Container Freight Station)负责将不同发货人的货物拼在一个集装箱内，货到目的港(地)后，再由承运人拆箱分拨给各收货人，即"站到站"的方式。

集装箱的交接方式应在运输单据上予以说明。国际上通用的表示方式如下。

1. FCL/FCL

FCL/FCL，即"整箱交/整箱收"。在这种交接方式下，集装箱的具体交接地点有以下几种。

1) Door to Door，即"门到门"，指发货人的工厂或仓库整箱交货，承运人员负责运至收货人的工厂或仓库整箱交收货人。

2) Cy to Cy，即"场到场"，指发货人在起运地或装箱港的集装箱堆场整箱交货，承运人员负责运至目的地或目的港的集装箱堆场整箱交收货人。

3) Door to Cy，即"门到场"，指发货人的工厂或仓库整箱交货，承运人员负责运至目的地或目的港的集装箱堆场整箱交收货人。

4) Cy to Door，既"场到门"，指发货人在起运地或装箱港的集装箱堆场整箱交货，承运人员负责运至收货人的工厂或仓库整箱交收货人。

2. LCL/LCL

LCL/LCL，即"拼箱交/拆箱收"。在这种交接方式下，集装箱的具体交接地点只有一种，为 CFS to CFS，即"站到站"。这是指发货人将货物运往起运地或装箱港的集装箱货运站，货运站将货物拼装后交承运人，承运人员责运至目的地或目的港的集装箱货运站进行拆箱，当地货运站按件拨交各个有关收货人。

3. FCL/LCL

FCL/LCL，即"整箱交/拆箱收"。在这种交接方式下，集装箱的具体交接地点有以下两种。

(1) Door to CFS，即"门到站"，指在发货人的工厂或仓库整箱交货，承运人员责运至目的地或目的港的集装箱的货运站，货运站拆箱按件拨交各有关收货人。

(2) Cy to CFS，即"场到站"，指发货人在起运地或装箱港的集装箱堆场整箱交货，承运人员责运至目的地或目的港的集装箱的货运站，货运站负责拆箱拨交各有关收货人。

4. LCL/FCL

LCL/FCL，即"拼箱交/整箱收"。在这种交接方式下，集装箱的具体交接地点也有以下两种。

(1) CFS to Door，即"站到门"，指发货人在起运地或装箱港的集装箱货运站按件交货，货运站将货物进行拼箱，然后由承运人员责运至目的地收货人的工厂或仓库整箱交货。

(2) CFS to Cy，即"站到场"，指发货人在起运地或装箱港的集装箱货运站按件交货，货运站将货物进行拼箱，然后由承运人员责运至目的地或目的港的集装箱堆场，整箱交收货人。

需要说明的是，集装箱上都印有固定的编号，装箱后在用来封闭箱门的钢绳铅封上印有号码。集装箱号码和封印号码可以取代运输标志，显示在主要出口单据上，成为运输中的识别标志和货物特定化的记号。

（三）集装箱海运运费的计费方法

集装箱海运运费是由船舶运费和一些有关的杂费组成，目前有下列两种计算方法。

(1) 按件杂货基本费率加附加费计算。这种按件杂货的计算方法，以每运费吨为计算单位，再加收一定的附加费。

(2) 按包箱费率计算。这种方法以每个集装箱为计费单位，但各船公司的包箱费率是有所不同的。

六、贸易合同海运装运条款的拟定

（一）装运条款的主要内容

在国际货物买卖合同中，装运条款主要包括对装运时间(Time of Shipment)、装运港(Port of Loading)、目的港(Port of Destination)、分批装运(Partial shipment)、转运(Transhipment)和装运通知(Advice of Shipment)等内容做出具体的规定。明确合理地规定装运条款，是保证贸易合同顺利履行的重要条件。

1. 装运时间

装运时间又称装运期，是指卖方将合同规定的货物装上运输工具或交给承运人的期限。这是贸易合同的主要条款，卖方必须严格按规定时间交付货物，不得任意提前和延迟。否则，买方有权拒收货物、解除合同，并要求损害赔偿。装运时间的规定方法如下。

1) 明确规定具体的装运时间

一般有两种规定具体装运时间的方法：一是规定一段时间，如"5月装运"、"5/6/7月装运"；二是规定最终期限，如"装运期不迟于5月31日"。其特点是期限具体、含义明确，既可使卖方有一定时间进行备货和安排运输，又可避免买卖双方的争议，实际业务中使用较为普遍。

2) 规定收到信用证后若干天装运

该方法可避免合同签订后，买方因申请不到进口许可证或因货物市场对买方不利等情况不开信用证所带来的损失。为了避免买方故意拖延开证，还应注明"买方最迟于某月某日之前将信用证开抵卖方"。

在国际贸易中，装运时间与交货时间(Time of Delivery)是两种不同的概念。在使用FOB、CFR、CIF等象征性交货贸易术语签订的买卖合同中，交货和装运的概念是一致的，装运时间与交货时间可以当做同义语。如采用DES(Delivered Ex ship，目的港船上交货)、DEQ(Delivered Exchange Quay，目的港码头交货)等实际性交货贸易术语达成交易时，交货和装运是完全不同的概念。装运时间是指卖方在装运港将货物装上船或其他运输工具的时间；交货时间是指货物运到目的港交给买方的时间。

2. 装运港和目的港

装运港是指货物起始装运的港口。目的港是指最终卸货的港口。在国际贸易中，装运港一般由卖方提出，经买方同意后确认。目的港一般由买方提出，经卖方同意后确认。其规定方法如下。

(1) 通常只规定一个装运港和一个目的港，且明确港口的具体名称，如"装运港：青岛(Port of Loading：Qingdao)；目的港：伦敦(Port of Destination：London)"。

(2) 根据业务的需要可规定两个或两个以上的装运港和目的港，并明确规定港口名称，如"装运港：伦敦/利物浦；目的港：青岛/大连"。

(3) 笼统规定某一航区为装运港或目的港。例如，在交易磋商时，难以明确规定装运港和目的港时，可以采用该方法，如"装运港：中国港口；目的港：地中海主要港口"。

3．分批装运和转船

所谓分批装运是指一笔成交的货物，分若干批装运。根据《跟单信用证统一惯例》规定，同一船只、同一航次中多次装运货物，即使提单表示不同的装船日期及(或)不同装货港口，也不作为分批装运论处。在大宗货物交易中，买卖双方根据交货数量、运输条件和市场销售需要等因素，可在合同中规定分批装运条款。

如货物没有直达船或一时无合适的船舶运输，而需通过中途港转运的称转船，买卖双方可以在合同中商订"允许转船(Transhipment to be allowed)"的条款。

分批装运和转船条款直接关系到买卖双方的利益，因此，能否分批装运和转船，应在买卖合同中订明。一般而言，允许分批装运和转船，对卖方来说比较主动。

根据国际商会《跟单信用证统一惯例》规定，除非信用证有相反规定，可准许分批装运和转船。但买卖合同如对分批装运、转船不作规定，按国外合同法，则不等于可以分批装运和转船。因此，为了避免不必要的争议，争取早出口、早收汇，防止交货时发生困难，除非买方坚持不允许分批装运和转船，原则上应明确在出口合同中订入"允许分批装运和转船"为好。

如合同和信用证中明确规定了分批数量，如"3~6月分4批每月平均装运(Shipment during March/June in four equal monthly lots)"，以及类似的限批、限时、限量的条件，则卖方应严格履行约定的分批装运条款，只要其中任何一批没有按时、按量装运，就可作违反合同论处。按《跟单信用证统一惯例》规定，任何一批未按规定装运，则本批及以后各批均告失效。

4．装运通知

为了互相配合，明确双方的责任，共同做好车、船、货的衔接工作，买卖双方都要承担互相通知的义务。因此，装运通知也是装运条款中的一项重要内容。

按照国际贸易的惯例，在FOB条件成交时，卖方应在约定的装运期开始以前，向买方发出货物备妥通知，以便买方及时派船接货；买方接到卖方通知后，应按约定的时间，将船名、航次、船舶到港日期等通知卖方，以便卖方及时安排货物出运和准备装船。

若按CIF、CFR、FOB条件成交时，卖方应于货物装船后，立即将合同号、货物名称、数量、重量、发票金额与号码、船名及预计到港、离港日期等项内容电告买方，以便买方做好各项准备工作。

(二) 拟定装运条款应注意的问题

1．关于装运时间的规定

(1) 应考虑货源和船源的实际情况。卖方在签订合同时，必须考虑到货源的具体情况，避免造成有船无货或有货无船的现象。

(2) 装运时间的规定要有合理性。对装运时间的规定既要明确，又不能规定太死，应当适度。在信用证支付条件下，要考虑装运时间和开证日期的衔接。

(3) 要避免使用一些不确定的装运术语。根据国际商会《跟单信用证统一惯例》规定："除非在单据中要求使用该类词语，否则对诸如'迅速'、'立即'、'尽快'等用词将不予理会。"

(4) 应注意商品的性质、特点及交货的季节性，如夏季不宜装运易霉烂的商品，避免某些国家或地区的冰冻期等。

2．关于装运港和目的港的规定

(1) 不应接受我国政府不允许往来的目的港口。

(2) 在出口业务中，对国内装运港的规定一般以接近货源地的对外贸易港口为宜，并要考虑港口的运输条件和费用等情况。

(3) 对目的港的规定应明确具体。世界各国港口重名的很多，如维多利亚港在世界上有12个之多；也不宜接受外商对目的港的笼统规定，如"欧洲主要港口"。因为欧洲的港口很多，且各港口的条件不同，远近不同，运费和附加费的差别也很大，如果确实需要，则应规定选择目的港所增加的运费和附加费由买方承担。

(4) 要考虑目的港的具体条件，有无直达班轮航线，港口的装卸情况和有无冰封期等。对内陆国家的贸易，要选择离内陆城市最近的港口为宜。

【操作示范6】

拟定贸易合同海运装运的条款，如图6.16所示。

诚通贸易公司

CHENG TONG TRADE COMPANY

1405 BAIZHANG EAST ROAD NINGBO CHINA

Tel：(86-574)×××××××× 　销售确认书　　S/C NO.：RXT26
Fax：(86-574)××××××××　Sales Confirmation　DATE：Apr.10, 2009

To Messrs：
TKARMRA TRADING CORPORATION
1-5．KAWARA MACH OSAKA JAPAN

谨启者：兹确认售予你方下列货品，其成交条款如下：
Dear Sirs，
We hereby confirm having sold to you the following goods on terms and conditions as specified below:

唛头 SHIPPING MARK	货物描述及包装 DESCRIPTIONS OF GOODS，PACKING	数量 QUANTITY	单价 UNIT PRICE	总值 TOTAL AMOUNT
T.C RXT26 OSAKA C/NO.1-UP	100% COTTON COLOUR WEAVE T-SHIRT RM111 RM222 RM333 RM444 PACKED IN ONE CARTON 30 PCS OF EACH	2 000 PCS 2 000 PCS 1 000 PCS 1 000 PCS	CIF OSAKA USD 11.00 USD 10.00 USD 9.50 USD 8.50	USD 22 000.00 USD 20 000.00 USD 9 500.00 USD 8 500.00

装运港：
LOADING PORT：SHANGHAI PORT
目的港：
PORT OF DESTINATION：OSAKA PORT
装运期限：
LATEST DATE OF SHIPMENT： 090630
分批装运：
PARTIAL SHIPMENT：PROHIBITED
转船：
TRANSSHIPMENT：PROHIBITED

图6.16　销售确认书7

【知识链接】

货物运输保险条款

一、保险的基本原则

1. 保险利益原则

保险利益(Insurable Interest)是指投保人对保险标的在法律上应当具有的利益。如果投保人对保险标的不享有保险利益的，该保险合同无效，这就是保险利益原则。

国际货运保险同其他保险一样，要求被保险人必须对保险标的具有保险利益，但国际货运保险又不像有的保险(如人身保险)那样要求被保险人在投保时便具有保险利益，它仅要求在保险标的发生损失时必须具有保险利益。

2. 最大诚信原则

最大诚信原则(Principle of Utmost Good Faith)是指投保人和保险人在签订保险合同及在合同有效期内，必须保持最大限度的诚意，双方都应恪守信用，互不欺骗隐瞒。对被保险人来说，最大诚信原则主要有两个方面的要求：一是重要事实的申报；二是保证。

3. 补偿原则

保险的补偿原则(Principle of Indemnity)又称损害赔偿原则，是指当保险标的遭受保险责任范围内的损失时，保险人应当依照保险合同的约定履行赔偿义务。但保险人的赔偿金额不得超过保险单上的保险金额或被保险人遭受的实际损失。保险人的赔偿不应使被保险人因保险赔偿而获得额外利益。

4. 近因原则

近因原则(Principle of Proximate Cause)是指保险人只对承保风险与保险标的之间有直接因果关系的损失负赔偿责任，而对保险责任范围外的风险造成的保险标的的损失，不承担赔偿责任。

二、我国海洋货物运输保险

在我国的保险业务中，国际货物运输保险通常是由被保险人按照中国保险条款(China Insurance Clause，CIC)向保险人进行投保。中国保险条款是中国人民保险公司根据我国保险业务的实际需要，并参照国际惯例制定的，其根据运输方式分为《海洋货物运输保险条款》、《陆运货物运输保险条款》、《航空货物运输保险条款》和《邮包货物运输保险条款》。

1981年1月1日修订的《海洋货物运输保险条款》，对承保的范围、险别、保险人和被保险人的权利、义务等内容作了如下明确具体的规定。

(一) 海洋货物运输保险承保的范围

由于货物在海上运输或海陆交接过程中，可能会遭受各种各样的风险和损失，对此《海洋货物运输保险条款》对承保的范围及赔偿责任都作了明确规定。

1. 保险人承保的风险

海洋货物运输的保险人所承保的风险，分为海上风险和外来风险。

(1) 海上风险。

海上风险(Perils of the Sea)又称海难，一般是指船舶或货物在海上运输过程中发生的或随附海上运输所发生的风险，包括自然灾害(Natural Calamities)和意外事故(Fortuitous Accidents)。自然灾害是指由自然界力量造成的灾害，但在海运保险中，它并不是泛指一切由于自然力量造成的灾害，而是仅指恶劣气候、雷电、洪水、流冰、地震、海啸等人力不可抗拒的自然力量造成的灾害。意外事故是指由于偶然的、非意料的原因所造成的事故。海上意外事故不同于一般的意外事故，其主要是指船舶搁浅、触礁、碰撞、爆炸、火灾、沉没、船舶失踪或其他类似事故。

(2) 外来风险。

外来风险(Extraneous Risks)通常是指由海上风险以外的其他外来原因引起的风险。外来风险可分为两种形式：①一般外来风险(General Extraneous Risks)，是指被保险货物在运输途中由于一般外来原因造成的损失，如偷窃、雨淋、短量、沾污、渗漏、碰损、受潮、锈损、钩损等；②特殊外来风险(Special Extraneous Risks)，是由于国家的政策、法令、行政措施、军事等特殊外来原因所造成的风险与损失，如因战争、罢工等原因导致交货不到或出口货物被有关当局拒绝进口而引起的损失。

2．保险人承保的损失

保险人承保的损失是海损(Average)，即被保险货物在海洋运输中因海上风险包括与海陆连接的陆上和内河运输中所发生的损坏或灭失。按照货物的损失程度，海损可分为全部损失(Total Loss)和部分损失(Partial Loss)。

1) 全部损失

全部损失简称全损，是指在运输中的整批货物，或不可分割的一批货物的全部损失。全损又有实际全损(Actual Total Loss)和推定全损(Constructive Total Loss)两种。

实际全损是指被保险货物在运输途中完全损毁和灭失，主要包括下列几种情况。

(1) 被保险货物完全灭失，如整船货物沉入海底。

(2) 被保险货物完全遭受严重损害已丧失原有用途，已不具有任何使用价值，如水泥遭水泡后结成硬块，茶叶串味后不能饮用。

(3) 被保险货物丧失已无法挽回。例如，船、货被海盗劫去或被敌对国扣押，虽然船、货并未遭到损失，但被保障人已失去这些财产。

(4) 船舶失踪，达到一定时期(一般为6个月)，仍无音讯。

推定全损是指被保险货物在海运途中遭遇承保风险后，实际全损已不可避免，或为了避免发生实际全损所需支付的费用与继续运至目的地的费用之和将超过保险价值。当发生推定全损时，被保险人可以要求保险人按部分损失赔偿或全部损失赔偿。如按全部损失赔偿，被保险人必须向保险人发出委付通知。

所谓委付(Abandonment)，是指被保险人表示愿意将保险标的的一切权利和义务移交给保险人，并要求保险人按全部损失赔偿的一种做法。委付必须经保险人同意后，方能生效。如被保险人不办理委付，保险人将给予部分损失的赔偿。

2) 部分损失

部分损失是指被保险货物没有达到全损程度的损失。按照部分损失的性质，可分为共同海损(General Average)和单独海损(Particular Average)。

(1) 共同海损在海洋运输途中，船舶、货物或其他财产遭遇共同危险，为了解除共同危险，有意采取合理的救难措施，所直接造成的特殊牺牲和支付的特殊费用。共同海损的成立必须具备3个条件：①风险必须是实际存在或不可避免的，且危及船、货共同安全；②所采取的措施必须是主动的、合理的；③所做出的牺牲是特殊性质的，支出的费用是额外的，且必须是有效的。

例如，载货船舶在航程中遭遇风暴，船体严重倾斜，船长为了避免翻船，命令船员将舱内部分货物抛入海中保持平衡，被抛入的货物即为共同海损牺牲。又如，载货船舶在航行中遭遇搁浅，船长雇用拖轮牵引脱险，由其产生的费用是共同海损费用。

共同海损的牺牲和费用应由船方、货方和运费方以最后获救的价值按比例分摊，这就是共同海损的分摊(General Average Contribution)。

(2) 单独海损是指除共同海损以外的，仅涉及船舶或货物所有人单方面的利益的损失。

共同海损和单独海损虽然都属于部分损失，但两者有着明显的区别，具体表现如下。

(1) 造成海损的原因不同。单独海损是承保风险直接导致的货物损失，而共同海损则是为了解除或减轻船、货、运费三方的共同风险，采取主动行为所造成的损失。

(2) 损失构成的内容有异。单独海损通常是指货物本身的损失,而共同海损既包括货物牺牲,又包括因采取必要措施而引起的费用损失。

(3) 损失承担的方式有别。单独海损由受损方独自承担,而共同海损则应由各受益方按受益大小的比例分摊损失。

3. 保险人承保的费用

保险公司除对货物损失进行经济赔偿外,还要支付由于损失而产生的费用,主要包括施救费用(Sue and Labor Expenses)和救助费用(Salvage Charges)。

(1) 施救费用是指被保险的货物在遭受承保责任范围内的灾害、事故时,被保险人或其代理人与受让人为了避免或减少损失,采取了各种抢救或防护措施所支付的合理费用。

(2) 救助费用是指被保险货物在遭受了承保责任范围内的灾害事故时,由保险人和被保险人以外的第三者采取了有效的救助措施,在救助成功后,由被救方付给救助人的一种报酬。

(二)海洋货物运输保险的险别

险别是保险人的承保责任和被保险人缴纳保险费的依据。我国海洋货物运输保险的险别分为基本险和附加险,基本险可单独投保,附加险须在投保基本险的基础上才能加保。

1. 基本险

按照中国人民保险公司1981年1月1日修订的《海洋货物运输保险条款》规定,海洋运输保险的基本险别分为平安险(Free From Particular Average, FPA)、水渍险(With Particular Average, WPA)和一切险(All Risks, AR)。

1) 平安险

保险公司对平安险的承保范围如下。

(1) 被保险货物在运输途中由于恶劣气候、雷电、海啸、地震、洪水等自然灾害造成整批货物的实际全损或推定全损。

(2) 由于运输工具遭受搁浅、沉没、触礁、互撞、与流冰或其他物体碰撞及失火、爆炸等意外事故造成货物的全部或部分损失。

(3) 在运输工具已经发生搁浅、触礁、沉没、焚毁等意外事故的情况下,货物在此前后又在海上遭受恶劣气候、雷电、海啸所造成的部分损失。

(4) 在装卸或转运时,被保险货物一件或数件甚至整批落海所造成的全部或部分损失。

(5) 被保险人对遭受承保责任内的危险货物采取抢救、防止或减少货损的措施而支付的合理费用,但以不超过该批被损毁货物价值为限。

(6) 运输工具遭遇海难后,在避难港由于卸货所引起的损失及在中途港或避难港因卸货、存仓和运送货物所产生的特殊费用。

(7) 共同海损所引起的牺牲、分摊和救助费用。

(8) 如果运输契约订有"船舶互撞条款",则根据该条款规定应由货方偿还船方的损失。

平安险是承保责任范围最小、保险费率最低的一种基本险别。平安险通常适用于大宗、低值粗糙的包装货物,如废钢材、木材、矿砂等。

2) 水渍险

水渍险包括平安险的各项责任,还承保被保险货物由于恶劣气候、雷电、海啸、地震、洪水等自然灾害造成的部分损失。因此,水渍险比平安险的责任范围大,保险费率亦比平安险要高。水渍险通常适用于不易损坏或易生锈但不影响使用的货物,如五金板、钢管、线材、旧机床、旧汽车等。

3) 一切险

一切险包括水渍险的各项责任,还承保被保险货物在海运途中因一般外来原因所造成的全部或部分损失。因此,在3种基本险中,一切险的责任范围最大、保险费率最高。一切险比较适宜于价值较高、可能遭受损失因素较多的货物投保。

我国基本险别的承保责任起讫采用国际保险业通用的"仓至仓(Warehouse to Warehouse Clause, W/W)"条款，即保险人的承保责任从被保险货物运离保险单所载明的起运地发货人仓库开始，直至该项货物被运抵保险单所载明的目的地收货人仓库为止。

但"仓至仓"责任不是绝对的，要受某些条件的限制：①当货物从目的港卸离海轮时起算满60天，不论货物是否进入收货人仓库，保险责任均告终止。②如上述保险期限内被保险货物需要转交到非保险单所载明的目的地时，保险责任则以该项货物开始转交时终止。③被保险货物在运至保险单所载明的目的港或目的地以后，在某一仓库发生分组、分派的情况，则该仓库就作为被保险人的最后仓库，保险责任也从货物运抵该仓库时终止。④被保险人可以要求扩展保险期限。例如，对某些内陆国家的出口货物，内陆运输距离长、时间长，在港口卸货后，无法在保险条款规定的期限内运至目的地(60天)，可以向保险人申请延期，经保险公司同意后出立凭证予以延长，每日加收一定的保险费。⑤当发生非正常运输情况，如运输迟延、绕道、被迫卸货、航程变更等，被保险人及时通知保险人，加交保险费，可按扩展条款办理。

2. 附加险

我国海洋货物运输保险条款的附加险有一般附加险(General Additional Risk)和特殊附加险(Special Additional Risk)。

1) 一般附加险

一般附加险承保因一般外来风险所造成的全部或部分损失。其险别如下。

(1) 偷窃、提货不着险(Theft, Pilferage and Non-delivery, TPND)，指承保被保险货物因偷窃行为所致的损失和整件提货不着等损失，负责按保险价值赔偿。

(2) 淡水雨淋险(Fresh Water and/or Rain Damage)，指保险公司对被保险货物因遭受雨淋、雪融或其他原因的淡水所致的损失，给予赔偿。

(3) 短量险(Risk of Shortage)，指保险公司承保被保险货物的数量和实际重量短缺的损失。

(4) 混杂、沾污险(Risk of Intermixture and Contamination)，指保险公司承保货物在运输过程中，因混进杂质所造成的损失，或因与其他物质接触而被沾污所造成的损失。

(5) 渗漏险(Risk of Leakage)，指保险公司对承保的液体物质和油类物质，如在运输过程中因容器损坏而引起的渗漏损失，或用液体储藏的货物因液体的渗漏而引起货物的腐败、变质等损失，给予赔偿。

(6) 碰损、破碎险(Risk of Clash and Breakage)，指保险公司对机械设备或易碎性物质等承保货物，在运输途中因颠簸、挤压、装卸等造成货物本身的碰损和破碎的损失，给予赔偿。

(7) 串味险(Risk of Odour)，指承保的被保险货物因与其他异味货物混装，致使其品质受损，由保险公司负责赔偿。例如，茶叶、香料、药材等在运输途中受到一起堆储的皮革、樟脑等异味的影响而使品质受到损失。

(8) 受热、受潮险(Damage Caused by Sweating and/or Heating)，指承保货物在运输过程中，因气温突变或因船上通风设备失灵致使船舱水气凝结、发潮、发热所造成的损失。

(9) 钩损险(Hook Damage)，指保险公司承保货物在装卸过程中，因使用手钩、吊钩等工具所造成的损失，并对包装进行修补或调换所支付的费用负责赔偿。

(10) 包装破裂险(Loss and/or Damage Caused By Breakage of Packing)，指承保货物在运输过程中，因装运或装卸不慎致使包装破裂造成的损失。

(11) 锈损险(Risk of Rust)，指承保货物在运输过程中，因生锈造成的损失。如原装时就已生锈，保险公司不负责任。

2) 特殊附加险

特殊附加险是承保由特殊外来风险造成的全部或部分损失。

(1) 交货不到险(Failure to Delivery Risks)。不论何种原因，从被保险货物装上船时开始，在6个月内不能运到原定目的地交货的，负责按全损赔偿。

(2) 进口关税险(Import Duty Risk)当货物遭受保险责任范围内的损失，而仍须按完好货物价值完税时，保险公司对损失部分货物的进口关税负责赔偿。

(3) 舱面险(On Deck Risk)。当货物置于船舶甲板上时，保险公司除按保单所载条款负责外，还赔偿被抛弃或浪击落海的损失。

(4) 黄曲霉素险(Aflatoxin Risk)。花生、谷物等易产生黄曲霉素，对黄曲霉素含量超过进口国限制标准而被拒绝进口、没收或强制改变用途所遭受的损失负责赔偿。

(5) 拒收险(Rejection Risk)。对被保险货物在进口港被进口国政府或有关当局拒绝进口或没收按货物的保险价值负责赔偿。

(6) 出口货物到香港(包括九龙在内)或澳门存仓火险责任扩展条款(Fire Risk Extension Clause for Storage of Cargo at Destination HongKong, Including Kowloon, or Macao, FREC)。这是一种扩展存仓火险责任的保险，是指出口货物到达香港(包括九龙在内)或澳门等目的地，在卸离运输工具后，如直接存放在保险单所载明的过户银行所指定的仓库，保险责任自运输责任终止时开始，至银行收回押款解除货物的权益为止；或自运输责任终止时起，满 30 天为止。在此期间，对发生了火灾所造成的损失，保险公司负责赔偿。

(7) 战争险(War Risk)是特殊附加险的主要险别之一，它虽然不能独立投保，但对其他附加险而言又有很强的独立性，其内容包括责任范围、除外责任、责任起讫等。

战争险的责任范围包括直接由于战争、类似战争行为、敌对行为、武装冲突或海盗等所造成运输货物的损失；由于上述原因所引起的捕获、拘留、扣留、禁制、扣押等所造成的运输货物的损失；各种常规武器，包括水雷、炸弹等所造成的运输货物的损失；由本险责任范围所引起的共同海损牺牲、分摊和救助费用。

战争险的除外责任：由于敌对行为使用原子或热核制造的武器导致被保险货物的损失和费用不负责赔偿。

战争险的责任起讫：战争险的责任起讫与基本险所采用的"仓至仓条款"不同，而是以"水上危险"为限，是指保险人的承保责任自货物装上保险单所载明的起运港的海轮或驳船开始，到卸离保险单所载明的目的港的海轮或驳船为止。如果货物不卸离海轮或驳船，则从海轮到达目的港当日午夜起算满 15 日之后责任自行终止。如果中途转船，不论货物在当地卸货与否，保险责任以海轮到达该港可卸货地点的当日午夜起算满 15 天为止，等再装上续运海轮时，保险责任才继续有效。

(8) 罢工险(Strikes Risk)。对被保险货物由于罢工、工人被迫停工或参加工潮、暴动等因人员行动或任何人的恶意行为所造成的直接损失，和上述行动或行为所引起的共同海损的牺牲、分摊和救助费用负责赔偿。但对在罢工期间由于劳动力短缺或不能使用劳动力所造成的被保险货物的损失，包括因罢工而引起的动力或燃料缺乏使冷藏机停止工作所造成的冷藏货物的损失，以及无劳动力搬运货物，使货物堆积在码头淋湿受损，不负赔偿责任。其除外责任与战争险相同。对保险责任起讫的规定与其他海运货物保险险别一样，采取"仓至仓"条款。按国际保险业惯例，已投保战争险后另加保罢工险，不另增收保险费。如仅要求加保罢工险，则按战争险费率收费。

上述 8 种险别，只能在投保了平安险、水渍险或一切险的基础上加保。

(三) 保险的除外责任

除外责任是指保险人不承担赔偿的范围。其主要内容有：①被保险人的故意行为或过失所造成的损失；②属于发货人责任所引起的损失；③在保险责任开始前，被保险货物已存在的品质不良或数量短差的损失；④被保险货物的自然损耗、本质缺陷、特性，以及市价跌落、运输延迟引起的损失或费用；⑤海洋货物运输战争险和罢工险所规定的除外责任。

三、我国其他货物运输保险

(一) 航空货物运输保险

航空货物运输保险是在海洋运输货物保险基础上发展起来的，由于航空运输方式与海运具有不同的特点，因此在承保的险别与责任范围都有所不同。

1. 航空货物运输保险的险别

根据航空货物运输保险条款的规定，航空货物运输保险有航空运输险(Air Transportation Risks)和航空运输一切险(Air Transportation All Risks)两种基本险别。此外，还有航空运输货物战争险(Air Transportation Cargo War Risks)等附加险。

1) 航空运输险

航空运输险是指保险公司对承保货物在运输途中遭受雷电、水灾、爆炸，或由于飞机遭受恶劣气候，或其他危难事故所造成的全部或部分损失，并包括对保险责任范围内的货所采取的抢救而支付的合理费用，但以不超过被救货物的保险金额为限。本险别的承保责任范围与海洋货物运输保险中的"水渍险"大致相同。

2) 航空运输一切险

航空运输一切险除包括航空运输险的全部责任外，对被保险货物在运输途中由一般外来原因造成的全部或部分损失，由保险公司承担赔偿责任。

航空运输险和航空运输一切险的责任起讫也采用"仓至仓"条款。但与海洋货物运输保险"仓至仓"责任条款不同的是，如果货物运达目的地而未运抵收货人仓库或储存处，则以被保险货物在最后卸载地即离飞机后满30天，保险责任即告终止。如在上述30天内转运非保险单载明的目的地时，则以该转运起终止。

3) 航空运输货物战争险

航空运输货物战争险是由保险公司负责赔偿因战争、类似战争行为、敌对行为或武装冲突，以及各种常规武器和炸弹所造成的货物损失。

航空运输货物战争险是一种附加险，其他附加险还有罢工险，其责任范围与海洋运输罢工险的责任范围相同。投保人在投保了航空运输险或航空运输一切险的基础上，才可加保附加险。

航空运输货物战争险的责任起讫，从被保险货物在起运地装上飞机时开始，直到到达目的地卸离飞机时为止。如果货物不卸离飞机，则以飞机抵达目的当日午夜起算满15天为止。

2. 航空货物运输保险的除外责任

航空运输险和航空运输一切险的除外责任与海洋运输货物基本险的除外责任大致相同。航空运输货物战争险不包括原子弹或热核武器所导致的损失。

(二) 陆运货物保险

1. 陆运货物保险的险别

根据陆运货物保险条款的规定，陆运货物保险的基本险别有陆运险(Overland Transportation Risks)和陆运一切险(Overland Transportation All Risks)两种。此外，还有陆上运输冷藏货物险(Overland Transportation Insurance Frozen Products Risks)等专门险，以及陆上运输货物战争险(火车)(Overland Transportation Cargo War Risks "by Train")等附加险。

1) 陆运险

陆运险指承保货物在运输途中遭受暴风、雷电、洪水、地震等自然灾害，或由于陆上运输工具遭受碰撞、倾覆、出轨，或在驳运过程中因驳运工具遭受搁浅、触礁、沉没、碰撞，或由于隧道坍塌、崖崩、火灾、爆炸等意外事故所造成的全部或部分损失，并包括被保险人对遭受承保责任范围内风险的货物采取抢救措施而支付的合理费用，由保险公司负责赔偿，但以不超过该批被救货物的保险金额为限。陆运险的承保责任范围大致与海运货物保险中的"水渍险"相同。

2) 陆运一切险

陆运一切险除承担陆运险的赔偿责任外，保险公司还负责赔偿被保险货物在运输途中因外来原因所造成的短量、偷窃、渗漏、碰损、破碎、钩损、雨淋、生锈、受潮、受热、发霉、串味、沾污等全部或部分损失。陆运一切险的承保责任范围与海上运输货物保险条款中的"一切险"相似。

陆运险和陆运一切险的责任起讫也采用"仓至仓"条款。如果被保险货物在运抵最后卸载的车站满60天后，仍未进入收货人的最后仓库，则保险责任即告终止。

3) 陆上运输冷藏货物险

除陆运险的承保范围之外，保险公司还负责赔偿由冷藏机器或隔温设备在运输途中损坏所造成的被保险货物解冻而腐坏的损失。陆上运输冷藏货物险是陆上运输货物险中的专项保险，具有基本险的性质。

陆上运输冷藏货物险的责任起讫：从起运地冷藏库装入运输工具开始运输时生效，直到货物到达目的地收货人仓库为止。但最长保险责任的有效期限以被保险货物到达目的地车站后10天为限。

4) 陆上运输货物战争险（火车）

陆上运输货物战争险（火车）是陆运货物保险的附加险。该险承保在火车运输途中，因战争、类似战争和敌对行为、武装冲突所致的损失，以及各种常规武器所致的货物损失。

陆上运输货物战争险的责任起讫：自被保险货物装上保险单所载起运地火车时开始，到卸离保险单所载目的地火车时为止。若被保险货物不卸离火车，则以火车到达目的地的当日午夜起算，满48小时为止。

陆上运输货物保险的附加险还有罢工险，其承保范围与海洋运输货物罢工险的责任范围相同。

2．陆运货物保险的除外责任

陆运险和陆运一切险的责任范围仅以火车和汽车运输为限。其除外责任与海洋运输货物保险的除外责任相同。陆上运输冷藏货物险因战争、罢工、运输延迟，或在保险责任开始时，因包装不妥、冷冻不合格导致承保货物的腐坏或损失，保险公司不予以负责。

陆上运输货物战争险（火车）承保责任范围不包括敌对行为使用原子弹或热核武器所造成的损失。

（三）邮政运输货物保险

1．邮包运输保险的险别

根据邮包保险条款的规定，邮包运输保险的基本险别分为邮包险(Parcel Post Risks)和邮包一切险(Parcel Post All Risks)两种。此外，还有邮包战争险(Parcel Post War Risks)等附加险。由于邮包运输可能通过海、陆、空3种运输方式，因此保险责任兼顾了海、陆、空3种运输工具特征。

1) 邮包险

邮包险是指被保险邮包在运输途中，由于遭受恶劣气候、雷电、海啸、地震、洪水等自然灾害，或由于运输工具搁浅、触礁、沉没、碰撞、出轨、坠落、失踪，或由失火和爆炸等意外事故造成的全部或部分损失，保险公司负责理赔，并包括对遭受承保责任内风险的邮包所采取的抢救措施而支付的合理费用，但以不超过该批邮包的保险金额为限。

2) 邮包一切险

邮包一切险除包括邮包险的全部责任外，保险公司还负责赔偿被保险的邮包在运输途中因外来原因造成的全部或部分损失。

邮包险和邮包一切险的保险责任起讫：自被保险邮包离开保险单所载明的起运地点、寄件人的处所运往邮局时开始生效，直至该项邮包运达保险单所载明的目的地邮局，自邮局发出通知书给收货人当日午夜起算满15天为止，如在期限内邮包已经递交至收件人的处所起，保险责任即告终止。

3) 邮包战争险

邮包战争险是指保险公司承保在邮包运输途中，因战争、类似战争和敌对行为、武装冲突所致的损失，以及各种常规武器所致的货物损失。

邮包附加险除战争险外，还有罢工险，其责任范围与海运罢工险的责任范围相同。

邮包战争险的保险责任起讫：自被保险邮包经邮局收讫后自储存处所开始运送时生效，直至该项邮包运达保险单所载明的目的地邮局送交收件人为止。

2．邮包运输保险的除外责任

邮包险和邮包一切险的除外责任范围：对因战争、敌对行为、武装冲突和罢工所致的损失，以及由运输延迟导致货物缺陷，或由被保险人的故意、过失造成的损失不负责赔偿。邮包战争险不负责赔偿使用原子弹或热核武器造成的损失和费用。

四、英国伦敦保险协会海运货物保险条款

英国伦敦保险协会是国际上有较大影响的保险机构,其货物保险条款(Institute Cargo Clauses)在国际上被广为采用,于1983年4月1日起实施的伦敦保险协会货物新条款规定了以下6种险别。

(1) 协会货物条款(A)(Institute Cargo Clause A)以下简称"条款A"。
(2) 协会货物条款(B)(Institute Cargo Clause B)以下简称"条款B"。
(3) 协会货物条款(C)(Institute Cargo Clause C)以下简称"条款C"。
(4) 协会战争险条款(货物)(Institute War Clause-Cargo)。
(5) 协会罢工险条款(货物)(Institute Strikes Clause-Cargo)。
(6) 恶意损坏条款(Malicious Damage Clause)。

以上6种险别中A、B、C三种险别是基本险,类似于我国《海洋运输货物保险条款》中的一切险、水渍险和平安险。战争险、罢工险及恶意损害险是附加险别。但是,协会的战争险和罢工险在需要时能单独投保,而恶意损害险则不能单独投保。由于恶意损害险的承保责任范围已被列入条款A的承保风险,所以只有在投保条款B和条款C的情况下,才在需要时加保。

(一) 条款A的承保风险与除外责任

条款A的承保责任范围是3种险别中最广的,不便把全部承保风险一一列出,因此对承保风险的规定采用"一切风险减除外责任"的方式。条款A的除外责任有以下几个。

(1) 一般除外责任。如因包装或准备不足或不当所造成的损失;使用原子或热核武器所造成的损失和费用。

(2) 不适航、不适货除外责任。主要是指被保险人在被保险货物装船时已知船舶不适航,以及船舶、运输工具、集装箱等不适货引起的损失。

(3) 战争除外责任。
(4) 罢工除外责任。

(二) 条款B的承保风险和除外责任

1. 条款B的承保风险

条款B的承保风险是采用"列明风险"的方式,其承保风险如下。

(1) 归因于火灾、爆炸所造成的灭失和损失。
(2) 归因于船舶或驳船触礁、搁浅、沉没或倾覆所造成的灭失和损害。
(3) 归因于运输工具倾覆或出轨所造成的灭失和损害。
(4) 归因于船舶、驳船或运输工具同任何外界物体碰撞所造成的灭失和损害。
(5) 归因于在避难港卸货所造成的灭失和损害。
(6) 归因于地震、火山爆发或雷电所造成的灭失和损害。
(7) 共同海损的牺牲引起保险标的的损失。
(8) 由于抛货或浪击入海引起保险标的的损失。
(9) 由于海水、湖水或河水进入船舶、驳船、运输工具、集装箱、大型海运箱或储存处所引起的保险标的的损失。
(10) 货物在装卸时落海或跌落造成整件的全损。

2. 条款B的除外责任

条款B的除外责任是在条款A的除外责任基础上,再加上条款A承保的"海盗行为"与"恶意损害险"。

(三) 条款 C 的承保风险和除外责任

1. 条款 C 的承保风险

条款 C 的承保风险比条款 B 少，它只承保"重大意外事故"的风险，而不承保条款 B 中的自然灾害(如地震、火山爆发、雷电等)和非重大意外事故(如装卸过程的整件灭失等)。

2. 条款 C 的除外责任

条款 C 的除外责任与条款 B 相同。

(四) 协会货物保险主要险别的保险期限

保险期限(Period of Insurance)亦称保险有效期，是指保险人承担保险责任的起止期限。英国伦敦保险协会海运货物条款 A、B、C 与我国海运货物保险的"仓至仓"条款大致相同。

五、贸易合同货物运输保险条款的拟定

在国际货物买卖合同中，保险条款是买卖合同中的一项重要组成部分，直接关系到买卖双方的经济利益。对此，买卖双方必须明确做出具体的合理规定。

(一) 保险条款的主要内容

保险条款所涉及的内容，一般有投保金额、投保险别、保险费、保险单证和保险适用的条款等。买卖双方在磋商和签订合同时，应予以明确规定。

由于合同中的保险条款与贸易条件有着必然的联系，采用不同的贸易条件，则保险条款的内容也不尽相同。分别介绍如下。

1. FOB、FCA、CFR、CPT 贸易条件下的保险条款

如果按 FOB、FCA、CFR、CPT 贸易条件签订买卖合同，由买方办理保险手续，并支付保险费。在此情况下，合同中的保险条款比较简单，只需明确保险责任。例如，"保险由买方负责办理(Insurance To be Covered by the Buyers)"。

如果买方委托卖方代为投保，在买卖合同中就要订明。例如，"由买方委托卖方按发票金额的 110%代为投保××险和××险，保险费用由买方负担，按 1981 年 1 月 1 日中国人民保险公司海洋运输货物保险条款负责。"(Insurance to be covered by the Sellers on behalf of the Buyers for ××% of total invoice value against ××&×× as per Ocean Marine Cargo Clauses of the People's Insurance Company of China dated Jan.1, 1981., premiums to be for Buyers' account.)

2. CIF、CIP 贸易条件下的保险条款

如果按 CIF 或 CIP(Carriage and Insurance Paid to，运费、保险费付至)贸易条件签订买卖合同，应由卖方负责办理货运保险并缴纳保险费。此时，保险涉及买卖双方的利益，买卖合同中的保险条款应订得明确具体，一般包括投保责任、保险金额、投保险别和适用的条款等内容。

例如，"保险由卖方按发票金额××%投保××险和××险，按 1981 年 1 月 1 日中国人民保险公司海洋运输货物保险条款负责。"(Insurance is to be Covered by Sellers for ××% of total invoice value against ×× and ××, as per Ocean Marine Cargo Clauses of The People's Insurance Company of China, dated 1/1/1981.)

(二) 拟定保险条款应注意的问题

订立买卖合同中的保险条款，应注意的事项主要有：①应确定按中国保险条款，或英国伦敦保险协会的货物保险条款(Institute Cargo Clauses, ICC)进行投保；②应根据货物的性质和特点选择不同的基本险，如需另加保一种或几种附加险也应同时写明；③要确定投保加成率，如超过按发票金额 10%的加成，要说明由此而产生的保险费由买方负担；④保险单所采用的币种通常应与发票币种一致。

【操作示范 7】

拟定贸易合同海洋货物运输保险的条款，如图 6.17 所示。

诚通贸易公司
CHENGTONG TRADE COMPANY
1405 BAIZHANG EAST ROAD NINGBO CHINA

Tel：(86-574)××××××××	销 售 确 认 书	S/C NO.：RXT26
Fax：(86-574)××××××××	Sales Confirmation	DATE：Apr.10, 2009

To Messrs：
TKARMRA TRADING CORPORATION
1-5. KAWARA MACH OSAKA JAPAN

谨启者：兹确认售予你方下列货品，其成交条款如下：

Dear Sirs，

We hereby confirm having sold to you the following goods on terms and conditions as specified below：

唛头 SHIPPING MARK	货物描述及包装 DESCRIPTIONS OF GOODS, PACKING	数量 QUANTITY	单价 UNIT PRICE	总值 TOTAL AMOUNT
T.C RXT26 OSAKA C/NO.1-UP	100% COTTON COLOUR WEAVE T-SHIRT RM111 RM222 RM333 RM444 PACKED IN ONE CARTON 30 PCS OF EACH	2 000 PCS 2 000 PCS 1 000 PCS 1 000 PCS 6000 PCS	CIF OSAKA USD 11.00 USD 10.00 USD 9.50 USD 8.50	USD 22 000.00 USD 20 000.00 USD 9 500.00 USD 8 500.00 USD 60,000.00

保险：
    INSURANCE：FOR 110 PERCENT OF THE INVOICE VALUE COVERING ALL RISKS AND WAR RISK AS PER PICC DATED 1981/1/1.

    付款条件：
    TERMS OF PAYMENT：L/C AT SIGHT.

    买方须于 2009 年 5 月 20 日前开出本批交易的信用证(或通知售方进口许可证号码)，否则，售方有权不经过通知取消本确认书，或向买方提出索赔。

The buyer shall establish the covering Letter of Credit(or notify the Import License Number)before May. 20, 2009，failing which the seller reserves the right to rescind without further notice，or to accept whole or any part of this Sales Confirmation non-fulfilled by the buyer，or，to lodge claim for direct losses sustained，if any.

    凡以 CIF 条件成交的业务，保额为发票价的 110%，投保险别以售货确认书中所开列的为限，买方如果要求增加保额或保险范围，应于装船前经卖方同意，因此而增加的保险费由买方负责。

    For transactions conclude on CIF basis，it is understood that the insurance amount will be for 110% of the invoice value against the risks specified in Sales Confirmation. If additional insurance amount or coverage is required，the buyer must have consent of the seller before shipment，and the additional premium is to be borne by the buyer.

图 6.17 销售确认书 8

【知识链接】

国际贸易支付条款的订立

一、汇付的种类

根据不同的汇款方式，汇付分为电汇(Telegraphic Transfer，T/T)、信汇(Mail Transfer，M/T)和票汇(Demand Draft，D/D)三种。

(一) 电汇

电汇是由汇款人委托汇出行用电报、电传、环球银行间金融电讯网络等电讯手段发出付款委托通知书给收款人所在地的汇入行，委托它将款项解付给指定的收款人。汇出行在发给汇入行的电报上须加注密押，以便汇入行核对证实电报的真伪。汇入行收到电报，核对密押无误后，缮制电汇通知书，通知收款人领款。

在实际业务中，电汇有两种形式：①前 T/T(Payment in Advance)，是指进口商在交货前全款电汇，然后卖方按合同规定将货物发给买方的一种结算方法。②后 T/T(Deferred Payment)是指出口商按照合同的规定先发货，买方见到提单传真件或收到提单后再全款电汇。

电汇方式付款速度最快，便于出口方迅速收汇结汇，但银行收取的费用较高。

(二) 信汇

信汇是指汇出行应汇款人的申请，将信汇委托书邮寄给汇入行，授权解付一定金额给收款人的一种汇款方式。

汇入行在收到汇出行邮寄来的信汇委托书，需核对汇出行的签字或印鉴，证实无误后才能向收款人解付汇款。

信汇方式在付款速度上较电汇慢，较票汇快，银行费用相对低廉。

(三) 票汇

票汇是汇出行应汇款人的申请，开立以汇入行为付款人的银行即期汇票，列明收款人姓名、汇款金额等，交汇款人自行寄交或代交收款人，由收款人凭该票向汇入行取款的一种汇款方式。汇票如图 6.18 所示。

在我国进出口业务中，当收到国外进口商寄来票据后，如付款银行在国外，我方均需委托当地银行通过付款地的国外代理行，向付款银行代为收款。当收到国外代收行的收妥通知，方可据以结汇。

电汇、信汇和票汇所使用的结算工具(如委托书通知、票汇)的传送方向与资金的流向相同，因此，称顺汇法。

二、汇付的业务程序

(一) 汇付基本当事人

(1) 汇款人(Remitter)即付款人，在国际贸易结算中，通常是进口方。

(2) 汇出行(Remitting Bank)是指接受汇款人的委托汇出款项的银行，通常是在进口地的银行。

(3) 汇入行(Receiving Bank)是指汇出行委托支付汇款的银行，一般是收款人的账户银行。

(4) 收款人(Payee)为收取款项的人，在国际贸易结算中，通常是出口方。

(二) 电汇与信汇的业务程序

电汇与信汇的业务流程如图 6.19 所示。

汇 票

汇票(Bill of Exchange/Postal Order/Draft)是由出票人签发的，要求付款人在见票时或在一定期限内，向收款人或持票人无条件支付一定款项的票据。汇票是国际结算中使用最广泛的一种信用工具。

汇票根据出票人不同，可分为银行汇票和商业汇票。银行汇票是指出票人和付款人都是银行的汇票；商业汇票是指出票人是工商企业或个人，付款人可以是企业、个人或银行的汇票。

```
BANK OF CHINA                       号码：
本汇票有效期为一年                  No.
This draft is valid for one         金额
year from the date of issue         AMOUNT
中    致：
国    To
银    请付
行    PAY TO
金额
THE SUM OF

  请凭汇票付款划我行账户
  PAY AGAINST THIS DRAFT TO THE DEBIT OF OUR ACCOUNT
                        中国银行宁波分行
BANK OF CHINA NINGBO
```

图 6.18　汇票样例

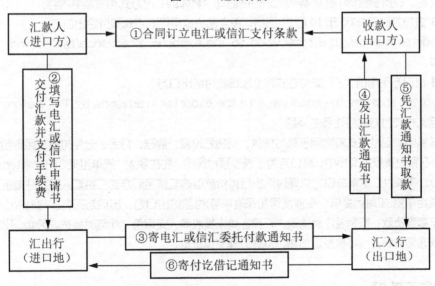

图 6.19　电汇与信汇的业务流程

（三）票汇的业务程序

票汇的业务流程如图 6.20 所示。

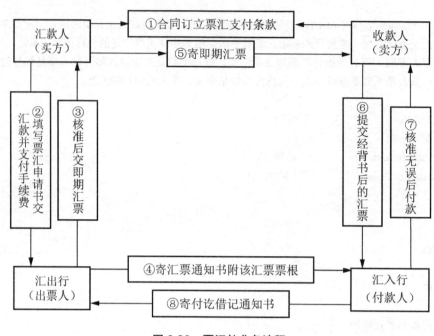

图 6.20 票汇的业务流程

三、贸易合同汇付支付条款的拟定

（一）汇付支付条款的主要内容

贸易合同汇付支付条款的内容应包括货款收付的具体方式、付款时间和付款金额等。汇付通常用于预付货款和赊账交易，在贸易合同中应明确规定汇付的时间、具体的汇付方式和金额等内容。

【例6-2】进口方应于2009年10月31日前，将全部货款用电汇方式预付给出口方。

The importer shall pay the total value to the exporter in advance by T/T not later than Oct.31,2009.

【例6-3】进口方采用前T/T支付方式将全部货款付给出口方。

The importer shall pay the total value to the exporter in advance by T/T before shipment.

（二）采用汇付支付方式应注意的问题

在国际贸易中，汇付方式通常用于预付货款、交货后付款、赊账、订金、分期付款、佣金和货款尾数等费用的支付。在预付货款的交易中，进口方为了减少预付风险，往往要求"凭单付汇"(Remittance against Documents)。凭单付汇是指进口方先通过汇出行将货款以信汇或电汇方式汇给汇入行，并指示汇入行凭出口方提供的指定单据(如海运提单、商业发票和保险单等)付款给出口方。出口方只有在向汇入行提交了指定单据后，方可拿到货款。但需要注意的是，汇款在尚未被收款人支取前，可随时撤销。因此，出口方在接到汇入行的汇款通知书后，应尽快发运货物，从速办理交单取款。

【操作示范8】

拟定贸易合同的汇付支付条款，如图6.21所示。

诚通贸易公司
CHENGTONG TRADE COMPANY

1405 BAIZHANG EAST ROAD NINGBO CHINA

TEL: (86-574)×××××××× 销售确认书 S/C NO.: RXT26

Fax: (86-574)×××××××× Sales Confirmation DATE: Apr.10, 2009

To Messrs,

PT. TRADE CORPORATION

313 VITRA MONTREAL CANADA

Dear Sirs,

We hereby confirm having sold to you the following goods on terms and conditions as specified below:

SHIPPING MARK	NAME OF COMMODITY AND SPECIFICATIONS, PACKING	QUANTITY	UNIT PRICE	TOTAL AMMOUNT
PT TXT06081 MONTREAL C/NO.1-UP	NINGBO COUNTRY BICYCLE ART SW38INCH ART SW39INCH	300 PCS 400 PCS	FCA MONTREAL USD 100.00 USD 80.00	USD 30,000.00 USD 32,000.00

AIRPORT OF DEPARTURE: LISHE AIRPORT CHINA

AIRPORT OF DESTINATION: MONTREAL AIRPORT CANADA

LATEST DATE OF SHIPMENT: LATEST DATE OF SHIPMENT 090531

PACKING: PACKED IN 1 CARTON OF 10 SETS EACH

TERMS OF PAYMENT: BY 50% T/T IN ADVANCE BEFORE SHIPMENT, THE BALANCE SHOULD BE PAID AGAINST THE FAX COPY OF B/L.

图 6.21　销售确认书 9

【知识链接】

一、托收的定义和种类

托收(Collection)是出口方在货物装运后，开具以进口方为付款人的汇票(Bill of Exchange/Draft/Bill)，委托出口地银行通过其在进口地的分行或代理行代出口方收取货款的一种结算方式。托收属于商业信用，采用的是逆汇法。托收根据金融单据(如汇票)是否附有商业单据，可分为光票托收(Clean Collection)和跟单托收(Documentary Collection)。

（一）光票托收

光票托收是指出口方以光票向进口方索款的托收方式。通常用于货款尾数、小额货款、贸易从属费用和索赔款的收取。

（二）跟单托收

跟单托收是指出口方以跟单汇票向进口方索款的托收方式。在国际贸易的货款结算中，通常采用跟单托收。跟单托收根据交单的条件不同，可区分为付款交单(Documents against Payment，D/P)和承兑交单(Documents against Acceptance，D/A)两种形式。

1. 付款交单

付款交单是指代收行向进口方提示跟单汇票时，进口方付清货款后，方可获得货运单等全套单据。根据付款时间的不同，付款交单又可分为即期付款交单(Documents against Payment at Sight，D/P at Sight)和远期付款交单(Documents against Payment after Sight，D/P after Sight)。

(1) 即期付款交单。是指出口方按照合同的规定发运货物后，开出即期汇票，连同货运单等全套单据通过托收行寄交代收行向进口方提示付款，进口方审单无误后付清全部货款，方可获得全部的单据。

(2) 远期付款交单。是由出口方按照合同的规定发运货物后，开具远期汇票，连同货运单等全套单据通过代收行向进口方提示承兑，进口方审单无误后在汇票上承兑，于汇票付款到期日进行付款赎单。

2. 承兑交单

承兑交单是出口方按照合同的规定发运货物后，开具远期汇票，连同货运单等全套单据通过代收行向进口方提示承兑，进口方审单无误后在汇票上承兑，代收行才予以交单，于付款到期日再进行付款。

(三) 付款交单业务流程

1. 即期付款交单业务流程

即期付款交单业务流程如图6.22所示。

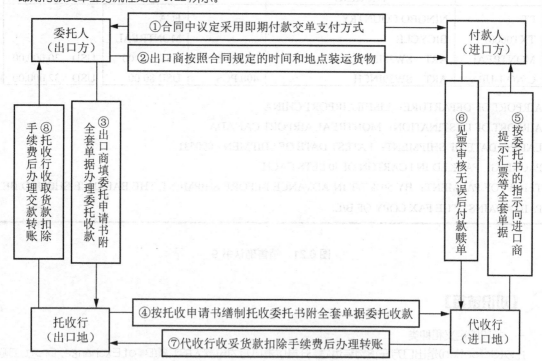

图6.22 即期付款交单业务流程

2. 远期付款交单业务流程

远期付款交单业务流程如图6.23所示。

(四) 承兑交单业务流程

承兑交单业务流程如图6.24所示。

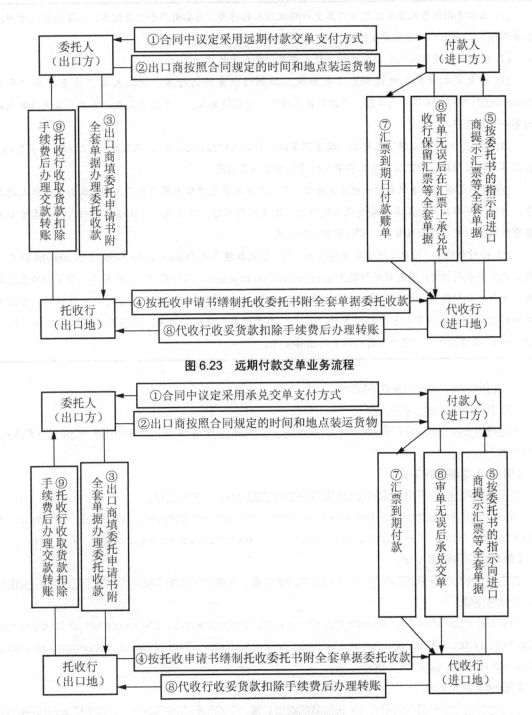

图 6.23 远期付款交单业务流程

图 6.24 承兑交单业务流程

汇票的使用

汇票的票据行为包括出票、提示、承兑、付款、背书、拒付与追索等,其中即期汇票经过出票、提示和付款程序,而远期汇票的付款人还需办理承兑手续。汇票需要转让,并要经过背书。遭到拒付时,要做出拒绝证书,行使追索权。

(1) 出票是指出票人签发汇票并将其交付给收款人的行为。出票由两个行为组成：一是出票人填写汇票并签字，二是出票人将汇票交付给收款人，只有经过交付的汇票才有效。

(2) 提示是指持票人将汇票提交给付款人要求付款或承兑的行为。

(3) 承兑是指付款人对远期汇票表示承担到期付款责任的行为。付款人在汇票上写明"承兑(Accepted)"字样，注明承兑日期，并由付款人签字，交还持票人。汇票经承兑后，承兑人替代付款人成为第一付款责任人。

(4) 付款。对即期汇票，在持票人提示汇票时，付款人即应付款；对远期汇票，付款人经过承兑的，在汇票到期日付款。付款后，汇票当事人的债权债务关系消除。

(5) 背书是转让汇票权利的一种法定手续，是由持票人在汇票背面签上自己名字，或加上受让人的名字，注明背书日期并把汇票交给受让人的行为。汇票经背书后，收款权利转让给被背书人。汇票背书主要有限制性背书、指示性背书、空白背书3种方式。

(6) 拒付与追索。持票人提示汇票要求承兑时，遭到拒绝承兑(Dishonour by Non-Acceptance)或持票人提示汇票要求付款时，遭到拒绝付款(Disyonour by Non Payment)，均称拒付，也称退票。除了明确表示拒绝承兑和拒绝付款外，付款人逃匿、死亡或宣告破产，以致付款事实上已不可能时，也称拒付。当汇票被拒付时，最后的持票人有权向所有的"前手"直至出票人追索。为此，持票人应及时作成拒付证书(Protest)，以作为向其"前手"进行追索的法律依据。

二、贸易合同托收支付条款的拟定

（一）托收支付条款的主要内容

采用托收支付方式应在贸易合同中明确规定凭出口方开立的汇票或提交的单据付款、交单条件和支付时间等内容。

【例6-4】即期付款交单。

进口方应凭出口方开具的即期跟单汇票于见票时立即付款，付款后交单。

Upon first presentation the importer shall pay against documentary draft drawn by the exporter at sight. The shipping documents are to be delivered against payment only.

【例6-5】远期付款交单。

进口方对出口方开具的见票后90天付款的跟单汇票，于提示时应即予承兑，并应于汇票到期日即予付款，付款后交单。

The importer shall duly accept the documents draft drawn by the exporter at 90 days sight upon first presentation and make payment on its maturity. The shipping documents are to be delivered against payment only.

【例6-6】承兑交单。

进口方对出口方开具的见票后60天付款的跟单汇票，于提示时应即予承兑，并应于汇票到期日即予付款，承兑后交单。

The importer shall duly accept the documents draft drawn by the exporter at 60 days sight upon first presentation and make payment on its maturity. The shipping documents are to be delivered against acceptance.

(二) 采用托收支付方式应注意的问题

托收业务对进口方而言，的确是一个很好的结算方式。在付款交单条件下，既不承担风险，也不需要预垫资金；在承兑交单条件下，还可利用出口方的资金进行无本买卖。对出口方来说，托收经常被用作一种非价格竞争的手段，来提高出口商品的国际竞争力，扩大出口商品的规模。

托收是商业信用，也应看到采用托收结算方式对出口方有着一定的风险，不能按时收汇或不能全部收回货款，甚至货款完全落空的情况也屡见不鲜。因为银行只以委托人的代理人行事，既无保证付款人必定付款的责任，也无检查审核货运单据是否齐全、是否符合买卖合同规定的义务。当发生进口方拒绝付款赎单的情况后，除非事先取得代收银行的同意，否则也无代为提货、办理进口手续和存仓保管的义务。例如，在付款交单条件下，出口方按照合同规定发运货物后，如果进口方因市场有变而拒绝付款赎单，虽然货物所有权仍在出口方，可将货物另行处理或装运回来，这都会使出口方面临降价损失和增加额外费用等风险。在承兑交单条件下，进口方只要在汇票上办理了承兑手续，即可取得货运单据，提走货物。倘若进口方到期不付款，虽然出口方有权依法向其追偿，但实际操作却有很大难度。即使可以向进口方追回货款，出口方也会因此投入更多的财力和人力，得不偿失。如果进口方此时已宣告破产或倒闭，出口方更是落得钱货两空的结局。

为了确保安全收汇，并充分发挥托收支付方式对扩大出口贸易规模的促进作用，应注意的事项有：①认真调查和考虑进口方的资信情况和经营作风，成交金额应妥善掌握，不宜超过其信用额度。②国外代收行一般不能由进口方指定，如确有必要，应事先征得托收行同意。③在交易条件上，应采用 CIF 或 CIP 贸易术语，由出口方办理保险。否则，应投保"卖方利益险"。④对承兑交单和授权代收行凭进口方出具信托收据借单的做法，应谨慎行事。⑤对于贸易管制和外汇管制较严的国家，一般不宜做托收。⑥填写运输单据时应做指示抬头并加空白背书，如需以代收行为抬头，必须得到该银行的认可。⑦严格按照合同的规定装运货物，制作单据，以防进口方寻找借口拒付货款。⑧对托收业务要制定健全的管理制度，定期检查，做好催收工作，发现问题应及时采取措施，尽可能避免或减少损失。

《托收统一规则》简介

国际商会为了统一托收业务的做法，减少托收业务各有关当事人可能产生的矛盾和纠纷，曾于 1958 年草拟《商业单据托收统一规则》(The Uniform Rules for Collection，ICC Publication No.322)；1995 年再次修订，称《托收统一规则》国际商会第 522 号出版物(简称《URC522》)，1996 年 1 月 1 日实施。《托收统一规则》自公布实施以来，被各国银行所采用，已成为托收业务的国际惯例。

需要注意的是，该规则本身不是法律，因而对一般当事人没有约束力。只有在有关当事人事先约定的条件下，才受该惯例的约束。

《托收统一规则》共 7 部分，共 26 条，包括总则及定义、托收的形式和结构、提示方式、义务与责任、付款、利息、手续费及其他费用，其他规定。根据《托收统一规则》规定托收意指银行根据所收的指示，处理金融单据和/或商业单据，目的在于取得付款和/或承兑，凭付款和/或承兑交单，或按其他条款及条件交单。上述定义中所涉及的金融单据是指汇票、本票、支票或其他用于付款或款项的类似凭证；商业单据是指发票、运输单据、物权单据或其他类似单据，或除金融单据之外的任何其他单据。

【操作示范 9】

拟定贸易合同托收支付的条款，如图 6.25 所示。

诚通贸易公司
CHENGTONG TRADE COMPANY
1405 BAIZHANG EAST ROAD SHANGHAI CHINA

Tel：(86-574)××××××××　　　销 售 合 同　　　S/C NO.：RXT26

Fax：(86-574)××××××××　　　Sales Contract　　　DATE：Apr.10, 2009

To Messrs，

  YIYANG TRADING CORPORATION

  88 MARAHALL AVE

  DONCASTER VIC 3108 MONTREAL CANADA

Dear Sirs，

We hereby confirm having sold to you the following goods on terms and conditions as specified below:

NAME OF COMMODITY AND SPECIFICATIONS，PACKING	QUANTITY	UNIT PRICE	TOTAL AMOUNT
COTTON TOWELS 10″×10″ 20″×20″ 30″×30″ PACKING IN 300 CARTONS	 16 000 DOZS 6 000 DOZS 11 000 DOZS	CIF MONTREAL USD 1.31 USD 2.51 USD 4.70	 USD 20 960.00 USD 15 060.00 USD 51 700.00

装运港/目的港：

LOADING PORT & DESTINATION：FROM SHANGHAI TO MONTREAL

装运期限：

TIME OF SHIPMENT：NOT LATER THAN SEP. 30, 2009

分批：

PARTIAL SHIPMENT：NOT ALLOWED

转船：

TRANSSHIPMENT：NOT ALLOWED

保险：

INSURANCE：FOR 110 PERCENT OF INVOICE VALUE COVERING ALL RISKS AS PER OCEAN MARINE CARGO CLAUSES OF PICC DATED 1/1/1981.

付款条件：

TERMS OF PAYMENT：DOCUMENTS AGAINST PAYMENT AT SIGHT

（即期付款交单支付条款）

图 6.25　销售合同

【知识链接】

一、信用证业务概述

信用证是指开证行应开证申请人的请求和指示，开给受益人在其履行信用证条件时付款的承诺文件。

（一）信用证的基本当事人

信用证业务要涉及以下当事人。

（1）开证申请人(Applicant)，是指向银行申请开立信用证的人，即进口人或实际买主，在信用证中往往又称开证人(Opener)。如由银行自己主动开立信用证，则没有开证申请人。

（2）开证银行(Opening Bank, Issuing Bank)，是指接受开证申请人的委托，开立信用证的银行。它承担保证付款的责任，开证行一般是进口人所在地银行。

（3）通知银行(Advising Bank, Notifying Bank)，是指受开证行的委托，将信用证转交出口人的银行。它只证明信用证的真实性，并不承担其他义务。通知银行一般是出口人所在地银行。

（4）受益人(Beneficiary)，是指信用证上指定的有权使用该证的人，即出口人或实际供货人。

（5）议付银行(Negotiating Bank)，是指愿意买入受益人交来的跟单汇票的银行。议付银行可以是指定的银行，也可以是非指定的银行，由信用证的条款来规定。

（6）付款银行(Paying Bank, Drawee Bank)，是指信用证上指定的付款银行。它一般是开证行，也可以是指定的另一家银行，根据信用证的条款的规定来决定。

由于银行业务关系，还可能涉及偿付行和保兑行。

偿付行(Reimbursing Bank)是接受开证行委托或授权向议付行或付款行偿付货款的银行。偿付行只负责付款而不受理单据、不审单。如果开证行在见单后发现单证不符时，可直接向议付行或付款行追回货款。如果偿付行未能偿付，开证行仍应承担付款责任。

保兑行(Confirming Bank)是根据开证行的请求，在信用证上加具保兑的银行。保兑行通常为通知行，也可以是第三家银行。保兑行对受益人承担首先付款责任，一经付款，就无权向受益人追索。

（二）信用证业务的基本程序

采用信用证支付方式结算货款，其具体程序会因信用证种类不同而有所差异，但从一般原理来分析，信用证的收付程序有几个基本环节，如图6.26所示。

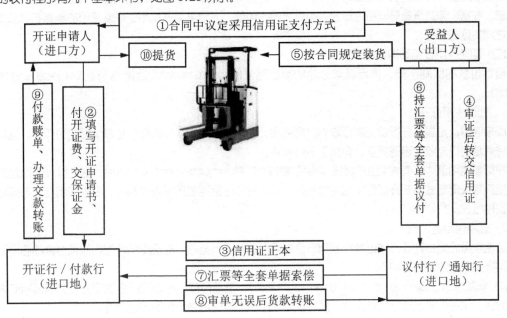

图 6.26 信用证的收付程序

二、信用证的特点与作用

(一) 信用证的特点

信用证的性质是银行信用。根据《跟单信用证统一惯例》的规定,信用证具有3个主要特点。

(1) 开证银行负首要付款责任。信用证是一项约定,按此约定,在提交的单据符合信用证条件的情况下,即使开证申请人在开证后失去付款能力,开证银行仍必须向受益人或其指定人进行付款、承兑或议付。开证银行承担的是第一性的付款责任。信用证付款的性质属于银行信用。

(2) 信用证是一种自足文件。信用证虽以贸易合同为基础,但信用证一经开出就成为独立于合同以外的另一种契约。开证银行只受信用证的约束而与该合同无关。

(3) 信用证是纯单据业务。银行处理的只是单据,不问货物、服务或其他行为,而且只强调从表面上确定其是否与信用证条款相符,以决定是否承担付款的责任。

(二) 信用证支付方式的作用

采用信用证支付方式对出口商安全收汇较有保障,同时对进口商来说,由于货款的支付是以取得符合信用证规定的单据为条件,避免了预付货款的风险。因此,采用信用证支付方式,在很大程度上解决了出口商和进口商双方在付款与交货问题上的矛盾,从而大大促进了国际贸易的发展。

三、信用证的种类

信用证可根据其期限和流通方式等分类。

(一) 跟单信用证和光票信用证

以信用证项下的汇票是否附有货运单据划分,信用证可分为跟单信用证(Documentary Credit)和光票信用证(Clean Credit)。

1. 跟单信用证

跟单信用证是开证行凭跟单汇票或仅凭单据付款或议付的信用证。单据是指信用证条款中所规定的,代表货物所有权或证明货物已装运的货运单据,如提单、航空运单等。国际贸易中所使用的信用证,大多是跟单信用证。

2. 光票信用证

光票信用证是开证行仅凭出口方开具的汇票,无需附带货运单据付款的信用证。有的信用证要求汇票附有发票、收据、垫款清单等非货运单据,也属光票信用证。光票信用证仅用于从属费用的清算和总公司与分公司之间货款的清偿。

(二) 即期信用证和远期信用证

根据付款的时间不同,信用证可分为即期信用证(Sight Credit)和远期信用证(Usance Letter of Credit)。

1. 即期信用证

即期信用证是指开证行或付款行收到符合信用证条款的单据后,立即履行付款义务的信用证。这种信用证的特点是出口方收汇迅速安全,有利于资金周转。

在即期信用证中,有时还加列电汇索偿条款(T/T Reimbursement Clause)。这是指开证行允许议付行用电传等快捷方式通知开证行或指定付款行,说明各种单据与信用证要求相符,要求其用电汇方式将货款拨交议付行。

2. 远期信用证

远期信用证是指开证行或付款行收到符合信用证条款的单据后,在规定的期限内保证付款的信用证。远期信用证又可分为下列两种。

(1) 承兑信用证(Banker's Acceptance Credit),是指付款行在收到符合信用证规定的远期汇票和全套单据时,先在汇票上履行承兑手续,然后于汇票付款到期日再进行付款的信用证。

承兑信用证一般用于远期付款的交易,有时进口方为了融资方便或利用银行较低的贴现率,在与出口方签订即期付款合同后,却要求开证行开立远期承兑信用证,并在信用证中规定"远期汇票可即期付款,所有贴现和承兑费用由买方负担"。由于该信用证的贴现费由进口方承担，故称"买方远期信用证"，我国习惯称"假远期信用证"。使用这种信用证，受益人能即期回收全额货款，但开证行一旦遭进口方拒付，可向出口方实施追索。

(2) 延期付款信用证(Deferred Payment Credit)，是指开证行在信用证中规定货物装船后若干天付款，或开证行收单后若干天付款的信用证。延期付款信用证不要求出口方开立汇票，因此不能贴现。在国际贸易中，多用于成交金额较大、付款期限较长的资本货物交易。

(三) 议付信用证和付款信用证

根据付款的方式不同，信用证可分为议付信用证(Negotiation Credit)和付款信用证(Payment Credit)。

1. 议付信用证

议付信用证是指开证行允许受益人向某一指定银行或任何银行交单议付的信用证。议付信用证又可分为公开议付信用证和限制议付信用证。公开议付信用证是指任何银行均可按信用证条款自由议付的信用证；限制议付信用证是开证行指定某一银行进行议付的信用证。

2. 付款信用证

付款信用证是受益人只能直接向开证行或其指定的付款行交单索偿的信用证。付款信用证一般不要求受益人开具汇票，仅凭受益人提交的单据付款。

议付信用证与付款信用证的主要区别：前者当议付行议付货款后，如因单据与信用证条款不符等原因未能向开证行收回款项时，可向受益人追索；后者当付款行一经付款，无权以任何理由向受益人追索。

(四) 保兑信用证和不保兑信用证

根据是否由另一家银行进行保兑，信用证可分为保兑信用证(Confirmed Letter of Credit)和不保兑信用证(Unconfirmed Letter of Credit)。

1. 保兑信用证

保兑信用证是指另一家银行(保兑行)应开证行请求，对其所开信用证加以保证兑付的信用证。保兑行(Confirming Bank)通常由通知行担任，也可以是其他银行。

信用证一经保兑，受益人可直接向保兑行交单索偿，保兑行对受益人负第一性付款或议付的责任。只要在信用证有效期内，保兑行不能撤销其保兑责任，即使议付后发生开证行倒闭或拒付，保兑行不能向受益人追索。

2. 不保兑信用证

不保兑信用证是指未经其他银行保兑的信用证，即一般的不可撤销信用证。

(五) 可转让信用证和不可转让信用证

根据信用证是否可转让，可分为可转让信用证(Transferable Credit)和不可转让信用证(Untransferable Credit)。

1. 可转让信用证

可转让信用证是指开证行授权有关银行在受益人的要求下，可将信用证的全部或一部分金额转让给第三者的信用证。

可转让信用证必须由开证行在证中注明"可转让"字样，否则不得转让。可转让信用证只限转让一次。如信用证允许分批装运，在总和不超过信用证金额的前提下，可分别转让给几个第二受益人；如果信用证不准分批装运，则限转让给一个第二受益人。进口方开立可转让信用证，意味着他同意出口人将交货、交单义务由出口方指定的其他人来履行。但买卖合同并未转让，如果发生第二受益人不能交货或交货不符合合同规定或单据不符合买卖合同的要求时，原出口方仍要承担买卖合同规定的卖方责任。

可转让信用证主要适用于中间商贸易。中间商(第一受益人)为了赚取利润差额，通常要求开立可转让信用证转让给实际供货人(第二受益人)，由供货人办理出运手续。

2. 不可转让信用证

不可转让信用证是指受益人无权转让给其他人使用的信用证。根据UCP600的规定，凡信用证未注明"可转让"字样,均为不可转让信用证,仅限于受益人本人使用。

(六) 循环信用证

循环信用证(Revolving Credit)是指受益人在信用证有效期内交货提款后,信用证金额又自动恢复到原金额,可再次使用此信用证,直至达到信用证规定的使用次数或总金额为止。循环信用证一般适用于定期分批、均衡供应、分批结汇的长期合同,既可以减少进口方的开证费用和押金,又可以避免多次审证或催证手续。

循环信用证的循环方式有以下3种。

1. 自动循环

自动循环(Automatic Revolving),即信用证金额在每次议付后,不必等待开证行通知即可自动恢复到原金额。

2. 半自动循环

半自动循环(Semi-automatic Revolving),即信用证金额在每次议付后若干天内,未接到开证行停止恢复原金额的通知,方可自动循环。

3. 非自动循环

非自动循环(Non-automatic Revolving),即信用证金额在每次议付后,须经开证行通知才能恢复原金额的使用。

(七) 对开信用证

对开信用证(Reciprocal Credit)是指两张信用证的开证申请人互以对方为受益人而开立的信用证。对开信用证多用于易货贸易、来料来件加工和补偿贸易。在来料来件加工装配业务中,为避免垫付外汇,通常我方进口原料或配件先开立远期信用证,返销成品由对方开立即期信用证,用该货款支付到期原料或配件货款,其余额就是加工利润。

对开信用证的特点:①第一张信用证的受益人和开证申请人就是第二张信用证的开证申请人和受益人;②第一张信用证的开证行是第二张信用证的通知行,第二张信用证的开证行也是第一张信用证的通知行;③两证金额可相等或不等,两证可同时生效,也可先后生效。

(八) 对背信用证

对背信用证(Back to Back Credit)是指受益人要求原证的通知行或其他银行以原证为基础,另开一张内容相似的新信用证。对背信用证的内容除开证人、受益人、金额、单价、装运期和到期日等可作变动外,关于货物描述的条款一般与原证相同。

对背信用证的开证人通常是以原证项下收得的款项来偿付对背信用证开证行已垫付的资金。所以,对背信用证的开证行除了要以原证作为开新证的抵押外,一般还要求开证人缴纳一定数额的押金或担保品。由于受原证的约束,对背信用证的受益人如要求修改内容须征得原证开证人和开证行的同意。

对背信用证通常是由中间商为转售他人货物谋利,或两国不能直接进行交易须通过第三国商人开立此证开展贸易。

(九) 预支信用证

预支信用证(Anticipatory Credit)是指开证行授权代付行向受益人预付信用证金额的全部或一部分,由开证行保证偿还并负担利息。预支信用证的特点是开证人付款在先,受益人交单在后。预支信用证凭出口方的光票付款,或在预支条款中加列受益人须提供银行保函或备用信用证,以保证受益人不履约时退还已预支的款项。一旦出口方事后不交单,开证行和代付行不承担责任。为引人注目,这种预支货款的条款,常用红字打出,故俗称"红条款信用证(Red Clause Credit)"。如今预支条款并非红色表示,但效力相同。

(十) 备用信用证

备用信用证(Standby L/C)是指开证行根据开证申请人的请求,对受益人开立承诺负责某项义务的凭证,故又称担保信用证(Guarantee L/C),即开证行保证在开证申请人未能履约时,受益人只要凭备用信用证的规定向开证行开具汇票(或不开汇票),并提交开证申请人未履约的证明文件,即可取得开证行的偿付。备用信用证属于银行信用,其作为一方违约补偿之用,如正常履约,该证就备而不用。

备用信用证是在有些国家禁止银行开立保证书的情况下,为适应对外经济发展的需要而产生的,因此,它的用途与银行保证书几乎相同。

(十一)信开信用证和电开信用证

根据信用证开立的方式,可分为信开信用证(Mail Credit)和电开信用证(Teletransmission Credit)。

1. 信开信用证

信开信用证是开证行用书信格式缮制,并通过航空邮寄送达通知行的信用证。目前,这种开证方式已较少使用。

2. 电开信用证

电开信用证是用电讯方式开立和通知的信用证,其中采用SWIFT形式开证的居多。SWIFT是环球银行金融电讯协会(Society for Worldwide Interbank Financial Telecommunication)的简称,通过SWIFT开立或通知的信用证称SWIFT信用证,其具有标准化、固定化和格式化的特性。由于SWIFT信用证传递速度快、成本低,因此银行多用此方式开立。

电开信用证有全电本和简电本两类。全电本是以电文形式开出的完整信用证,可凭此交单议付。在SWIFT中,通常采用MT700/MT701格式;简电本是将信用证金额、有效期等主要内容用电文预先通知受益人,并注明"随寄证实书",即信开信用证,目的是让受益人早日备货。在SWIFT中,通常采用MT705格式。如果遇到信用证修改,则采用MT707格式。

四、贸易合同信用证支付条款拟定

(一)信用证支付条款的主要内容

采用信用证支付方式,应在贸易合同的支付条款中就开证日期、开证银行、受益人、信用证的种类和金额等做出明确规定。

【例6-7】即期信用证。

买方应于装运月份前××天通过卖方可接受的银行开立并送达卖方不可撤销的即期信用证,有效期至装运月份后15天在中国议付。

The Buyers shall open through a bank acceptable to the Sellers an Irrevocable Sight Letter of Credit to reach the Sellers ×× days before the month of shipment, valid for negotiation in China until the 15th day after the month of shipment.

【例6-8】远期信用证。

买方应通过卖方所接受的银行于2009年9月前开立不可撤销见票后30天付款的信用证并送达卖方,有效至装运月份后第15天在上海议付。

The buyer shall open through a bank acceptable to the seller a letter of credit at 30 days'sight to reach the seller before September,2009, valid for the negotiation in Shanghai until the 15th day after the month of shipment.

(二)信用证支付方式应注意的问题

采用信用证支付方式,应要求开证申请人严格按照贸易合同和UCP600的规定及时开证。UCP600已被世界各国银行所采用,成为公认的、最重要的国际贸易惯例之一。但是,UCP600不是法律,只有开证行在信用证中明确注明根据UCP600开立的文字,才受其约束。为此,我国银行开立的信用证也都注明遵照此惯例。

【操作示范10】

拟定贸易合同信用证支付的条款，如图 6.27 所示。

诚通贸易公司

CHENGTONG TRADE COMPANY

1405 BAIZHANG EAST ROAD NINGBO CHINA

Tel: (86-574)×××××××　　　销 售 确 认 书　　　S/C NO.: RXT26

Fax: (86-574)×××××××　　　Sales Confirmation　　　DATE: Apr.10, 2009

To Messrs:
TKARMRA TRADING CORPORATION
1-5. KAWARA MACH OSAKA JAPAN

谨启者：兹确认售予你方下列货品，其成交条款如下：

Dear Sirs，

We hereby confirm having sold to you the following goods on terms and conditions as specified below:

唛头 SHIPPING MARK	货物描述及包装 DESCRIPTIONS OF GOODS，PACKING	数量 QUANTITY	单价 UNIT PRICE	总值 TOTAL AMOUNT
T.C RXT26 OSAKA C/NO.1-UP	100% COTTON COLOUR WEAVE T-SHIRT RM111 RM222 RM333 RM444 PACKED IN ONE CARTON 30 PCS OF EACH	2 000 PCS 2 000 PCS 1 000 PCS 1 000 PCS	CIF OSAKA USD 11.00 USD 10.00 USD 9.50 USD 8.50	USD 22 000.00 USD 20 000.00 USD 9 500.00 USD 8 500.00

INSURANCE:

付款条件：

TERMS OF PAYMENT: L/C AT SIGHT　　　〔信用证支付条款〕

买方须于 2009 年 5 月 20 日前开出本批交易的信用证(或通知售方进口许可证号码)，否则，售方有权不经过通知取消本确认书，或向买方提出索赔。

The Buyer shall establish the covering Letter of Credit(or notify the Import License Number)before May. 20, 2009, failing which the Seller reserves the right to rescind without further notice，or to accept whole or any part of this Sales Confirmation non-fulfilled by the Buyer, or, to lodge claim for direct losses sustained, if any.

图 6.27　销售确认书 10

 【知识链接】

商品检验检疫条款

一、检验检疫的机构和职责

（一）商品检验检疫制度

商品检验检疫(Commodity Inspection and Quarantine)是指在国际贸易过程中，对卖方交付合同规定的货物进行品质、数(重)量和包装等方面的鉴定，并根据一国法律的规定进行安全、卫生、环境保护和动植物病虫害等进行检验检疫。

(二) 检验检疫机构

在国际货物买卖中，商品检验工作通常都由专业的检验机构负责办理。各国的检验机构，从组织性质来分，有官方的，有同业公会、协会或私人设立的，也有半官方的；从经营的业务来分，有综合性的，也有只限于检验特定商品的，比较著名的有美国食品药物管理局、日本通产省检查所。国际贸易中的商品检验主要由民间机构来承担，民间商检机构具有公证机构的法律地位，如瑞士日内瓦通用鉴定公司、法国船级社及香港天祥公证化验行等。

在具体交易中，确定检验机构时，应考虑有关国家的法律法规、商品的性质、交易条件和交易习惯。检验机构的选定还与检验时间、地点有一定的关系。一般而言，规定在出口国检验时，应由出口国的检验机构进行检验；在进口国检验时，则由进口国的检验机构负责。但是，在某些情况下，双方也可以约定由买方派出检验人员到产地或出口地验货，或者约定由双方派员进行联合检验。

(三) 检验检疫机构的职责

根据《中华人民共和国进出口商品检验法》规定，中华人民共和国出入境商品检验检疫局主管全国进出口商品的检验检疫工作，并在省、自治区、直辖市及进出口商品的口岸、集散地设立其分支机构，管理该地区的进出口商品检验检疫工作。具体工作职责如下。

1. 实施法定检验

法定检验检疫的目的是保证进出口商品、动植物(或产品)及其运输设备的安全、卫生符合国家有关法律法规规定和国际上的有关规定，防止次劣有害商品、动植物(或产品)及危害人类和环境的病虫害及传染病源输入或输出，保障生产建设安全和人民健康。

法定的检验商品未经检验检疫，不准销售、使用和出口。对进出口商品实施法定检验检疫的范围如下。

(1) 对列入《商检机构实施检验的进出口商品种类表》的进出口商品的检验。
(2) 对出口食品的卫生检验。
(3) 对出口危险货物包装容器的性能鉴定和使用鉴定。
(4) 对装运出口易腐烂变质食品、冷冻品的船舱、集装箱等运载工具的适载检验。
(5) 对有关国际条约规定须经商检机构检验的进出口商品的检验。
(6) 对其他法律、行政法规规定须经商检机构检验的进出口商品的检验。

另外，《中华人民共和国进出口商品检验法》规定，凡列入法定检验的进出口商品和其他法律、法规规定的检验检疫商品，经申请并报国家商品检验检疫局批准，可免予检验。申请人申请免验，应当具备以下条件。

(1) 在国际上获得质量奖的商品。
(2) 经商品检验检疫机构多次检验，或经国家商品检验检疫局认可的外国有关组织实施质量认证的进出口商品。
(3) 连续3年经商品检验检疫机构检验，合格率为100%并在3年内没有发现质量异议的出口商品。
(4) 一定数量限额内的非贸易性进出口商品。
(5) 进出口的样品、礼品、非销售展品和其他非贸易性物品。

2. 办理公证鉴定业务

进出口商品鉴定业务是指根据国际贸易当事人的申请或外国检验机构的委托，以第三者公证人的身份对进出口商品或运载技术条件等进行检验鉴定，签发鉴定证书，作为有关各方当事人维护其利益的有效法律文件。

进出口商品鉴定业务主要包括进出口商品的质量、数量、重量包装鉴定、积载鉴定、残损鉴定、海损鉴定、集装箱及集装箱货物鉴定、签发价值证书及其他进出口商品的鉴定业务。鉴定业务是凭申请办理的，不是依据法律强制性的检验，与法定检验有着本质的区别。

3. 实施监督管理

监督管理是指商品检验检疫机构依据国家的法律与行政法规，运用行政管理手段对进出口商品的收货人、发货人及生产、经营、储运单位及国家商品检验检疫局指定认可的检验机构和认可的检验人员的检验工作实施监督管理，以保证进出口商品的检验检疫质量，维护国家的经济利益和信誉。

二、检验的时间与地点

在国际贸易中，都允许买方在接受商品前有权检验商品，但在何时何地对商品进行检验，各国法律都无统一的规定。由于商品检验的时间和地点直接关系到交易双方的经济利益，因此买卖双方必须在合同中予以明确的约定，其方法如下。

1. 出口国检验

出口国检验是指卖方在出口国装船前，向商品检验检疫机构申请对出口商品进行检验，以其出具的品质或重量等检验证书作为该项条件的最后依据。采用这种做法，将最终检验权归属于卖方，买方无复验权。

2. 进口国检验

进口国检验是指商品在进口国卸货后，由当地的检验机构进行检验，以其出具的检验证书作为最后依据，如买方发现商品的品质、数量等与合同规定不符，可凭检验证书向卖方提出索赔。除非造成上述情况的原因是承运人或保险人的责任以外，卖方不得拒绝理赔。

3. 出口国检验与进口国复验

出口国检验与进口国复验是指商品在出口国装船前进行检验并取得检验证书，但该检验证书并不是最后的依据，而是作为卖方向银行议付货款的一种凭证，买方仍有权对进口商品进行复验，向卖方及有关当事人对商品货损、短缺提出索赔。这种做法既承认卖方提供的检验证书是有效的文件，又承认买方具有检验货物的权利，比较合理，目前是国际贸易中普遍采用的做法。

三、商检证书

1. 商检证书的种类

商检证书是指进出口商品经商品检验检疫机构检验、鉴定后出具的证明检验结果的书面文件。

商检证书的种类很多，在实际进出口商品交易中，应在检验条款中规定检验证书的类别及商品检验检疫的要求，包括品质检验证书、重量检验证书、数量检验证书、兽医检验证书、卫生健康检验证书、熏蒸／消毒检验证明书、产地检验证书、价值检验证书、残损检验证书、温度检验证书及船舱检验证书。

2. 商检证书的作用

商检证书所证明的商品检验检疫结果，直接关系到贸易当事人各方的责任和经济权益。其作用主要体现在：①是进出口商品报关的有效证件；②是证明卖方所交货物的品质、数(重)量、包装及卫生条件等符合合同规定的合法证件；③是证明买方对货物的品质、数(重)量、包装及卫生条件等提出异议、拒收货物的法律证书；④是卖方向银行议付货款的主要单证；⑤是买卖双方进行仲裁或诉讼的有效证据。

四、贸易合同检验检疫条款的拟定

1. 检验检疫条款的主要内容

商品检验检疫条款的主要内容有商品的检验检疫机构、检验检疫的时间与地点、商品检验证书的名称和索赔的时效。

2. 订立检验检疫条款应注意的问题

(1) 明确买卖双方对进出口商品进行检验检疫的机构，以示确立其合法性。

(2) 确定须出具的检验检疫证书的名称和份数，以满足不同部门的需要。

(3) 出口食品和动物产品的卫生检验检疫，一般均按我国标准及有关法令规定办理。如外商提出特殊要求或按国外法规有关标准进行检验检疫，应要求对方提供有关的资料，经出入境检验检疫机构和有关部门研究后，才能接受。

(4) 订明买方对货物的品质、数(重)量等进行复验的时间、地点和复验方法。复验地点一般为目的港，机器设备可在目的地。复验时间不宜过长，通常视商品性质而定，为货到目的港后 30～180 天不等。

【操作示范 11】

拟定贸易合同检验检疫的条款，如图 6.28 所示。

诚通贸易公司
CHENGTONG TRADE COMPANY
1405 BAIZHANG ROAD NINGBO CHINA

Tel: (86-574)××××××××　　销　售　确　认　书　　S/C NO.: RXT26
Fax: (86-574)××××××××　　Sales Confirmation　　DATE: Apr.10, 2009

To Messrs:
TKARMRA TRADING CORPORATION
1-5. KAWARA MACH OSAKA JAPAN

谨启者：兹确认售予你方下列货品，其成交条款如下：
Dear Sirs,
We hereby confirm having sold to you the following goods on terms and conditions as specified below:

唛头 SHIPPING MARK	货物描述及包装 DESCRIPTIONS OF GOODS，PACKING	数量 QUANTITY	单价 UNIT PRICE	总值 TOTAL AMOUNT
T.C RXT26 OSAKA C/NO.1-UP	100% COTTON COLOUR WEAVE T-SHIRT RM111 RM222 RM333 RM444 PACKED IN ONE CARTON 30 PCS OF EACH	2 000 PCS 2 000 PCS 1 000 PCS 1 000 PCS	CIF OSAKA USD 11.00 USD 10.00 USD 9.50 USD 8.50	USD 22 000.00 USD 20 000.00 USD 9 500.00 USD 8 500.00

买卖双方同意以装运港中国出入境检验检疫局签发的质量证书作为信用证项下议付所提交的单据的一部分，买方有权对货物的质量和重量进行复验，复验费由买方担负。若发现质量与合同规定不符时，买方有权向卖方索赔，并提交经卖方同意的公证机构出具的检验报告。索赔期限为货物到达目的港(地)后 90 天内。

It's mutually agreed that the Certificate of Quality issued by the China Exit and Entry Inspection and Quarantine Bureau at the port of shipment shall be part of the documents to be presented for negotiation under the relevant L/C. The buyers shall have the right to reinspect the quality of the cargo.The reinspection fee shall be borne by the buyers. Should the quality be not in conformity with of the contract, the Buyers are entitled to lodge with the Sellers a claim which should be supported by survey repays issued by a recognized surveyor approved by the Sellers.The claim, if any, shall be lodged within 90 days after arrival of the goods at the port of destination.

（检验检疫条款）

图 6.28　销售确认书

【知识链接】

不可抗力条款的拟定

一、不可抗力的认定

不可抗力（Force Majeure），是指买卖合同签订后，不是由于当事人一方的过失或故意，发生了当事人在订立合同时不能预见，对其发生和后果不能避免并且不能克服的事件，以致不能履行合同或不能如期履行合同。遭受不可抗力事件的一方可以据此免除履行合同的责任或推迟履行合同，对方无权要求赔偿。

不可抗力条款是指在合同中订明如当事人一方因不可抗力事件而不能履行合同的全部或部分义务的，免除其责任，另一方当事人不得对此要求损害赔偿。

1. 引起不可抗力事件的原因

引起不可抗力事件的原因很多，一般归纳为两种情况：①自然原因引起的，如洪水、火灾、暴风雨、大雪、地震等自然灾害；②社会原因引起的，如战争、罢工、政府禁令等社会异常事件。值得注意的是，并非所有的自然原因和社会原因引起的事件都属于不可抗力。

2. 构成不可抗力事件的条件

构成不可抗力事件的主要条件是：①事件是在签订合同后发生的；②事件的发生不是由于任何一方当事人的故意或过失所造成的；③事件的发生及其造成的结果是当事人无法预见、无法预防、无法避免和无法克服的。

二、不可抗力事件的处理

不可抗力事件的处理主要有下列两种方法。

1. 变更合同

变更合同是指对原订立的合同条款做部分的变更，使遭受不可抗力事件的当事人免除履行部分合同责任，或延期履行合同责任。

2. 解除合同

解除合同是指当事人在发生不可抗力事件后，合同无法履行时，可以解除合同，不承担其责任。

在国际贸易合同履行的过程中，如果发生了不可抗力事件致使合同无法得到全部或部分履行，有关当事人可依据法律或合同的规定，免除其相应的责任，即解除合同或变更合同。但发生不可抗力的一方必须采取合理的措施，减轻给对方造成的损失，及时通知对方，提出处理意见，并向对方提供不可抗力的证明。在我国出具证明的机构，一般是中国国际贸易促进委员会。在国外则由当地的商会或登记注册的公证行出具。

在不可抗力事件发生后，接到关于不可抗力事件的通知或证明文件的一方，无论同意与否，都必须立即予以答复，否则按有些国家的法律规定，将被视作默认。

三、贸易合同不可抗力条款拟定

1. 不可抗力条款的主要内容

不可抗力条款的主要内容有规定不可抗力的范围；提出事件的处理原则和方法；明确不可抗力事件的通知期限、通知方式和出具证明的机构等。

2. 订立不可抗力条款应注意的问题

在订立合同时，应明确不可抗力的认定条件，避免因理解不同而产生争议。明确规定不可抗力事件证明的出证机构，并规定遭受不可抗力事件一方享有免责的权利。

【操作示范12】

拟定贸易合同不可抗力的条款，如图6.29所示。

诚通贸易公司
CHENGTONG TRADE COMPANY
1405 BAIZHANG EAST ROAD NINGBO CHINA

TEL: (86-574)××××××××	销 售 确 认 书	S/C NO.: RXT26
Fax: (86-574)××××××××	Sales Confirmation	DATE: Apr.10, 2009

To Messrs:
TKARMRA TRADING CORPORATION
1-5. KAWARA MACH OSAKA JAPAN

谨启者：兹确认售予你方下列货品，其成交条款如下：
Dear Sirs,
We hereby confirm having sold to you the following goods on terms and conditions as specified below:

唛头 SHIPPING MARK	货物描述及包装 DESCRIPTIONS OF GOODS, PACKING	数量 QUANTITY	单价 UNIT PRICE	总值 TOTAL AMOUNT
T.C RXT26 OSAKA C/NO.1-UP	100% COTTON COLOUR WEAVE T-SHIRT RM111 RM222 RM333 RM444 PACKED IN ONE CARTON 30 PCS OF EACH	2 000 PCS 2 000 PCS 1 000 PCS 1 000 PCS	CIF OSAKA USD 11.00 USD 10.00 USD 9.50 USD 8.50	USD 22 000.00 USD 20 000.00 USD 9 500.00 USD 8 500.00

如由于战争、地震或其他不可抗力的原因致使卖方对合同项下的货物不能装运或迟延装运，卖方对此不负任何责任，但卖方应立即通知买方并于15天内以航空挂号函件寄给卖方，由中国国际贸易促进委员会出具证明书，以证明该不可抗力事件的发生。

If the shipment of the contracted goods is prevented or delayed in whole or in part by reason of war, earthquake or other causes of Force Majeure, the Seller shall not be liable. However, the Seller shall notify the Buyer immediately and furnish the letter by registered airmail with a certificate issued by the China Council for the Promotion of International Trade attesting such event or events.

> 不可抗力条款

图 6.29　销售确认书 12

【知识链接】
异议与索赔条款的拟定

一、争议与违约

（一）争议

所谓争议(Disputes)，是指交易的一方认为对方未能部分或全部履行合同规定的责任和义务而引起的纠纷。交易中引起争议的原因一般有3种：①出口方违约。例如，出口方不能按时、按质、按量交货，致使进口方受损。②进口方违约。例如，进口方不按合同规定日期开信用证或不开证，及不按期接货或无理拒付货款，致使出口方受损。③进出口双方都有某些违约行为。例如，合同条款订立不明确，致使双方的理解产生分歧，从而引起一方或双方都有违约行为。

（二）违约

所谓违约(Breach of Contract)，是指交易双方中的任何一方违反合同义务的行为。《中华人民共和国合同法》第 107 条规定，违约是指"当事人一方不履行合同义务或者履行合同义务不符合约定的"。违约的性质一般有 3 种：①一方当事人的故意行为导致违约；②一方当事人的疏忽、过失或业务不熟而导致违约；③对合同义务不重视或玩忽职守而导致违约。

在国际贸易合同履行中，构成违约的一方在法律上要承担违约责任，受损方有权根据合同或有关法律的规定提出损害赔偿要求，这是国际贸易中普遍遵循的原则。但对不同性质的违约行为应承担的法律责任，各国法律有不同的解释。

(1) 英国法将违约分为"违反要件(Breach of Condition)"和"违反担保(Breach of Warranty)"。

违反要件，是指违反合同的主要条款，即违反与商品有关的品名、质量、数量、交货期等要件，在合同的一方当事人违反要件的情况下，另一方当事人即受损方有权解除合同，并有权提出损害赔偿。

违反担保，是指违反合同的次要条款，在违反担保的情况下，受损方只能提出损害赔偿，而不能解除合同。至于在每份具体合同中，哪个属于要件，哪个属于担保，该法并无明确具体的解释，只是根据"合同所作的解释进行判断"。这样，在解释和处理违约案例时，难免带有不确定性和随意性。

(2)《联合国国际货物销售合同公约》将违约分为"根本性违约(Fundamental Breach)"和"非根本性违约(Non-Fundamental Breach)"。

根本性违约，是指一方当事人违反合同，致使另一方当事人被剥夺了其根据合同规定有权期待得到的东西。这时，受损方可宣告合同无效，并可向违约方要求损害赔偿。

非根本性违约，是指违约未达到根本性违约的程度，对此受损方只能要求损害赔偿而不能解除合同。

《中华人民共和国合同法》规定，合同当事人一方违约后，另一方当事人可以要求违约方承担"继续履行、采取补救措施或者赔偿损失等违约责任"，也可以提出"解除合同"。其中，违约方承担的违约责任可分为继续履行、补救措施、违约金、赔偿损失和定金 5 种形式，各类责任有各自适用的条件。

由于各国法律和国际公约对违约行为的区分有不同的方法，对于不同的违约行为应承担的责任有不同的法律规定，因此，为维护我方的权益，要订好合同中的索赔条款。

二、索赔和理赔

索赔(Claim)，是指交易一方不履行合同义务或不完全履行合同义务，致使另一方遭受损失时，受损方向违约方提出要求给予损害赔偿的行为。

理赔(Settlement)，是指违约方对受损方所提出的赔偿要求进行处理的行为。

索赔和理赔是一个问题的两个方面，对受损方而言是索赔，对违约方而言是理赔。

三、贸易合同异议与索赔条款拟定

(一) 异议与索赔条款的主要内容

异议与索赔条款一般是针对出口方交货品质、数量或包装不符合合同规定而订立的，其内容一般包括索赔依据、索赔期限及索赔的处理方法。

(二) 订立异议与索赔条款应注意的问题

1. 索赔对象

在国际贸易中，根据损失的原因和责任的不同，可以向以下 3 种对象索赔：①凡属承保范围内的货物损失，向保险公司索赔；②如系承运人的责任所造成的货物损失，向承运人索赔；③如系合同当事人的责任造成的损失，则向责任方提出索赔。

2. 索赔依据

索赔必须要有充分的法律依据和事实依据。法律依据是指相关法律规定和当事人签订的国际贸易合同；事实依据是指违约的事实和符合法律规定的书面证明。如果索赔时证据不足或出具证明的机构不符合要求等，都可拒赔。

3. 索赔期限

索赔期限是指受损方有权向违约方提出索赔的时效。按照各国法律和国际贸易惯例的规定，受损方只能在一定的索赔期限内提出索赔，否则丧失索赔权。索赔期限有约定和法定之分。约定的索赔期限是指贸易双方在合同中明确规定的索赔期限，其长短须视交易的具体内容而定；法定索赔期限是指根据有关法律规定受损方有权向违约方要求损害赔偿的期限，一般自买方实际收到货物之日起两年之内。但约定索赔期限的法律效力优于法定索赔期限，在贸易合同中，只有未约定索赔期限时，法定索赔期限才起作用。

在索赔条款中,索赔期限的起算时间的规定方法有:①货物到达目的港后××天起算;②货物到达目的港卸离海轮后××天起算;③货物到达营业处所或用户处所后××天起算;④货物经检验后××天起算。

4. 索赔金额

如果贸易合同中规定了损害赔偿金额或损害赔偿金额的计算方法,通常按其规定提出索赔。如果合同中未作具体规定,则根据以下原则确定索赔金额。

(1) 赔偿金额应与因违约而遭受的包括利润在内的损失额相等。
(2) 赔偿金额应以违约方在订立合同时可预料到的合理损失为限。
(3) 由于受损方未采取合理措施使有可能减轻而未减轻的损失,应在赔偿金额中扣除。

【操作示范 1 3】

拟定贸易合同异议与索赔的条款,如图 6.30 所示。

诚通贸易公司
CHENGTONG TRADE COMPANY
1405 BAIZHANG EAST ROAD NINGBO CHINA

Tel: (86-574)××××××××　　销售确认书　　S/C NO.: RXT26
Fax: (86-574)××××××××　　Sales Confirmation　　DATE: Apr.10, 2009

To Messrs:
TKARMRA TRADING CORPORATION
1-5. KAWARA MACH OSAKA JAPAN
谨启者:兹确认售予你方下列货品,其成交条款如下:
Dear Sirs,
We hereby confirm having sold to you the following goods on terms and conditions as specified below:

唛头 SHIPPING MARK	货物描述及包装 DESCRIPTIONS OF GOODS, PACKING	数量 QUANTITY	单价 UNIT PRICE	总值 TOTAL AMOUNT
T.C RXT26 OSAKA C/NO.1-UP	100% COTTON COLOUR WEAVE T-SHIRT RM111 RM222 RM333 RM444 PACKED IN ONE CARTON 30 PCS OF EACH	2 000 PCS 2 000 PCS 1 000 PCS 1 000 PCS	CIF OSAKA USD 11.00 USD 10.00 USD 9.50 USD 8.50	USD 22 000.00 USD 20 000.00 USD 9 500.00 USD 8 500.00

如买方提出索赔,凡属品质异议须于货到目的口岸之后 30 日内提出,凡属数量异议须于货到目的口岸后 60 日内提出,对所装货物所提任何异议属于保险公司、轮船公司等其他有关运输或邮递机构卖方不负任何责任。

In case of quality discrepancy, claim should be filed by the Buyer within 30 days after the arrival of the goods at port of destination; while for quantity discrepancy, claim should be filed by the Buyer within 60 days after the arrival of the goods at port of destination. It is understood that the seller shall not be liable for any discrepancy of the goods shipped due to causes for which the Insurance Company, Shipping Company, other transportation organization/or Post Office are liable.

(异议与索赔条款)

图 6.30　销售确认书 13

【知识链接】

仲裁条款的拟定

一、仲裁协议

仲裁(Arbitration)又称公断,是指买卖双方在争议发生之前或发生之后,签订书面协议,自愿将争议提交双方所同意的第三者予以裁决(Award),以解决争议的一种方式。由于仲裁是依照法律所允许的仲裁程度裁定争议,因而裁决具有法律约束力,具有终局性,当事人双方必须遵照执行。

（一）仲裁协议的形式

仲裁协议必须是书面的,有两种形式。

1. 仲裁条款

仲裁条款(Arbitration Clause),是指争议尚未发生,交易双方在签订贸易合同时,就将可能发生的争议采取仲裁解决的内容以合同条款的形式表示出来。

2. 仲裁协议

仲裁协议(Submission)是指争议发生后,双方当事人订立同意把争议提交仲裁解决的协议。

（二）仲裁协议的作用

1. 表明双方自愿以仲裁方式解决争议

当争议发生后,双方当事人如协商调解不成时,只能以仲裁方式解决,不得向法院起诉。

2. 排除法院对争议的管辖权

除世界上除极少数国家以外,一般国家的法律都规定法院不受理争议双方订有仲裁协议的争议案件。如果一方违背仲裁协议,自行向法院起诉,另一方可根据仲裁协议要求法院不予受理。

3. 仲裁机构受理争议案件的依据

任何仲裁机构都不得受理没有仲裁协议的争议案件。

二、仲裁程序

（一）仲裁的特点

在国际贸易中,仲裁是解决争议的主要方法。其特点如下:

(1) 仲裁机构是属于社会性民间团体设立的组织,不是国家政权机关,不具有强制管辖权,对争议案件的受理,以当事人自愿为基础。

(2) 当事人双方通过仲裁解决争议时,必先签订仲裁协议;双方均有在仲裁机构中推选仲裁员以裁定争议的自由。

(3) 仲裁比诉讼的程序简单,处理问题比较迅速及时,而且费用也较为低廉,同时仲裁比诉讼的专业权威性更强。

(4) 仲裁机构之间互不隶属,各自独立,实行一裁终局,所以仲裁机构的裁决一般是终局性的,已生效的仲裁裁决对双方当事人均有约束力。

（二）仲裁程序

仲裁程序主要包括仲裁申请、仲裁员的指定、仲裁审理和仲裁裁决等内容。

1. 仲裁申请

仲裁机构要求申请人提交双方当事人签订的仲裁协议和一方当事人的申诉书。申请人提交申请书时还要附上事实依据和证明文件。如合同、来往函电等正本或副本,并预交规定的仲裁费,即受理立案。

仲裁机构立案后，立即向被申请人发出仲裁通知。被申请人收到仲裁通知后，在规定时间内向仲裁机构提交答辩书及有关的证明文件，也可在规定时间内提出反请求书。

2．仲裁员的指定

根据国际惯例，双方当事人可以在仲裁协议中规定仲裁员的人数和指定方式组成仲裁庭。如协议无规定，则按有关国家的仲裁法或仲裁机构的程序规则组成仲裁庭。例如，《中华人民共和国仲裁法》规定，仲裁庭可以由1名或3名仲裁员组成。由3名仲裁员组成的，设首席仲裁员。

3．仲裁审理

仲裁审理的过程一般包括开庭、收集和审查证据或询问证人，如有必要还要采取"保全措施"，即对有关当事人的财产采用扣押等临时性强制措施。

仲裁庭审理案件的方式有书面审理和开庭审理两种。在我国一般用开庭审理的方式，即由仲裁庭召集全体仲裁员、双方当事人和有关人士听取当事人申诉、辩论，调查案件事实并进行调解，直至做出裁决。

4．仲裁裁决

仲裁庭经过审理后对争议案件做出处理，裁决做出后，审理程序即告结束。

三、贸易合同仲裁条款的拟定

仲裁条款的主要内容如下。

1．仲裁地点

仲裁地点是进行仲裁的所在地，是仲裁条款中最重要的内容之一。因为多数国家的法律规定，在哪个国家仲裁，就使用哪个国家的仲裁法规。由于采用了审判地法律，对双方当事人的权利、义务的解释会有差异，从而直接导致仲裁结果的不同。为此，买卖双方都会力争在自己国家或比较了解和信任的地方仲裁。

2．仲裁机构

国际贸易仲裁机构有临时机构和常设机构两种。临时仲裁机构是为了解决特定的争议而组织的仲裁庭，争议处理完毕，临时仲裁庭即告解散。如果选择临时仲裁庭进行仲裁，双方当事人必须在仲裁条款或仲裁协议中明确规定指定仲裁员的办法、人数、组成仲裁庭的成员，是否需要设首席仲裁员等内容。

常设仲裁机构有国际性的和全国性的，如国际商会仲裁院、英国伦敦仲裁院、英国仲裁协会、美国仲裁协会、瑞典斯德哥尔摩商会仲裁院、瑞士苏黎世商会仲裁院、日本国际商会仲裁协会等。我国常设仲裁机构是中国国际贸易委员会附设的对外经济贸易仲裁委员会。也有特设在特定行业组织之内的专业性仲裁机构，如伦敦谷物商业协会。

3．裁决的效力

仲裁裁决的效力为终局性的，且具有法律效力，对双方当事人都有约束力。但是，有些国家的法律允许当事人对明显违背法律的裁决向法院上诉。

4．裁决费用的负担

裁决费用一般规定由败诉方负担，也可由仲裁庭决定。

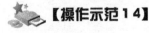

【操作示范14】

拟定贸易合同仲裁的条款，如图6.31所示。

诚通贸易公司
CHENGTONG TRADE COMPANY
1405 BAIZHANG ROAD NINGBO CHINA

Tel: (86-574)××××××× 销售确认书 S/C NO.: RXT26
Fax: (86-574)××××××× Sales Confirmation DATE: Apr.10, 2009

To Messrs:
TKARMRA TRADING CORPORATION
1-5. KAWARA MACH OSAKA JAPAN

谨启者：兹确认售予你方下列货品，其成交条款如下：
Dear Sirs,
We hereby confirm having sold to you the following goods on terms and conditions as specified below:

唛头 SHIPPING MARK	货物描述及包装 DESCRIPTIONS OF GOODS, PACKING	数量 QUANTITY	单价 UNIT PRICE	总值 TOTAL AMOUNT
T.C RXT26 OSAKA C/NO.1-UP	100% COTTON COLOUR WEAVE T-SHIRT RM111 RM222 RM333 RM444 PACKED IN ONE CARTON 30 PCS OF EACH	2 000 PCS 2 000 PCS 1 000 PCS 1 000 PCS	CIF OSAKA USD 11.00 USD 10.00 USD 9.50 USD 8.50	USD 22 000.00 USD 20 000.00 USD 9 500.00 USD 8 500.00

凡因执行本合同所发生的或与本合同有关的一切争议，双方应通过友好协商解决；如果协商不能解决，应提交上海中国国际经济贸易仲裁委员会，根据该会的仲裁规则进行仲裁。仲裁裁决是终局的，对双方都有约束力。仲裁费用除仲裁庭另有规定外，均由败诉方负担。

All disputes in connection with this contract or arising from the execution of there, shall be amicably settled through negotiation in case no settlement can be reached between the two parties, the case under disputes shall be submitted to China International Economic and Trade Arbitration Commission, Shanghai, for arbitration in accordance with its rules of arbitration. The arbitral award is final and binding upon both parties. The arbitration fee shall be borne by the losing party unless otherwise awarded by the arbitration court.

仲裁条款

图 6.31 销售确认书 14

任务 6.3 正式签订合同

6.3.1 操作步骤

（1）收到用快递方式寄来的经过其所在公司会签后的销售确认书。

（2）根据公司规定，按照销售确认书的相关内容缮制正式的销售合同(Sales Contract)，并以函电的方式在征得外商的同意后，将缮制好的销售合同寄交给外商，要求其会签。

（3）收到了经过外商会签后的正式的销售合同，完成出口合同的签订。

6.3.2 操作分析

1. 电子版空白的销售合同

电子版空白的销售合同如下所示。

宁波诚通贸易公司
CHENGTONG TRADE COMPANG

正本
(ORIGINAL)

宁波市鄞州区姜山镇茅山工业区 　　　　　　合同号码
Maoshan Industrial Zone, Jiangshan Town, 　Contract No.
Yinzhou District, Ningbo

买　　方：　　　　　合　同　　　　　日　期：
The Buyers:　　　　 CONTRACT　　　　Date:

　　　　　　　　　　　　　　　　　　　　传　真：
　　　　　　　　　　　　　　　　　　　　Fax: +86-574-××××××××

　　　　　　　　　　　　　　　　　　　　电传号：
　　　　　　　　　　　　　　　　　　　　Telex number: TEXTILE

兹经买卖双方同意，由买方购进，卖方出售下列货物，并按下列条款签订本合同：
This contract is made by and between the Buyers and the Sellers; whereby the Buyers agree to buy and the Sellers agree to sell the undermentioned goods on the terms and conditions stated below:

(1) 货物名称、规格、包装及唛头 Name of Commodity, Specifications, Packing Terms and Shipping Marks	(2) 数量 Quantity	(3) 单价 Unit Price	(4) 总值 Total Amount	(5) 装运期限 Time of Shipment

　　(6) 装运口岸：
　　　 Port of Loading:
　　(7) 目的口岸：
　　　 Port of Destination:
　　(8) 付款条件：买方在收到卖方关于预计装船日期及准备装船的数量的通知后，应于装运前 20 天，通过宁波中国银行开立以卖方为受益人的不可撤销的信用证。该信用证凭即期汇票及本合同第(9)条规定的单据在开证行付款。

　　Terms of Payment: Upon receipt from the Sellers of the advice as to the time and quantify expected ready for shipment, the Buyers shall open, 20 days before shipment, with the Bank of China ,Ningbo an irrevocable Letter of Credit in favour of the Sellers payable by the opening bank against sight draft accompanied by the documents as stipulated in Clause (9) of this Contract.

　　(9) 单据：各项单据均须使用与本合同相一致的文字，以便买方审核查对：
　　Documents: To facilitate the Buyers to cheek up, all documents should be made in a version identical to that used in this Contract.

　　① 填写通知目的口岸对外贸易运输公司的空白抬头、空白背书的全套已装船的清洁提单。(如本合同为 FOB 价格条件时，提单应注明"运费到付"或"运费按租船合同办理"字样；如本合同为 CFR 价格条件时，

项目 6　订立外贸合同

提单应注明"运费已付"字样)

Complete set of Clean On Board Shipped Bill of Lading made out to order, blank endorsed, notifying the China National Foreign Trade Transportation Corporation ZHONGWAIYUN at the port of destination.(if the prise in this Contract is Based on FOB, marked "freight to collect" or "freight as per charter party"; if the price in this Contract is Based on CFR, marked "freight prepaid".)

② 发票：注明合同号、唛头、载货船名及信用证号，如果分批装运，须注明分批号。

Invoice: Indicating Contract Number, shipping marks, name of carrying vessel, number of the Letter of Credit and shipment number in case of partial shipments.

③ 装箱单及/或重量单：注明合同号及唛头，并逐件列明毛重、净重。

Packing List and/or Weight Memo：Indicating Contract Number, shipping marks, gross and net weights of each package.

④ 制造工厂的品质及数量、重量证明书。

Certificates of Quality and Quantity/Weight of the contracted goods issued by the manufactures.

品质证明书内应列入根据合同规定的标准进行化学成分、机械性能及其他各种试验结果。

Quality Certificate to show actual results of tests to be made, on chemical compositions, mechanical properties and all other tests called for by the Standard stipulated heron.

⑤ 按本合同第(11)条规定的装运通知电报抄本。

Copy of telegram advising shipment according to Clause (11) of this Contract.

⑥ 按本合同第(10)条规定的航行证明书。(如本合同为 CFR 价格条件时，需要此项证明书，如本合同为 FOB 价格条件时，则不需此项证明书)

Vessel's itinerary certificate as per Clause (10) of this Contract.(required if the price in this Contract is based on CFR：not required if the price in this Contract is based on FOB.)

份数 Number of copies 寄送	单证 Documents	①	②	③	④	⑤	⑥
送交议付银行(正本) to the negotiating bank(original)			3	4	3	3	1
送交议付银行(副本) to the negotiating bank(duplicate)		1					
空邮目的口岸外运公司(副本) to ZHONGWAIYUN at the port of destination by airmail(duplicate)		2	3	2	2		

(10) 装运条件(Terms of Shipment)。

① 离岸价条款(Terms of FOB Delivery)。

a．装运本合同货物的船只，由买方或买方运输代理人中国租船公司租订舱位。卖方负担货物的一切费用风险到货物装到船面为止。

For the goods ordered in this Contract, the carrying vessel shall be arranged by the Buyers or the Buyers' Shipping Agent China National Chartering Corporation. The Sellers shall bear all the charges and risks until the goods are effectively loaded on board the carrying vessel.

b．卖方必须在合同规定的交货期限 30 天前，将合同号码、货物名称、数量、装运口岸及预计货物运达装运口岸日期，以电报通知买方以便买方安排舱位。并同时通知买方在装港的船代理。倘在规定期内买方未接到前述通知，即视为卖方同意在合同规定期内任何日期交货，并由买方主动租订舱位。

The Sellers shall advise the Buyers by cable, and simultaneously advise the Buyers' shipping agent at the loading port, 30 days before the contracted time of shipment, of the contract number, name of commodity, quantity, loading port and expected date of arrival of the goods at the loading port, enabling the Buyers to arrange for shipping space. Absence of such advice within the time specified above shall be considered as Sellers' readiness to deliver the goods during the time of shipment contracted and the Buyers shall arrange for shipping space accordingly.

c．买方应在船只受载期 12 天前将船名、预计受载日期、装载数量、合同号码、船舶代理人，以电报通知卖方。卖方应联系船舶代理人配合船期备货装船。如买方因故需要变更船只或更改船期时，买方或船舶代理人应及时通知卖方。

The Buyers shall advise the Sellers by cable, 12 days before the expected loading date, of the estimated laydays, contract number, name of vessel, quantity, to be loaded and shipping agent. The Sellers shall then arrange with the shipping agent for loading accordingly. In case of necessity for substitution of vessel or alteration of shipping schedule, the Buyers or the shipping agent shall duly advise the Sellers to the same effect.

d．买方所租船只按期到达装运口岸后，如卖方不能按时备货装船，买方因此而遭受的一切损失包括空舱费、延期费及/或罚款等由卖方负担。如船只不能于船舶代理人所确定的受载期内到达，在港口免费堆存期满后第 16 天起发生的仓库租费、保险费由买方负担，但卖方仍负有载货船只到达装运口岸后立即将货物装船的义务并负担费用及风险。前述各种损失均凭原始单据核实支付。

In the event of the Sellers' failure in effecting shipment upon arrival of the vessel at the loading port, all losses, including dead freight, demurrage fines etc. Thus incurred shall be for Sellers' account. If the vessel fails to arrive at the loading port within the laydays. Previously declared by the shipping agent, the storage charges and insurance premium from the 16th day after expiration of the free storage time at the port shall be borne by the Buyers. However, the Sellers shall be still under the obligation to load the goods on board the carrying vessel immediately after her arrival at the loading port, at their own expenses and risks. The expenses and losses mentioned above shall be reimbursed against original receipts or invoices.

② 成本加运费价条款(Terms of CFR Delivery)。

卖方负责将本合同所列货物由装运口岸装直达班轮到目的口岸，中途不得转船。货物不得用悬挂买方不能接受的国家的旗帜的船只装运。

The Sellers undertake to ship the contracted goods from the port of loading to the port of destination on a direct liner, with no transhipment allowed. The Contracted goods shall not be carried by a vessel flying the flag of the countries which the Buyers can not accept.

(11) 装运通知：卖方在货物装船后，立即将合同号、品名、件数、毛重、净重、发票金额、载货船名及装船日期以电报通知买方。

Advice of Shipment：The Sellers shall upon competition of loading, advise immediately the Buyers by cable of the contract number, name of commodity, number of packages, gross and net weights, invoice value, name of vessel and loading date.

(12) 保险：自装船起由买方自理，但卖方应按本合同第(11)条通知买方。如卖方未能按此办理，买方因而遭受的一切损失全由卖方负担。

Insurance：To be covered by the Buyers from shipment, for this purpose the Sellers shall advise the Buyers by cable of the particulars as called for in Clause (11) of this Contract. In the event of the Buyers being unable to arrange for insurance in consequence of the Sellers' failure to send the above advice, the Sellers shall be held responsible for all the losses thus sustained by the Buyers.

(13) 检验和索赔：货卸目的口岸，买方有权申请中华人民共和国国家质量监督检验检疫总局进行检验。如发现货物的品质及/或数量/重量与合同或发票不符，除属于保险公司及/或船公司的责任外，买方有权在货卸目的口岸后 90 天内，根据中华人民共和国国家质量监督检验检疫总局出具的证明书向卖方提出索赔，因索赔所发生的一切费用(包括检验费用)均由卖方负担。FOB 价格条件时，如重量短缺，买方有权同时索赔短重部分的运费。

Inspection and Claim：The Buyers shall have the right to apply to the General Administration of Quanlity

Supervision, Inspection and Quarantine of the People's Republic of China(AQSIQ)for inspection after discharge of the goods at the port of destination. Should the quality and/or quantity/weight be found not in conformity with the contract or invoice the Buyers shall be entitled to lodge claims with the Sellers on the basis of AQSIQ's Survey Report, within 90 days after discharge of the goods at the port of destination , with the exception, however, of those claims for which the shipping company and/or the insurance company are to be held responsible. All expenses incurred on the claim including the inspection fee as per the AQSIQ inspection certificate are to be borne by the Sellers. In case of FOB terms, the buyers shall also be entitled to claim freight for short weight if any.

(14) 不可抗力：由于人力不可抗拒事故，使卖方不能在合同规定期限内交货或者不能交货，卖方不负责任。但卖方必须立即通知买方，并以挂号函向买方提出有关政府机关或者商会所出具的证明，以证明事故的存在。由于人力不可抗拒事故致使交货期限延期一个月以上时，买方有权撤销合同。卖方不能取得出口许可证不得作为不可抗力。

Force Majeure：In case of Force Majeure the Sellers shall not held responsible for delay in delivery or non-delivery of the goods but shall notify immediately the Buyers and deliver to the Buyers by registered mail a certificate issued by government authorities or Chamber of Commerce as evidence thereof. If the shipment is delayed over one month as the consequence of the said Force Majeure, the Buyers shall have the right to cancel this Contract. Sellers' inability in obtaining export licence shall not be considered as Force Majeure.

(15) 延期交货及罚款：除本合同第(14)条人力不可抗拒原因外，如卖方不能如期交货，买方有权撤销该部分的合同，或经卖方同意在卖方缴纳罚款的条件下延期交货。买方可同意给予卖方 15 天优惠期。罚款率为每 10 天按货款总额的 1%。不足 10 天者按 10 天计算。罚款自第 16 天起计算。最多不超过延期货款总额的 5%。

Delayed Delivery and Penalty：Should the Sellers fail to effect delivery on time as stipulated in this Contract owing to causes other than Force Majeure as provided for in Clause (14) of this Contract, the Buyers shall have the right to cancel the relative quantity of the contract, or alternatively, the Sellers may, with the Buyers' consent, postpone delivery on payment of penalty to the Buyers. The Buyers may agree to grant the Sellers a grace period of 15 days. Penalty shall be calculated from the 16th day and shall not exceed 5% of the total value of the goods involved.

(16) 仲裁：一切因执行本合同或与本合同有关的争执，应由双方通过友好方式协商解决。如经协商不能得到解决时，应提交中国国际贸易促进委员会对外经济贸易仲裁委员会。按照中国国际贸易促进委员会对外经济贸易仲裁委员会仲裁程序暂行规定进行仲裁。仲裁委员会的裁决为终局裁决，对双方均有约束力。仲裁费用除非仲裁委员会另有决定外，由败诉一方负担。

Arbitration：All disputes in connection with this Contract or the execution thereof shall be friendly negotiation. If no settlement can be reached, the case in dispute shall then be submitted for arbitration to the Foreign Economic and Trade Arbitration Commission of the China Council for the Promotion of International Trade in accordance with the Provisional Rules of Procedure of the Foreign Economic and Trade Arbitration Commission of the China Council for the Promotion of International Trade. The Award made by the Commission shall be accepted as final and binding upon both parties. The fees for arbitration shall be borne by the losing party unless otherwise awarded by the Commission.

(17) 附加条款：以上任何条款如与以下附加条款有抵触时，以以下附加条款为准。

Additional Clause: If any of the above-mentioned Clauses is inconsistent with the following Additional Clause(s), the latter to be taken as authentic.

买　方　　　　　　　　　　　　　　　　卖　方
The Buyers:　　　　　　　　　　　　　　The Sellers:

2．审核销售合同

按照经过双方签署的销售确认书的内容缮制了电子版的销售合同并进行了细致审核。具体合同内容如下：

宁波诚通贸易公司
NINGBO CHENGTONG
TRADING COMPANY

正本
(ORIGINAL)

宁波市鄞州区姜山镇茅山工业区
Maoshan Industrial Zone, Jiangshan Town, Yinzhou District, Ningbo

合同号码
Contract No. YX-2009189

买　方：
The Buyers：

合同
CONTRACT

日　期：2009年4月8日
Date：4 APR., 2009

传　真：
Fax：+86-574-×××××××

电 传 号：
Telex number：TEXTILE

兹经买卖双方同意，由买方购进，卖方出售下列货物，并按下列条款签订本合同：
This CONTRACT is made by and between the Buyers and the Sellers; whereby the Buyers agree to buy and the Sellers agree to sell the undermentioned goods on the terms and conditions stated below:

(1) 货物名称、规格、包装及唛头 Name of Commodity, Specifications, Packing Terms and Shipping Marks	(2) 数量 Quantity	(3) 单价 Unit Price	(4) 总值 Total Amount	(5) 装运期限 Time of Shipment
HIGH-QUALITY BALL VALVE DN32	1200PCS	USD35.00	FOB NINGBO USD42 000.00	WITHIN 20 DAYS AFTER THE SELLER RECEIVES THE APPROVAL OF THE BUYER TO AGREE WITH PRODUCTION
CANTONESE-STYLE CAST STEEL FLANGED BALL VALVE DN15	1 000PCS	USD13.85	USD13 500.00	
CAST STEEL BALL VALVE DN40	1 000PCS	USD30.00	USD30 000.00	
202MAGNETIC LOCK VALVE DN50	2 000PCS	USD16.00	USD32 000.00	
COPPER VALVE DN25	2 500PCS	USD3.00	USD7 500.00	
TOTAL	7700PCS		USD125 000.00	

SAY U.S. DOLLARS ONE HUNDRED AND TWENTY FIVE THOUSAND ONLY.

(6) 装运口岸：宁波
Port of Loading：NINGBO

(7) 目的口岸：波士顿
Port of Destination：BOSTON

(8) 买方在收到卖方关于预计装船日期及准备装船的数量的通知后，应于装运前20天，通过上海中国银行开立以卖方为受益人的不可撤销的信用证。该信用证凭即期汇票及本合同第(9)条规定的单据在开证行付款。
Terms of Payment：Upon receipt from the Sellers of the advice as to the time and quantify expected ready for shipment, the Buyers shall open, 20 days before shipment, with the Bank of China, Shanghai, an irrevocable Letter of Credit in favour of the Sellers payable by the opening bank against sight draft accompanied by the documents as stipulated in Clause (9) of this Contract.

(9) 单据：各项单据均须使用与本合同相一致的文字，以便买方审核查对：

Documents: To facilitate the Buyers to cheek up, all documents should be made in a version identical to that used in this contract.

① 填写通知目的口岸对外贸易运输公司的空白抬头、空白背书的全套已装船的清洁提单。(如本合同为 FOB 价格条件时，提单应注明"运费到付"或"运费按租船合同办理"字样；如本合同为 CFR 价格条件时，提单应注明"运费已付"字样)

Complete set of Clean On Board Shipped Bill of Lading made out to order, blank endorsed, notifying the China National Foreign Trade Transportation Corporation ZHONGWAIYUN at the port of destination. (If the prise in this Contract is Based on FOB, marked "freight to collect" or "freight as per charter party"; if the price in this Contract is Based on CFR, marked "freight prepaid".)

② 发票：注明合同号、唛头、载货船名及信用证号，如果分批装运，须注明分批号。

Invoice: Indicating Contract Number, shipping marks, name of carrying vessel, number of the Letter of Credit and shipment number in case of partial shipments.

③ 装箱单及或重量单：注明合同号及唛头，并逐件列明毛重、净重。

Packing List and/or Weight Memo: Indicating Contract Number, shipping marks, gross and net weights of each package.

④ 制造工厂的品质及数量、重量证明书。

Certificates of Quality and Quantity/Weight of the contracted goods issued by the manufactures.

品质证明书内应列入根据合同规定的标准进行化学成分、机械性能及其他各种试验结果。

Quality Certificate to show actual results of tests to be made, on chemical compositions, mechanical properties and all other tests called for by the Standard stipulated heron.

⑤ 按本合同第(11)条规定的装运通知电报抄本。

Copy of telegram advising shipment according to Clause (11) of this Contract.

⑥ 按本合同第(10)条规定的航行证明书。(如本合同为 CFR 价格条件时，需要此项证明书；如本合同为 FOB 价格条件时，则不需此项证明书)

Vessel's itinerary certificate as per Clause (10) of this Contract. (Required if the price in this Contract is based on CFR; not required if the price in this Contract is based on FOB)

(10) 装运条件。

Terms of Shipment: Within 20 days after the seller receives the 30% payment by T/T.

① 离岸价条款。Terms of FOB Delivery: Within two month after the seller receives the approval of the buyer to agree with production.

a. 装运本合同货物的船只，由买方或买方运输代理人中国租船公司租订舱位。卖方负担货物的一切费用风险到货物装到船面为止。

For the goods ordered in this Contract, the carrying vessel shall be arranged by the Buyers or the Buyers' Shipping Agent China National Chartering Corporation. The Sellers shall bear all the charges and risks until the goods are effectively loaded on board the carrying vessel.

b. 卖方必须在合同规定的交货期限 30 天前，将合同号码、货物名称、数量、装运口岸及预计货物运达装运口岸日期，以电报通知买方以便买方安排舱位，并同时通知买方在装港的船代理。倘在规定期内买方未接到前述通知，即作为卖方同意在合同规定期内任何日期交货，并由买方主动租订舱位。

The Sellers shall advise the Buyers by cable, and simultaneously advise the Buyers' shipping agent at the loading port, 30 days before the contracted time of shipment, of the contract number, name of commodity, quantity, loading port and expected date of arrival of the goods at the loading port, enabling the Buyers to arrange for shipping space. Absence of such advice within the time specified above shall be considered as Sellers' readiness to deliver the goods during the time of shipment contracted and the Buyers shall arrange for shipping space accordingly.

c. 买方应在船只受载期 12 天前将船名、预计受载日期、装载数量、合同号码、船舶代理人，以电报通知卖方。卖方应联系船舶代理人配合船期备货装船。如买方因故需要变更船只或更改船期时，买方或船舶代理人应及时通知卖方。

The Buyers shall advise the Sellers by cable, 12 days before the expected loading date, of the estimated laydays, contract number, name of vessel, quantity, to be loaded and shipping agent. The Sellers shall then arrange with the shipping agent for loading accordingly. In case of necessity for substitution of vessel or alteration of shipping schedule, the Buyers or the shipping agent shall duly advise the Sellers to the same effect.

d. 买方所租船只按期到达装运口岸后，如卖方不能按时备货装船，买方因而遭受的一切损失包括空舱费、延期费及/或罚款等由卖方负担。如船只不能于船舶代理人所确定的受载期内到达，在港口免费堆存期满后第 16 天起发生的仓库租费、保险费由买方负担，但卖方仍负有载货船只到达装运口岸后立即将货物装船的义务并负担费用及风险。前述各种损失均凭原始单据核实支付。

In the event of the Sellers' failure in effecting shipment upon arrival of the vessel at the loading port, all losses, including dead freight, demurrage fines etc. Thus incurred shall be for Sellers' account. If the vessel fails to arrive at the loading port within the laydays, previously declared by the shipping agent, the storage charges and insurance premium from the 16th day after expiration of the free storage time at the port shall be borne by the Buyers. However, the Sellers shall be still under the obligation to load the goods on board the carrying vessel immediately after her arrival at the loading port, at their own expenses and risks. The expenses and losses mentioned above shall be reimbursed against original receipts or invoices.

② 成本加运费价条款。

卖方负责将本合同所列货物由装运口岸装直达班轮到目的口岸，中途不得转船。货物不得用悬挂买方不能接受的国家的旗帜的船只装运。

Terms of CFR Delivery: The Sellers undertake to ship the Contracted goods from the port of loading to the port of destination on a direct liner, with no transhipment allowed. The Contracted goods shall not be carried by a vessel flying the flag of the countries which the Buyers can not accept.

(11) 装运通知：卖方在货物装船后，立即将合同号、品名、件数、毛重、净重、发票金额、载货船名及装船日期以电报通知买方。

Advice of Shipment: The Sellers shall upon competition of loading, advise immediately the Buyers by cable of the contract number, name of commodity, number of packages, gross and net weights, invoice value, name of vessel and loading date.

(12) 保险：自装船起由买方自理，但卖方应按本合同第(11)条通知买方。如卖方未能按此办理，买方因而遭受的一切损失全由卖方负担。

Insurance: To be covered by the Buyers from shipment, for this purpose the Sellers shall advise the Buyers by cable of the particulars as called for in Clause (11) of this Contract, In the event of the Buyers being unable to arrange for insurance in consequence of the Sellers' failure to send the above advice, the Sellers shall be held responsible for all the losses thus sustained by the Buyers.

(13) 检验和索赔：货卸目的口岸，买方有权申请中华人民共和国国家质量监督检验检疫总局进行检验。如发现货物的品质及/或数量/重量与合同或发票不符：除属于保险公司及/或船公司的责任外，买方有权在货卸目的口岸后 90 天内，根据中华人民共和国国家质量监督检验检疫总局出具的证明书向卖方提出索赔，因索赔所发生的一切费用(包括检验费用)均由卖方负担。FOB 价格条件时，如重量短缺，买方有权同时索赔短重部分的运费。

Inspection and Claim: The Buyers shall have the right to apply to the AQSIQ for inspection after discharge of the goods at the port of destination. Should the quality and/or quantity/weight be found not in conformity with the contract or invoice the Buyers shall be entitled to lodge claims with the Sellers on the basis of AQSIQ's Survey Report, within 90 days after discharge of the goods at the port of destination , with the exception, however, of those claims for which the shipping company and/or the insurance company are to be held responsible. All expenses incurred on the claim including the inspection fee as per the AQSIQ inspection certificate are to be borne by the Sellers. In case of FOB terms, the buyers shall also be entitled to claim freight for short weight if any.

(14) 不可抗力：由于人力不可抗拒事故，使卖方不能在合同规定期限内交货或者不能交货，卖方不负责任。但卖方必须立即通知买方，并以挂号函向买方提出有关政府机关或者商会所出具的证明，以证明事故的存在。由于人力不可抗拒事故致使交货期限延期一个月以上时，买方有权撤销合同。卖方不能取得出口许可证不得作为不可抗力。

Force Majeure: In case of Force Majeure the Sellers shall not held responsible for delay in delivery or non-delivery of the goods but shall notify immediately the Buyers and deliver to the Buyers by registered mail a certificate issued by government authorities or Chamber of Commerce as evidence thereof. If the shipment is delayed over one month as the consequence of the said Force Majeure, the Buyers shall have the right to cancel this Contract. Sellers' inability in obtaining export licence shall not be considered as Force Majeure.

(15) 延期交货及罚款：除本合同第(14)条人力不可抗拒原因外，如卖方不能如期交货，买方有权撤销该部分的合同，或经买方同意在卖方缴纳罚款的条件下延期交货。买方可同意给予卖方 15 天优惠期。罚款率为每 10 天按货款总额的 1%。不足 10 天者按 10 计算。罚款自第 16 天起计算。最多不超过延期货款总额的 5%。

Delayed Delivery and Penalty: Should the Sellers fail to effect delivery on time as stipulated in this Contract owing to causes other than Force Majeure as provided for in Clause (14) of this Contract, the Buyers shall have the right to cancel the relative quantity of the contract, Or alternatively, the Sellers may, with the Buyers' consent, postpone delivery on payment of penalty to the Buyers. The Buyers may agree to grant the Sellers a grace period of 15 days. Penalty shall be calculated from the 16th day and shall not exceed 5% of the total value of the goods involved.

(16) 仲裁：一切因执行本合同或与本合同有关的争执，应由双方通过友好方式协商解决。如经协商不能得到解决时，应提交北京中国国际贸易促进委员会对外经济贸易仲裁委员会。按照中国国际贸易促进委员会对外经济贸易仲裁委员会仲裁程序暂行规定进行仲裁。仲裁委员会的裁决为终局裁决，对双方均有约束力。仲裁费用除非仲裁委员会另有决定外，由败诉一方负担。

Arbitration: All disputes in connection with this Contract or the execution thereof shall be friendly negotiation. If no settlement can be reached, the case in dispute shall then be submitted for arbitration to the Foreign Economic and Trade Arbitration Commission of the China Council for the Promotion of International Trade in accordance with the Provisional Rules of Procedure of the Foreign Economic and Trade Arbitration Commission of the China Council for the Promotion of International Trade. The Award made by the Commission shall be accepted as final and binding upon both parties. The fees for arbitration shall be borne by the losing party unless otherwise awarded by the Commission.

(17) 附加条款：以上任何条款如与以下附加条款有抵触时，以以下附加条款为准。

Additional Clause: If any of the above-mentioned Clauses is inconsistent with the following Additional Clause(s), the latter to be taken as authentic.

买 方
The Buyers:

卖 方
The Sellers:

【自我评价】

进行自我评价，并填写表 6-4。

表 6-4　自我评价表

完成情况及得分 评价项目	很好(5)	良好(4)	一般(3)	较差(2)	很差(1)	分项得分
PO 条款审查准确率						
各种条款掌握的程度						
拟定销售确认书的准确率						

【能力迁移】

1. 根据所给业务背景和其他操作资料填制销售确认书

[业务背景]

诚通贸易公司业务员王伟与法国 LEARA TRADE CO.，LTD.的业务经理 WIN 先生就男式衬衫进行了贸易磋商，双方就出口货物的检验检疫、不可抗力和索赔等条件达成一致。

[操作资料]

检验检疫与索赔：买卖双方同意以装运港中国出入境检验检疫局签发的质量证书作为信用证项下议付所提交的单据的一部分，买方有权对货物的质量和重量进行复验，复验费由买方负担。但若发现货物的质量与合同规定不符时，买方有权向卖方索赔，并提供经卖方同意的公证机构出具的检验报告。索赔期限为货物到达目的港(地)后 180 天内。

不可抗力规定：如由于战争、地震或其他不可抗力的原因致使卖方对本合同项下的货物不能装运或迟延装运，卖方对此不负任何责任。但卖方应立即通知买方并于 15 天内通过航空挂号函件寄给买方由中国国际贸易促进委员会出具的证明书，以证明该不可抗力事件的发生。

异议与索赔：凡属品质异议须于货到目的口岸之 60 日内提出，凡属数量异议须于货到目的口岸之 30 日内提出，对所装货物所提任何异议属于保险公司、轮船公司等其他有关运输或邮递机构的责任范畴，卖方不负任何责任。

[操作要求]

请你以诚通贸易公司业务员的身份，根据上述资料用英语拟定销售确认书(图 6.32)中的相关项目。

诚通贸易公司

CHENGTONG TRADE COMPANY

1405 BAIZHANG EAST ROAD NINGBO CHINA

Tel: (86-574)××××××××　　　销　售　确　认　书　　　S/C No.:
Fax: (86-574)××××××××　　　SALES　CONFIRMATION　　DATE:

To Messrs:

谨启者：兹确认售予你方下列货品，其成交条款如下：

Dear Sirs,

We hereby confirm having sold to you the following goods on terms and conditions as specified below:

图 6.32　销售确认书 15

唛头 SHIPPING MARK	货物描述及包装 DESCRIPTIONS OF GOODS, PACKING	数量 QUANTITY	单价 UNIT PRICE	总值 TOTAL AMOUNT

装运港：
LOADING PORT：
目的港：
PORT OF DESTINATION：
装运期限：
TIME OF SHIPMENT：
分批装运：
PARTIAL SHIPMENT：
转船：
TRANSSHIPMENT：
保险：
INSURANCE：
付款条件：
TERMS OF PAYMENT：

  买方须于____年____月____日前开出本批交易的信用证(或通知售方进口许可证号码)，否则，售方有权不经过通知取消本确认书，或向买方提出索赔。

  The Buyer shall establish the covering Letter of Credit(or notify the Import License Number)before____, falling which the Seller reserves the right to rescind without further notice，or to accept whole or any part of this Sales Confirmation non-fulfilled by the Buyer,or, to lodge claim for direct losses sustained, if any.

  凡以 CIF 条件成交的业务，保额为发票价的____%，投保险别以销售确认书中所列列的为限，买方如果要求增加保额或保险范围，应于装船前经卖方同意，因此而增加的保险费由买方负责。

  For transactions conclude on CIF basis，it is understood that the insurance amount will be for____% of the invoice value against the risks specified in Sales Confirmation. If additional insurance amount or coverage is required, the Buyer must have consent of the Seller before Shipment, and the additional premium is to be borne by the Buyer.

  买卖双方同意以装运港中国出入境检验检疫局签发的质量证书作为信用证项下议付所提交的单据的一部分，买方有权对货物的质量和重量进行复验，复验费由买方负担。但若发现质量与合同规定不符时，买方有权向卖方索赔，并提供经卖方同意的公证机构出具的检验报告。索赔期限为货物到达目的港(地)后____天内。

  It's mutually agreed that the Certificate of Quality issued by the China Exit and Entry Inspection and Quarantine Bureau at the port of shipment shall be part of the documents to be presented for negotiation under the relevant L/C. The Buyers shall have the right to reinspect the quality of the cargo. The reinspection fee shall

图 6.32 销售确认书 15(续)

be borne by the Buyers. Should the quality be found not in conformity with of the contract, the Buyers are entitled to lodge with the Sellers a claim which should be supported by survey reports issued by a recognized surveyor approved by the Sellers. The Claim, if any, shall be lodged within____days after arrival of the goods at the port of destination.

如由于战争、地震或其他不可抗力的原因致使卖方对本合同项下的货物不能装运或迟延装运，卖方对此不负任何责任。但卖方应立即通知买方并于____天内航空挂号函件寄给买方由中国国际贸易促进委员会出具的证明书，以证明该不可抗力事件的发生。

If the shipment of the contracted goods is prevented or delayed in whole or in part by reason of war, earthquake or other causes of Force Majeure, the Seller shall not be liable. However, the Seller shall notify the Buyer immediately and furnish the letter by registered airmail with a certificate issued by the China Council for the Promotion of International Trade attesting such event or events within____days.

如买方提出索赔，凡属品质异议须于货到目的口岸之____日内提出，凡属数量异议须于货到目的口岸之____日内提出，对所装货物所提任何异议属于保险公司、轮船公司等其他有关运输或邮递机构的责任范畴，卖方不负任何责任。

In case of quality discrepancy, Claim should be filed by the Buyer within ____ days after the arrival of the goods at port of destination; while for quantity discrepancy, claim should be filed by the Buyer within ____ days after the arrival of the goods at port of destination. It is understood that the seller shall not be liable for any discrepancy of the goods shipped due to causes for which the Insurance Company, Shipped Company other transportation organization or Post Office are liable.

图 6.32 销售确认书 15(续)

2. 根据往来电文草拟合同

经理与一家日本商社谈判两周，终于达成交易，现在请你根据以下函电往来(图 6.33)，制定售货合同(图 6.34)。

Incoming Dec. 8	GBW32 BASKETBALL GBW322 FOOTBALL GBW400 VOLLEYBALL PLS CABLE PRESENT PRICE AND AVAILABLE QUANTITY FOR JAN SHPMT
Outgoing Dec. 10	YC 8TH REF. PRICE CIF OSAKA TRAIN BRAND GBW32 BASKETBALL USD 2.25 GBW322 FOOTBALL 2.80 GBW400 VOLLEYBALL 1.50 IN CARTONS OF 50 PCS 3000 PCS EACH FOR FEB SHPMT
Incoming Dec. 11	YC 10TH INTERESTED 3000 PCS EACH JAN SHPMT PLS OFFER FIRM
Outgoing Dec. 15	YOURS 11TH OFFER 2000 PCS GBW32 USD2.25 2000 PCS GBW322 2.80 3000 PCS GBW400 1.50 JAN SHPMT LC SIGHT
Incoming Dec. 17	YC 15TH USD 2.10 2.50 1.40 7000 PCS JAN PLUS 1000 PCS GBW32 GBW322 EACH FEB LC 30 DAYS SIGHT
Outgoing Dec. 19	YOURS 17TH 3000 PCS EACH GBW32 2.12 GBW322 2.55 GBW400 1.43 JAN/FEB SHIPMENT INSURANCE AMOUNT 120 PERCENT INVOICE VALUE AGAINST ALL RISKS WAR RISKS OTHERS SAME AS OURS 15TH
Incoming Dec. 22	ACCEPT GBW32 GBW400 PLS FORWARD SC

图 6.33 函电往来

SALES CONFIRMATION S/C No.: 201RM11 Date: The Seller: Yueda Sports Trading Co.Ltd. Address: 783 Nanjing(w)Road ShangHai , China			The Buyer: Lengend International Company Address: 1-Chumani , Nakime Osaka, Japan		
Art. No.	Commodity & Specifications	Unit	Quantity	Unit Price (US$)	Amount (US$)

TOTAL CONTRACT VALUE:

PACKING:

TERMS OF SHIPMENT:

TERMS OF PAYMENT:

TERMS OF INSURANCE:

Confirmed by:
THE SELLER   THE BUYER

(signature)   (signature)

图 6.34 销售合同空表

课后训练

1. 包装条款翻译

(1) 每20件装一盒子，10盒子装一纸箱，共500纸箱。

(2) 经磋商，买卖双方同意：货物将以适合远洋运输的纸箱包装，每箱装10打，共计560箱。卖方应在纸箱上刷有货号、毛重、净重、货物原产地及信用证规定的运输标记。

那么，合同中的英文包装条款应为：

(3) 经磋商，买卖双方同意：以适合长途海运的木箱包装，每箱装30只，共计400箱。卖方应在木箱上刷有货号、毛重、净重及信用证规定的运输标记。

那么，合同中的英文包装条款可拟定为：

2. 装运条款翻译

(1) 2009年12月31日前从上海港运至纽约港，不允许分批和转运。

(2) 在2009年7月、8月和9月从大连港分3批平均装运，目的港为伦敦，允许分批和转运。

(3) 经协商，买卖双方同意：装船口岸暂定为上海，目的口岸暂定为大阪，经买卖双方同意时可作变更；2009年5~7月按月分3批等量出运。

那么，合同的装运条款可订立为：

(4) Shipment within 30 days after receipt of L/C which must reach the seller not later than the end of June 2009 failing which the Seller reserves the right to cancel this without further notice.

(5) Shipment to be effected on or before(not later than, latest on)July 31, 2009 from Shanghai to London with partial shipments and transshipment permitted.

3. 保险条款翻译

(1) 由卖方以发票金额的110%投保一切险和战争险，根据中国人民保险公司1981年1月1日的海洋运输货物保险条款为准。

(2) 保险由卖方按发票金额的110%投保伦敦货物协会险A险，按伦敦保险业协会1982年1月1日货物(A)险条款。

(3) 经协商，买卖双方同意由卖方按发票金额加一成投保一切险和战争险。

那么，销售合同中的保险条款可拟定为：

(4) Seller shall cover — as per the People's Insurance Company of China(the risks are several types such as From Particular Average, With Particular Average and All Risks).

(5) The amount insured of all transactions on the basis of CIF is 110% of the invoice. The risk is decided by the stipulations in the sales contract. If the buyer require adding the amount insured or the covering range, the consent shall be got from the seller before the shipment and the extra premium shall be born by the buyer.

(6) For transactions concluded on CIF basis, it is understood that the insurance amount will be 110% of the invoice value against the risks specified in the S/C. If additional insurance amount or coverage is required, the extra premium is to be borne by the Buyer.

4. 支付条款翻译

(1) 买方应于2009年12月15日之前将100%的货款用电汇预付给卖方。

(2) 买方凭卖方的即期汇票见票即付，付款后交单。

(3) 买方对卖方开具的见票后30天付款的汇票，于提示时即予承兑，并于汇票到期日付款，付款后交单。

(4) 买方应通过为卖方可接受的银行开立于装运月份前30天寄至卖方的不可撤销即期信用证，有效至装运日后15天在中国议付，但在信用证有效期之内。那么，合同的支付条款可拟定为：

(5) 经协商，买卖双方同意付款方式为：不可撤销、可转让的即期跟单信用证，凭卖方根据95%发票金额开立的汇票支付。

若此时卖方有现货供应，则销售合同中完整的支付条款应订为：

(6) 经磋商，买卖双方同意10%的货款在合同签字之日起10日内电汇预付，剩余部分凭不可撤销即期议付信用证支付，信用证须在本月底开到。

那么，合同的支付条款可拟定为：

(7) The buyer shall pay in advance(after signing of this Contract)100% of the sales proceeds by T/T(M/T; a banker's demand draft)to reach the seller on or before Nov. 20th, 2009.

(8) The buyers shall duly accept the documentary draft drawn by the sellers at 30 days after date of B/L upon first presentation and make payment on its maturity. The shipping documents are to be delivered against payment(acceptance)only.

项目 7

履行合同
LÜXING HETONG

【项目导入】

宁波诚通贸易公司收到 PR VALVES'LLC 开出的信用证后,立即审证,无异议。李玮开始与工厂联系进行备货,同时,根据合同和信用证的规定缮制商业发票、装箱单和订舱委托书,向国际货运代理公司办理出口货物托运手续,受 PR VALVES'LLC 的委托向保险公司办理出口货物运输保险,并按代理报关委托书与委托报关协议,委托货运代理公司代办报检和报关手续。货物装船后获取提单,在信用证有效期内和交单期限内缮制商业汇票,并随附全套结汇单据向指定银行进行议付。

【知识目标】

1. 掌握办理货物托运的手续及所需提供单据的缮制技巧;
2. 掌握办理报检的程序及所需提供单据的缮制技巧;
3. 掌握办理出口报关的程序及所需单据的缮制技巧;
4. 掌握办理投保的手续及所需单据的缮制技巧;
5. 掌握办理电放业务的程序及操作过程中的注意事项;
6. 掌握办理托收业务的流程及注意事项。

【能力目标】

1. 能够独立办理货物的托运手续并提供所需单据；
2. 能够办理出口货物报检及提供所需单据；
3. 能够办理出口报关及提供所需单据；
4. 能够为货物办理投保手续及提供所需单据；
5. 能够熟练办理电放业务；
6. 能够办理托收业务。

【任务分解】

任务 7.1　备货与托运；

任务 7.2　报检与报关；

任务 7.3　运输与投保；

任务 7.4　结算与结汇——电放；

任务 7.5　结算与结汇——托收；

任务 7.6　出口收汇核销；

任务 7.7　出口退税。

 任务 7.1　备货与托运

7.1.1　操作步骤

(1) 在与部门主管沟通后向生产部门下达工作联系单。
(2) 负责监督货物的生产，包括品质、数量、包装、交货时间等。
(3) 与本公司的跟单员联系，要求其按照合同及信用证的要求，对货物进行清点及核对。
(4) 与货运代理公司联系托运事宜。

7.1.2　操作分析

1. 按照合同和信用证的要求下达生产联系单和唛头通知书

(1) 拟定一份生产联系单(或生产通知单)，生产联系单(或生产通知单)的内容与格式见表 7-1 和表 7-2。

表 7-1 生产联系单

制单编号：02110　　　　　落数：1　　　　　载数：____　　　　　总重量：____　　　　　制单日期：2009.1.10　　　　　FOB：____
款号：09-406-004　　　　　　　　　　　　　　　　回货数：____　　　　　用量：____　　　　　落货日期：2009.5.19　　　　　售价：____
款式图：男装圆领光羊毛
布类：100%丝光羊毛
克重：550克

厂名：____

颜色 号型	S	M	L	XL	XXL
	165　100	170　105	175　110	180　115	180　120
比例	2	4	3	1	
A版	120	240	180	60	
宝蓝 8100	2 055	1 935	1 995	2 115	
枣红 8100	2 055	1 935	1 995	2 115	
咖啡红 8100	2 055	1 935	1 995	2 115	
黑色 8100	2 055	1 935	1 995	2 115	
总 32 400 件	8 220	7 740	7 980	8 460	

尺寸 号型	S	M	L	XL	XXL
	165　100	170　105	175　110	180　115	180　120
衫长（膊夹下 1/2）	25 1/2	26 1/2	27 1/2	28 1/2	29 1/4
胸阔	21	21 3/4	22 1/2	23 1/4	24
袖长（后中度）	17 3/4	18 1/2	19 1/4	20	20 3/4
膊阔	31 7/8	32 4/3	33 5/8	34 1/2	35 3/8
袖口阔	7 1/4	7 3/4	8 1/4	8 3/4	9 1/4
领阔（骨至骨）	4	4	4 1/2	4 1/2	4 1/2
前领深	7	7	7 3/4	7 3/4	7 3/4
领高	2				
袖口，衫脚高		1	1 1/4		

(1) 请接布或接裁片后(24小时内)做一件批办回公司，本公司批办后方可大货生产
(2) 请接布或接裁片后(36小时内)做齐色办各1件(男装L码，女装M码)和生产部存办1件(M码)回本公司
(3) 注意领贫尺寸，偏差不得超过±1/4，要保证过头
(4) 衫长、袖长、胸阔、脚阔偏差不得超过±1/2
(5) 其他尺寸不可以有偏差，袖口要保证过手
(6) 牛角袖、袖口、衫脚加丈根，配色不能错
(7) 要用小胶袋装饰皮毛

表 7-2 生产通知单

编号：FH-09-02　　　A 版　　　　　　　　　　　　　　　　　　　　　　NO.：

需方单位名称		合同号		需方联系人		电话	
序号	制造产品名称	规格型号		数量	技术标准、质量要求		
1							
2							
3							
4							
5							
6							
7							
8							
技术说明							
交货时间	年　月　日	交货地点					
		包装格式			运输方式		生产班组
通知任务时间	年　月　日	通知人姓名					
生产批准时间	年　月　日	批准人					
接单时间	年　月　日	生产主管经理					

注：1. 本通知壹式肆份，分别由通知人、批准人、生产主管经理及生产班组存备，相关人员必须按规定要求认真填写并检查执行不得有误。

2. 本通知单产品：其技术标准，产品规格型号、数量已定，生产部门必须按通知时间优质完成。

3. 本通知制造产品及技术标准由生产主管经理交由生产车间安排工班制造，并通知质管部随时配合检查生产质量。

审核：　　　　　　　　　　　　　　　　　　　　　　　　　　　　填表：

(2) 拟定一份唛头通知书，唛头通知书的内容与格式如图 7.1 所示。

诚通贸易公司

CHENG TONG TRADE COMPANY

1405 BAIZHANG EAST ROAD NINGBO 315005, CHINA

TEL: 0086-574-××××××××   FAX: 0086-574-××××××××

To：生产部一部　王科长

合同号为 ASO2001003 项下，1 700 箱彩织 T 恤如下：

1. 外包装种类：五层瓦楞纸箱
2. 外包装规格：2 层×24 件
3. 唛头：
   ROSE BRAND
   178/1 700
   RIYADH
4. 纸箱的一长边印阿拉伯文纸箱图案，另一长边印英文纸箱图案；一短边印唛头，字体为黑色，另一短边空白。
如下图所示：

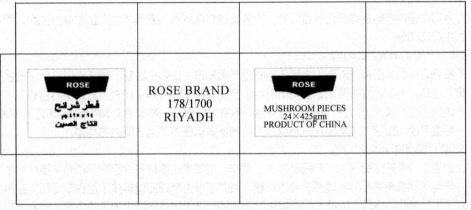

图 7.1　唛头通知书

2．与跟单员一起落实备货

(1) 跟进生产进度。

(2) 跟进出口包装。

(3) 与跟单员一起清点将要出口的货物。

3．办理订舱及相关单证的缮制

(1) 卖方及时与一家国际货运代理公司联系。

(2) 买方按照合同和信用证的要求缮制商业发票、装箱单和订舱委托书。

(3) 卖方向该国际货运代理公司办理托运手续。

🔍【知识链接】

一、生产进度跟进的要求

生产进度跟进的基本要求是使生产企业能按订单及时交货。及时交货就必须使生产进度与订单交货期相吻合，尽量做到不提前交货，也不延误交货。生产进度跟进的流程是"下达生产通知单、制订生产计划及跟踪生产进度"。

1. 按时交货跟进要点
(1) 加强与生产管理人员的联系，明确生产、交货的权责。
(2) 减少或消除临时、随意的变更，规范设计、技术变更要求。
(3) 掌握生产进度，督促生产企业按进度生产。
(4) 加强产品质量、不合格产品、外协产品的管理。
(5) 妥善处理生产异常事务等。

2. 生产企业不能及时交货的主要原因
(1) 企业内部管理不当。如紧急订单插入，生产安排仓促，导致料件供应混乱，延误生产交货。
(2) 计划安排不合理或漏排。原材料供应计划不周全、不及时，停工待料，在产品生产加工各工序转移过程中不顺畅，导致下道工序料件供应延误。
(3) 产品设计与工艺变化过多。图纸不全或一直在变动，使车间生产无所适从，导致生产延误。
(4) 生产设备跟不上。设备维护保养欠缺，设备故障多，影响生产效率的提高。
(5) 产品质量控制不好。不合格产品增多，产品合格率下降，影响成品交货数量。
(6) 产能不足，且外协计划调度不当或外协厂商选择不当，生产分配失误等。

二、下达生产通知单

外贸业务员在国内收购合同或订单签订后，需要及时将合同落实到具体生产企业进行生产，更要监督生产企业下达生产通知单。

1. 落实生产通知单的各项内容

业务员接到订单后，应将其转化为生产任务的生产通知单，在转化时应明确客户所订产品的名称、规格型号、数量、包装、出货时间等要求。业务员需与生产企业或本企业有关员责人对订单内容逐一进行分解，转化为生产企业的生产通知单内容，在对外交货时间不变的前提下，对本通知单内涉及的料号、规格、标准、损耗等逐一与生产部门衔接。不能出现一方或双方含糊不清或任务下达不明确的问题。

2. 协调生产通知单遇到的问题

有时会发生生产通知单受到生产车间具体生产操作上的技术、原材料供应等问题而不能顺利生产。业务员需要进一步与车间或有关部门协调解决具体问题，及时了解生产通知单具体下达到车间后，在执行时遇到的问题。对于生产车间不能解决的技术问题或生产出来的产品无法达到客户要求的情况，业务员应及时与有关部门衔接，在技术问题无法解决前，不能生产。

3. 做好生产通知后的应急事件处理

许多生产厂家为接订单，有时会出现抢单情况。即生产企业为保证企业生产开工，对于一些自认为可以生产的产品，在生产工艺、技术设备还达不到要求的情况下，冒险对外承诺，冒险对外接单。一旦订单下达，企业内部具体安排生产时，受到生产车间技术、设备、工艺等达不到要求的影响，一时又无法解决外协的可能。在这种情况下，会给按时、按质、按量完成交货带来严重的影响。业务员需要反复核实，并做好多种应急事件处理的准备工作，或及时调整生产通知单个别内容，或及时调整生产厂家另行下达生产通知。

三、出口企业备货过程

1. 出口方签订加工合同

出口商按照合同和信用证的规定，需要按时、按质和按量准备好交付的货物，要向生产该商品的厂家订货，签订加工合同，委托厂家按合同或信用证要求进行生产和包装，并将运输标志清晰地刷在外包装的两端。

2. 备货工作应注意的问题

备货是指卖方按出口合同和信用证的规定，向生产或供货单位下达生产联系单(或生产通知单)，安排生产或采购货物，由外贸公司对货物进行验收。

出口备货是卖方履行交货的物质基础，必须做好出口备货工作。在出口备货工作中，应注意的事项主要有：①交付货物的品质、规格一定要符合合同和信用证的规定，既不能偏高，也不能偏低，更不能以次充好；

②备货的数量应比合同规定的稍多一些,如果发现货物短缺或损坏时,能及时补足或更换;③交付货物的包装必须符合合同和信用证的规定,包装材料和包装方法必须适合运输方式,唛头要字迹清晰,位置醒目;④备货的时间应按照合同和信用证规定的交货期限并结合船期安排,尽可能做到船货衔接,严防脱节;⑤若货物比较特殊,不易转售,出口方最好在收到信用证并审核无误后,再开始备货,以免对方不开证而给自己造成损失;⑥交付的货物必须是第三方不能提出任何权利或请求的,如侵犯他人的知识产权等。

【操作示范1】

诚通贸易公司与苏州服装厂签订加工合同,如图 7.2 所示。

加 工 合 同

编号:RXT26

甲方:苏州服装厂　　　　　　　　　　乙方:诚通贸易公司
地址:苏州市人民路 11 号　　　　　　地址:宁波市百丈东路 1405 号
电话:(0512)×××××××　　　　电话:(86-574)××××××××

　　双方为开展来料加工业务,经友好协商,特订立本合同。
　　第一条　加工内容
　　乙方向甲方提供加工全棉色织 T 恤衫 6 000 件,灰色 2 000 件(M、L、XL)、绿色 2 000 件(M、L、XL)、蓝色 2 000 件(M、L、XL)所需的原材料,甲方将乙方提供的原材料加工成产品后交付乙方。
　　第二条　交货
　　乙方在 2009 年 5 月 22 日向甲方提供 12 600 米原材料,并负责运至苏州车站交付甲方;甲方在收到原材料后,在 2009 年 6 月 12 日前将加工好的成品 6 000 件负责运至吴淞港口交付乙方。
　　第三条　来料数量与质量
　　乙方提供的原材料须含 2%的备损率,并符合工艺单的规格标准。如乙方未能按时、按质、按量提供给甲方应交付的原材料,甲方除对无法履行本合同不负责外,还得向乙方索取停工待料的损失。
　　第四条　加工数量与质量
　　甲方如未能按时、按质、按量交付加工产品,应赔偿乙方所受的损失。
　　第五条　加工费与付款方式
　　甲方为乙方进行加工的费用,每套人民币 20 元。乙方结汇后 45 天内向甲方支付全部加工费。
　　第六条　运输
　　乙方将成品运交甲方指定的地点,运费由乙方负责。
　　第七条　不可抗力
　　由于战争和严重的自然灾害及双方同意的其他不可抗力引起的事故,致使一方不能履约时,该方应尽快将事故通知对方,并与对方协商延长履行合同的期限。由此而引起的损失,对方不得提出赔偿要求。
　　第八条　仲裁
　　本合同在执行期间,如发生争议,双方应本着友好方式协商解决。如未能协商解决,提请中国上海仲裁机构进行仲裁。
　　第九条　合同有效期
　　本合同自签字之日起生效。本合同正本一式两份,甲乙双方各执一份。
　　本合同如有未尽事宜,或遇特殊情况需要补充、变更内容,须经双方协商一致。

合同专用章
甲方:(盖章)苏州服装厂
委托代理人:王芳
2009 年 5 月 15 日

合同专用章
乙方:(盖章)诚通贸易公司
委托代理人:诚通
2009 年 5 月 15 日

图 7.2　加工合同

【知识链接】

办理订舱

一、订舱业务流程

订舱业务流程如图 7.3 所示。

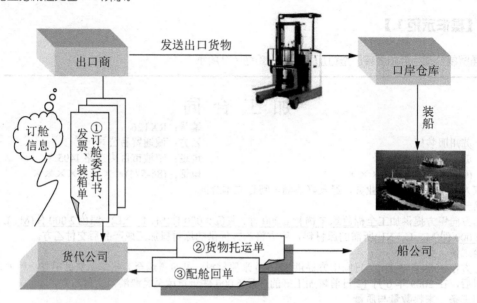

图 7.3　出口货物订舱业务流程

1. 托运订舱的一般程序

(1) 外运公司根据各口岸提出的要船计划，会同交通部门安排船位，制定月度海运出口船期表(内列航线、船名、船期、重量吨和装卸港)，分发给各外贸企业，各外贸企业可据此进行备货、催证等有关工作。

(2) 外贸企业在审核信用证符合要求和备妥货物后，即可办理托运。一般是委托货代公司代为办理。外贸公司要认真填写托运单，并及时交外运公司，作为订舱的依据。

(3) 外运公司收到托运单后，审核托运单，并会同外轮代理公司，在确定装运船舶后，将托运单的配舱回单退回，并将全套装货单交给外贸企业填制，填制好后交还外运公司，然后由外运公司代表外贸公司作为托运人向外轮代理公司办理货物托运手续。

(4) 外运公司根据船期代各外贸企业在仓库提货后送进码头，凭装货单装船。

(5) 货物装船前，托运人必须向海关申请报关。

(6) 货物装船完毕后，由船长或大副签发"收货单"(又称大副收据，Mate's Receipt)。

(7) 发货人持大副收据到外轮代理公司换取正式提单。

2. 集装箱运输出口操作程序

(1) 订舱(订箱)。货代填制托运单，办理订箱手续。

(2) 接受托运并出具手续。船公司或其代理接受订舱后应在托运单上填制船名、航次和编号(该编号应与事后签发的提单号一致)，同时还应在装货单上加盖船公司或其代理的图章以示确认，然后将有关各联退还发货人，或供货代办理报关、装船和换取提单之用。

(3) 发送空箱。整箱货所需货箱由船公司或其代理运交，或由发货人领取；拼箱货所需箱数由货运站领取。

(4) 整箱货的装箱与交货。发货人收到空箱后，应在装箱前(不晚于 24 小时)向海关报关，并在海关监督下装箱。装毕，由海关在箱门处施加铅封，铅封上的号码称为"封志(Seal)"，然后发货人或货代应及时将重箱和场站收据一并送往堆场，堆场点收货箱无误后，代表船方在场站收据上签字并将该收据退还来人，证明已收到所托运的货物，并开始承担责任。

（5）拼箱货的装箱与交货。发货人亦应先行报关，然后将货物递交货运站，但也可委托货运站办理报关，如属这种情况，则发货人应将"报关委托书"及报关所需单证连同货物一并交货运站。货运站收货后进行拼装。这时最好派人去现场监装，以防短装、漏装、错装。货运站点收货物或在拼箱完毕后代表船方在场站收据上签字并将该收据退交发货人，证明收到托运货物并开始承担责任。

（6）货物进港。发货人或货运站接到装船通知后于船舶开装前5天将重箱运进指定港区备货，通常在船舶吊装前24小时截止货箱进港。

（7）换取提单。场站收据是承运人或货运站收货的凭证，也是发货人凭以换取提单的唯一凭证。

（8）货箱装船。集装箱船在码头靠泊后，便由港口货公司的理货人员按照积载计划进行装船。

（9）寄送资料。船公司或其代理应于船舶开航前2小时向船方提供提单副本、仓单、装箱单、积载图、特种集装箱清单、危险货物说明书、冷藏集装箱清单等随船资料，并于起航后（近洋24小时内，远洋48小时内）以电告或邮寄方式向卸货港或中转港发出卸船的必要资料。

二、商业发票

1．商业发票的种类

商业发票(Commercial Invoice)是卖方向买方签发的载明货物的品质、数量、包装和价格，并凭以索取货物的凭证。发票根据作用的不同，可以分为商业发票(Commercial Invoice)、海关发票(Customs Invoice)、形式发票(Proforma Invoice)、领事发票(Consular Invoice)、厂商发票(Manufacturer's Invoice)、联合发票(Combined Invoice)和证实发票(Certified Invoice)等。其中，商业发票是出口业务结汇中极重要的单据之一，是单证工作的核心单据。

2．商业发票的作用

（1）发票是买卖双方收付货款和记账的依据。

（2）发票是买卖双方办理报关、纳税和计算佣金的依据。

（3）如信用证中不要求提供汇票，发票可代替其作为付款的依据。

（4）发票是全套结汇单据的核心，是缮制其他出口单据的主要依据。

3．商业发票的缮制

商业发票由出口企业自行拟制，无统一格式，但基本内容和缮制方法大致相同。

（1）出票人的名称与地址(Exporter's Name and Address)。出票人的名称、地址应与合同的卖方或信用证的受益人的名称、地址相同。

（2）发票名称(Name of Document)。发票名称应用英文粗体标出"Commercial Invoice"或"Invoice"字样。如果信用证指定"Detailed Invoice"或"Receipted Invoice"等发票名称时，应照办。

（3）发票编号(No.)。发票编号由出口方根据本公司的实际情况自行编制，是全套结汇单据的中心编号。

（4）发票日期(Date)。发票日期应晚于合同和信用证的签发日期，在结汇单据中发票是最早签发的单据。

（5）信用证编号(L/C No.)。信用证项下的发票必须填信用证号码，其他支付方式下可不填。

（6）合同编号(Contract No.)。合同编号应与信用证中列明的编号一致，信用证未规定合同编号，可不填。其他支付方式下，必须填入。

（7）收货人(Messrs)。信用证方式下须按信用证规定的填制，收货人一般是开证申请人。托收方式下，收货人通常是买方。填写时，名称和地址不应同行放置，应分行表明。

（8）航线(from…to…)。填写货物实际的起运港(地)、目的港(地)，如货物需经转运，应把转运港(地)的名称表示出来。例如，From Shanghai to London W/T Rotterdam；From Guangzhou to Piraeus W/T Hongkong by steamer．如货物运至目的港后再转运内陆城市，可在目的港下方打"In transit to…to…"或"In transit"字样。

（9）唛头及件号(Marks and Numbers)。发票唛头应按信用证或合同规定的填制，通常包括收货人简称、参考号码、目的地和货物总件数。如未作具体的规定，则填写"N/M"。

(10) 货物描述(Description of Goods)。货物描述一般包括品名、品质、数量和包装等内容。信用证方式下必须与信用证的描述一致,省略或增加货名的任何字或句,都会造成单证不符。如为其他支付方式,应与合同规定的内容相符。

(11) 单价及价格术语(Unit Price and Trade Terms)。完整的单价应包括计价货币、单位价格、计量单位和贸易术语。例如, USD200.00 Per DOZ CIF London。价格术语关系到买卖双方风险和费用的划分,也是海关征税的依据,必须正确表述。

(12) 总值(Total Amount)。发票总额不能超过信用证金额,对于佣金和折扣应按信用证的规定处理。如果来证要求分别列出运费、保险费和 FOB 价格,必须照办;如果来证要求分别扣除佣金和折扣后列出净价格,也必须照办。

(13) 声明文句及其他内容(Declaration and other Contents)。根据信用证的规定或特别需要在发票上注明的内容,如进口许可证号码和证明文句等。

(14) 出票人签章(Signature)。通常出票人签章,是在发票的右下角打上出口方公司的名称,并由经办人签名或盖章。如信用证规定手签(Manually Signed),则必须按规定照办。对墨西哥、阿根廷的出口,无论信用证是否规定,都必须手签。

三、装箱单

1. 装箱单的含义

装箱单(Packing List or Packing Specification)又称包装单、码单,是用以说明货物包装细节的清单。装箱单的作用主要是补充发票内容,详细记载包装方式、包装材料、包装件数、货物规格、数量、重量等内容,便于进口方和海关等对货物进行核准。

2. 装箱单的主要内容与缮制方法

装箱单无统一格式,各出口企业制作的装箱单大致相同。其主要内容和缮制方法如下。

(1) 出口企业的名称和地址(Exporter's Name and Address)。出口企业的名称、地址应与发票同项内容一致,缮制方法相同。

(2) 单据名称(Name of Document)。单据名称通常用英文粗体标出。常见的英文名称有 Packing List(Note),Packing Specifications,Specifications。实际使用中,应与信用证要求的名称相符。倘若信用证未作规定,可自行选择。

(3) 装箱单编号(No.)。装箱单编号一般填发票号码,也可填合同号。

(4) 出单日期(Date)。出单日期填发票签发日,不得早于发票日期,但可晚于发票日期1~2天。

(5) 唛头(Shipping Marks)。唛头制作要符合信用证的规定,并与发票的唛头相一致。

(6) 品名和规格(Name of Commodity and Specifications)。品名和规格必须与信用证的描述相符。规格包括商品规格和包装规格,如 "Packed in polythene bags of 6kgs each, and then in inner box, 20boxes to a carton(每6千克装一塑料袋,每袋装一盒,20盒装一纸箱)"。

(7) 数量(Quantity)。数量填写实际件数,如品质规格不同,应分别列出,并累计其总数。

(8) 单位(Unit),指外包装的包装单位,如箱、包、桶等。

(9) 毛重(Gross Weight)。毛重填外包装每件重量,规格不同要分别列出,并累计其总量。

(10) 净重(Net weight)。净重填写每件货物的实际重量,并累计其总量。

(11) 尺码(Measurement)。尺码填写每件包装的体积,并表明总尺码。

(12) 签章(Signature)。出单人签章应与商业发票相符,如果信用证规定中性包装,此栏可不填。

四、订舱委托书

订舱委托书无统一格式,但各货运代理公司制作的内容大致相同。其主要缮制方法如下。

(1) 经营单位。通常填写出口方名称,并与发票同项内容一致。

(2) 编号。订舱委托书编号由货运代理公司提供,并由其填写。

(3) 发货人。填写实际发货人的名称。

(4) 收货人。应根据信用证的规定填写。

(5) 通知人。通常填写进口方公司的名称,并注明地址和通信号码。
(6) 海洋运费。CIF 和 CFR 选择预付,FOB 选择到付。
(7) 毛重。填写本批货物总的毛重数量。
(8) 尺码。填写本批货物总的体积数。

【操作示范 2】

办理订舱手续的实例。

1. 缮制商业发票

发票是单证业务中的核心单据,是其他单据缮制的依据。发票是收付货款和记账的凭证。发票的总金额应用大小写来表示,以避免篡改。商品的规格、数量、单价和金额应横竖对齐,简明整洁。

缮制的商业发票如图 7.4 所示。

诚通贸易公司
CHENGTONG TRADE COMPANY
1405 BAIZHANG EAST ROAD NINGBO CHINA

COMMERCIAL INVOICE

Tel: 86-574-××××××× INV. NO.: RX0522
Fax: 86-574-××××××× DATE: JUN.10,2009
TO: S/c NO.: RXT26
  L/C NO.: XT173

TKARMRA CORPORATION 1-5, KAWARA MACH OSAKA JAPAN

FROM   NINGBO PORT   TO   OSAKA PORT

MARKS&NO.	DESCRIPTIONS OF GOODS	QUANTITY	U/PRICE	AMOUNT
T. C	100%COTTON		CIF OSAKA	
RXT26 OSAKA	COLOUR WEAVE T-SHIRT			
C/NO. 1-300	RM111	2 000PCS	USD 11.00	USD22 000.00
	RM222	2 000PCS	USD 10.00	USD20 000.00
	RM333	1 000PCS	USD 9.50	USD9 500.00
	RM444	1 000PCS	USD 8.50	USD8 500.00
	PACKED IN ONE CARTON OF 20 PIECES EACH			USD60 000.00

TOTAL AMOUNT: SAY US DOLLARS SIX THOUSAND ONLY.
WE HEREBY CERTIFY THAT THE CONTENTS OF INVOICE HEREIN ARE TRUE
AND CORRECT

CHENGTONG TRADE COMPANY   诚通贸易公司

CHENGTONG

图 7.4 商业发票

2. 缮制装箱单

装箱单的编号、日期通常采用发票号码和日期,便于业务管理。商品的规格、数量、包装数量、毛重、净重和体积等应层次分明,横竖整齐,简洁美观。总包装数量应用英文大写表示,比较规范。装箱单是办理订舱手续的随附单据,是进口地海关和收货人核对货物的依据。

缮制的装箱单如图7.5所示。

诚 通 贸 易 公 司
CHENGTONG TRADE COMPANY
1405 BAIZHANG EAST ROAD NINGBO CHINA

PACKING LIST

Tel: 86-574-×××××××× 　　　　　　INV. NO.: RX0522
Fax: 86-574-×××××××× 　　　　　　DATE: JUN. 10, 2009
　　　　　　　　　　　　　　　　　　s/c NO.: RXT26
　　　　　　　　　　　　　　　　　　MARKS & NOS
TO:　　　　　　　　　　　　　　　　T. C
TKARMRA TRADING CORPORATION 　　　RXT26
1-5,KAWARA MACH OSAKS 　　　　　　OSAKA
JAPAN 　　　　　　　　　　　　　　C/NO. 1-289

C/NOS	GOODS SESCRIPTION & PACKING	QTY (PCS)	G. W (KGS)	N. W (KGS)	MEAS (M³)
	100%COTTON COLOUR WEAVE T-SHIRT				
1-100	RM111	2 000	11/1 100	10/1 000	0.22/22
101-200	RM222	2 000	11/1 100	10/1 000	0.22/22
201-250	RM333	1 000	11/550	10/500	0.22/11
251-300	RM444	1 000	11/550	10/500	0.22/11
	PACKED IN ONE CARTON OF 20 PIECES EACH				
TOTAL		6 000	3 300	3 000	66

SAY TOTAL THREE HUNDRED CARTONS ONLY
　　CHENG TONG TRADE COMPANY
　　　　　　诚通

图7.5 装箱单

3. 缮制订舱委托书

订舱委托书是托运人委托货运代理公司办理订舱的协议书。订舱委托书是货运代理公司向船公司办理订舱和缮制运输单据的依据。订舱委托书中的发货人、收货人和通知人应按照信用证或合同的规定填写。

缮制的订舱委托书如图7.6所示。

宁运货运订舱委托书

经营单位 (托运人)	诚通贸易公司		金 发 编 号	JF0388811
提单 B/L 项目要求	发货人： Shipper: CHENG TONG TRADE COMPANY			
	收货人： Consignee: TO ORDER OF SHIPPER			
	通知人： Notify Party: TKARMRA TRADING CORPORATION1-5. KAWARA MACH OSAKA JAPAN			

海洋运费(√) Sea freight	预付(√)或到付( ) Prepaid or Collect	提单份数	3	提单寄送地址	宁波市百丈东路1405号
起运港	NINGBO	目的港	OSAKA	可否转船	不允许	可否分批	不允许
集装箱预配数		20'×40'×1		装运期限	2009.6.30	有效期限	2009.6.30

标记唛码	包装件数	中英文货号 Description of goods	毛重 (kg)	尺码 (m³)	成交条件 (总价)
T. C RXT26 OSAKA C/NO. 1—300	300箱	10%COTTON COLOUR WEAVE T-SHIRT 全棉色织T恤衫	3 300	66	USD 60 000.00

内装箱(CFS)地址	宁波市宁横路2960号三号门 电话：8820682×215	特种货物 □冷藏货 □危险品	重件：每件重量	
门对门装箱地址	上海市中山路1321号		大件 (长×宽×高)	
		特种集装箱：( )		
外币结算账号	THY6684321337	物资备妥日期	2009年6月16日	
		物资进栈：自送(√)或金发派送( )		
声明事项		人民币结算单位账号	SZR80066686	
		托运人签章		
		电话	××××××××	
		传真	××××××××	
		联系人	诚通	
		地址	宁波市百丈东路1405号	
		制单日期：2009年6月11日		

图7.6 订舱委托书

任务 7.2 报检与报关

7.2.1 操作步骤

(1) 买方在货物装运前委托货运代理公司代办报检和报关手续,填写报检委托书和报关委托书,并随附商业发票、装箱单、合同等有关单据。

(2) 货运代理公司填写出境货物报检单,向出入境检验检疫局办理报检手续。

(3) 货运代理公司办妥报检手续后,携报关单并随附商业发票、装箱单、合同和通关单或检验检疫证书等有关单据,向当地的海关办理出口货物报关手续。

(4) 海关核准无误后,收讫关税,在报关单和装货单上盖放行章。

(5) 港口凭盖有放行章的装货单作为装船的依据,并进行装船。

(6) 船运公司凭收货单或通过货运代理公司向出口方签发海运提单。

7.2.2 操作分析

买方向货运代理公司办理委托报检与报关的手续。

(1) 买方填写报检委托书,报检委托书样本如图 7.7 所示。

(2) 买方填写代理报关委托书,代理报关委托书样本如图 7.8 所示。

(3) 买方准备报检与报关所需的单证,向货运代理公司办理代办手续。

报检委托书

____出入境检验检疫局:

本委托人声明,保证遵守《中华人民共和国进出口商品检验法》、《中华人民共和国进出境动植物检疫法》、《中华人民共和国国境卫生检疫法》、《中华人民共和国食品卫生检疫法》等有关法律、法规的规定和检验检疫机构制定的各项规章制度。如有违法行为,自愿接受检验检疫机构的处罚并负法律责任。本委托人所委托受委托人向检验检疫机构提交的"报检单"和随附各种单据所列内容是真实无讹的。具体委托情况如下:

本单位将于　　　年　　　月间进口/出口如下货物:
品　　名:　　　　　　信用证号:
数(重)量:　　　　　　提　单　号:
合　同　号:　　　　　　船名/航次:
特委托　　　　(地址:　　　　　　　　),代表本公司办理所有检验检疫事宜,其间产生的一切相关的法律责任由本公司承担。请贵局按有关法律规定予以办理。
委托方名称:
单位地址:
邮政编码:
法人代表:
联系电话:
企业性质:
本委托书有效期至　　　年　　月　　日

　　　　　　　　　　　　　　　　　　　　　　　　委托方印章:

　　　　　　　　　　　　　　　　　　　　　　　　　年　　月　　日

图 7.7 报检委托书样本

代理报关委托书

编号：0000000000000

_____：

　　我单位现(A.逐票、B.长期)委托贵公司代理(A.报关查验　B.垫缴税款　C.办理海关证明联　D.审批手册　E.核销手册　F.申办减免税手续　G.其他)等通关事宜。详见《委托报关协议》。

　　我单位保证遵守《海关法》和国家有关法规，保证所提供的情况真实、完整、单货相符。否则，愿承担相关法律责任。

　　本委托书有效期自签字之日起至　　　年　月　　日止。

委托方(盖章)

法定代表人或其授权签署《代理报关委托书》的人：(签字)

年　月　日

委托报关协议

为明确委托报关具体事项和各自责任，双方经平等协商，签订协议如下：

委托方	
主要货物名称	
HS 编码	□□□□□□□□□
进出口日期	年　　　月
提单号	
贸易方式	
原产地/货源地	
传真号码	
其他要求：	

被委托方		
*报关单编码	No.	
收到单证日期	年　月　日	
收到单证情况	合同□	发票□
	装箱清单□	提(运)单□
	加工贸易手册□	许可证件□
	其他	
报关收费	人民币	元
承诺说明：		

背面所列通用条款是本协议不可分割的一部分，对本协议的签署构成了对背面通用条款的同意。

背面所列通用条款是本协议不可分割的一部分，对本协议的签署构成了对背面通用条款的同意。

委托方业务签章：

经办人签章：

联系电话：　　　　　　　　　年　月

被委托方业务签章：

经办报关员签章：

联系电话：　　　　　　　　　年　月

（白联：海关留存　黄联：被委托方留存　红联：委托方留存）　　中国报关协会监制

图 7.8　报关委托书样本

(资料来源：童宏祥. 外贸单证实务[M]. 上海：上海财经大学出版社. 2010.)

【知识链接】

一、进出口货物的报检知识

作为企业的报检员,首先需要了解出口商品的报检范围,其中有一部分是国家规定出口要检验检疫的,称法定检验的报检。另一部分是企业根据外贸合同或自身的需要,向出入境检验检疫机构申请报检的,称非法定检验的报检。

(一) 法定检验的报检

我国现行的法律、行政法规或国际条约、协议规定,有一部分进出口商品及其运输工具必须经过商检机构的检验,对于这类商品及其运输工具的检验称法定检验。法定检验检疫的出口货物的发货人或其代理人应当在检验检疫机构规定的地点和期限内向出入境检验检疫机构报检,未经检验合格的,不准出口。输出动植物、动植物产品和其他检疫物,经检疫合格或者除害处理合格的,准予出境;检疫不合格又缺乏有效方法作除害处理的,不准出境。目前,我国出口商品及其运载工具法定检验报验的范围主要有以下几种。

(1) 列入《出入境检验检疫机构实施检验检疫的进出境商品目录》的出口商品。

(2) 出口食品的卫生检验。

(3) 贸易性出口动物产品的检疫。

(4) 出口危险物品和《进出口商品检验种类表》内商品包装容器的性能检验和使用鉴定。

(5) 装运易腐烂变质食品出口的船舱和集装箱。

(6) 有关国际条约、协议规定须经商检机构检验的出口商品。

(7) 其他法律、行政法规规定须经商检机构检验的出口商品。

(二) 非法定检验或鉴定业务申请报检

非法定检验或鉴定业务申请报检是根据《中华人民共和国进出口商品检验法》及其《中华人民共和国进出口商品检验法实施条例》的规定,根据有关合同的约定或自身的需要,对外经济贸易关系人或者外国检验机构可以申请委托第三方检验机构办理进出口商品鉴定业务,签发鉴定证书。例如,某些出口商品未列入法定检验范围,但是在合同中约定须凭检验检疫机构签发的证书(如品质检验证书、重量或数量检验证书、熏蒸证书)才能要求买方支付价款的,须经由检验检疫机构检验,颁布证书,才能进行对外交货、银行结汇和国外海关通关验放。

(三) 报检的时限与地点

商品检验要严格注意报检的时限和地点。被列入法定检验范围的出口商品,最迟应该在出口报关或装运前7天向检验检疫机构报验。属于法定检验范围以外的出口商品,如果对外经济贸易合同约定由检验检疫机构检验的,也应该在出口报关和装运前7天报检。法定检验范围的出口商品除活动物需由口岸检验检疫机构检疫外,原则上出口商品应在产地检验。如果涉及以下情况,报检的时限有特殊要求。

(1) 属于在产地检验后需要在口岸换证出口的商品,发货人应在商检机构所规定的期限内向口岸商检机构报请查验换证。

(2) 盛装危险货物出口的包装容器,以及属于法定检验范围内的出口商品包装容器,包装生产企业应在将包装容器交付有关商品生产企业使用之前,向商检机构申报性能检验;在装货出口前,出口经营单位应向商检机构申报使用鉴定。

(3) 对装运出口易腐烂变质的食品、冷冻品的船舱、集装箱等运载工具,承运人、装箱单位或代理人必须在装运前向商检机构申请清洁、卫生、冷藏、密固等适载检验。

(4) 经商检机构检验合格的出口商品或其运载工具,逾期报运出口的,发货人或承运人必须向商检机构报验。

二、缮制报检委托书

报检委托书是委托人与受托人进行代理报检业务的协议。报检单位是指经检验检疫机构注册登记,依法接受有关关系人委托,为有关关系人办理报检/申报业务,在工商行政管理部门注册登记的境内企业法人。其主要有专业代理报检单位、国际货物运输代理报检单位、国际船务运输代理报检单位。报检委托书的内容与缮制方法如下。

(1) 出入境检验检疫局的名称。填写出境口岸出入境检验检疫局的名称。

(2) 出口货物的时间。填写该票货物的出口日期。

(3) 品名。填写该票货物的名称,并与发票上的货名一致。

(4) HS 编码。按海关规定的商品分类编码规则填写该出口货物的商品编号。

(5) 数(重)量。填写该票货物的数量或重量,并与其他单据的同项内容一致。

(6) 合同号。填写该票货物的编号。

(7) 信用证号。填写该票货物的信用证编号。

(8) 审批文件。根据有关法律法规的规定,将该出口货物报检时必须提供的文件名称填入此栏。

(9) 其他特殊要求。委托人在报检中必须达到的要求,在此注明。

(10) 受托单位。填写受理该报检业务单位的名称。

(11) 代理内容。选择代理报检业务事宜,在相关事宜前的"□"内打"√"。

(12) 委托人签章。委托人签名盖章,并注明日期。

(13) 受托人签章。受托人签名盖章,并注明日期。

三、报检所需提供的资料

(1) 出境货物报检单(空白报检单的样本如图 7.9 所示)。

(2) 外贸合同(销售确认书或订单)、商业发票、装箱单、以信用证结汇的提供信用证(信用证有特殊要求,应注明)。

(3) 厂检结果单(出境纺织制成品需提供标识查验记录)。

(4) 出境货物运输包装性能检验结果单。

(5) 不具备自营进出口权的企业办理报检,提供出入境检验检疫报检委托书。

(6) 进/来料加工提供加工贸易备案手册。

(7) 实施质量许可、卫生注册的提供注册编号或许可证编号,预包装食品提供《进出口食品标签审核证书》或《标签审核受理决定书》。

(8) 出境特殊物品的,根据法律法规规定应提供的有关审批文件。

四、报关及其程序

报关是指进出境的运输工具的负责人、货物的收发货人及其代理人、物品的所有人、向海关申请办理进出口货物的进出口手续,海关对其呈交的单证和申请进出口的货物依法进行审核、查验、征缴税费、批准进口或者出口的全过程。一般来说,进出口货物的报关可分为四个基本环节,即申报、查验、征税及放行。加工贸易进出口货物,经海关批准的减免税或缓期交纳进出口税费的进口货物,以及其他在放行后一定期限内仍须接受海关监管的货物的报关,可以分为五个基本环节,即申报、查验、征税、放行及结关。

五、缮制代理报关委托书与委托报关协议

自 2005 年 5 月 1 日起在全国正式启用"代理报关委托书/委托报关协议",明确了委托双方的法律地位和各自的责任。其由中国报关协会负责向企业提供,也可由企业按照规范格式在 A4 空白纸上打印自用。其主要缮制方法如下。

(1) 代理报关委托书编号。编号事先已印制。

(2) 委托对象。由委托方填写受理该业务的报关公司或国际货运代理公司的名称。

(3) 委托方式。由委托方根据本公司业务情况选择"逐票"或"长期"委托,在空白处注明方式。

(4) 委托内容。由委托方根据业务在 A、B、C、D、E、F、G、H 中选择委托代理报关项目,并在空白处注明。

中华人民共和国出入境检验检疫
出境货物报检单

报检单位(加盖公章):				* 编　号	
报检单位登记号:		联系人:	电话:	报检日期:	年　月　日

发货人	(中文)	
	(外文)	
收货人	(中文)	
	(外文)	

货物名称(中/外文)		HS 编码		产地		数/重量		货物总值		包装种类及数量	
运输工具名称号码				贸易方式				货物存放地点			
合同号				信用证号				用途			
发货日期				输往国家(地区)				许可证/审批号			
起运地				到达口岸				生产单位注册号			
集装箱规格、数量及号码											

合同、信用证订立的检验检疫条款或特殊要求	标记及号码	随附单据(划"✓"或补填)	
		□合同	□包装性能结果单
		□信用证	□许可/审批文件
		□发票	□
		□换证凭单	□
		□装箱单	□
		□厂检单	□

需要单证名称(划"✓"或补填)				*检验检疫费	
□品质证书	＿正＿副	□植物检疫证书	＿正＿副	总金额	
□重量证书	＿正＿副	□熏蒸/消毒证书	＿正＿副	(人民币元)	
□数量证书	＿正＿副	□出境货物换证凭单	＿正＿副		
□兽医卫生证书	＿正＿副	□		计费人	
□健康证书	＿正＿副	□			
□卫生证书	＿正＿副	□		收费人	
□动物卫生证书	＿正＿副	□			

报检人郑重声明:	领　取　单　证	
1. 本人被授权报检。	日期	
2. 上列填写内容正确属实,货物无伪造或冒用他人的厂名、标志、认证标志,并承担货物质量责任。		
签名: _____	签名	

注：有"*"号栏由出入境检验检疫机关填写。　　　　　　　　◆国家出入境检验检疫局制

[1-2(2000.1.1)]

图 7.9　空白报检单样本

(5) 委托书有效期。由委托方根据逐票或长期的委托方式进行决定。
(6) 委托方(盖章)。由委托方法定代表人或其授权人签字盖章,并注明日期。
(7) 委托方。由委托方填写经营单位的名称。
(8) 主要货物名称。由委托方填写该票货物的名称,并与发票上的货名一致。
(9) HS 编码。由委托方按海关规定的商品分类编码规则填写该出口货物的商品编号。
(10) 货物总价。由委托方填写该票货物的总金额,并与发票上的总金额一致。
(11) 进出口日期。由委托方填写该票货物的进出口日期。
(12) 提单号。由委托方填写该票货物的提单编号,即配舱回单的编号。
(13) 贸易方式。由委托方根据实际情况填写相应的贸易方式,通常为一般贸易。
(14) 原产地/货源地。由委托方填写该票货物的实际生产地名称,如"宁波"。
(15) 其他要求。委托方如对代理业务有其他要求,可在此注明。
(16) 委托方业务签章。由委托方在此栏盖本公司法人章。
(17) 经办人签章。由委托方的具体经办人在此签章。
(18) 被委托方。由被委托方填写受理该代理业务的报关公司或国际货运代理公司的名称。
(19) 报关单编码。此栏留空。
(20) 收到单证日期。由被委托方填写具体收到单证的日期。
(21) 收到单证情况。由被委托方根据收到单据的名称,在其前的"□"内打"√"。
(22) 报关收费。由被委托方按约定费用填写。
(23) 承诺说明。由被委托方在此栏填写保证文句。
(24) 被委托方业务签章。由被委托方在此栏盖本公司法人章。
(25) 经办报关员签章。由被委托方的报关员在此栏签章。

六、出口货物报关单缮制的基本要求

(1) 报关单的填报必须真实,不得出现差错,不能伪报、瞒报及虚报。要做到单证相符及单货相符。单证相符指报关单与合同、发票、装箱单等相符;单货相符指报关单中所报的内容与实际进出口货物情况相符。
(2) 不同合同、不同运输工具名称、不同征免性质、不同许可证号的货物,不能填报在同一份报关单上。
(3) 同一报关单上最多只能填报 5 项海关统计商品编号的货物。
(4) 不同贸易方式的货物,需用不同颜色的报关单填报。
(5) 进料加工、来料加工的料件及加工的成品经批准转内销或作为以产顶进的,按相关的进口料件,填写进口货物报关单。
(6) 报关单填报要准确、齐全、字迹工整,如有改动必须加盖校对章。
(7) 为实现报关自动化的需要,申报单位除填写报关单上的有关项目外,还应填上有关项目的代码。
(8) 计算机预录入的报关单,其内容必须与原始报关单完全一致。
(9) 向海关申报的进出口货物报关单,事后由于种种原因,出现所报内容与实际进出口货物不符的,需立即向海关办理更正手续。
(10) 对于海关放行后的出口货物,由于运输工具配载等原因,全部或部分未能装载上原申报的运输工具的,出口货物发货人应向海关递交《出口货物报关单更改申请》。

报关单的空白样本如图 7.10 所示。

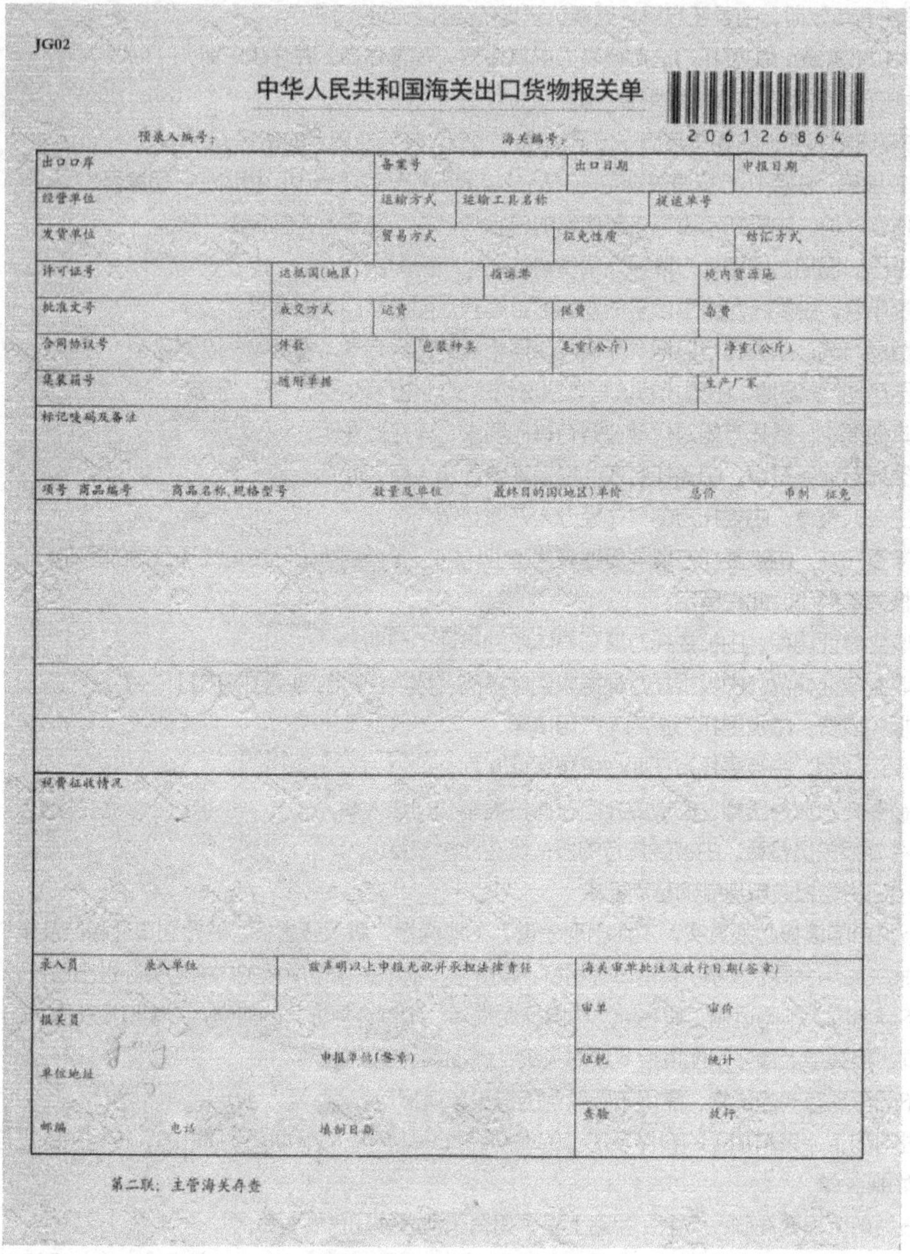
JG02

中华人民共和国海关出口货物报关单

预录入编号：　　海关编号：　　206126864

出口口岸 | 备案号 | 出口日期 | 申报日期
经营单位 | 运输方式 | 运输工具名称 | 提运单号
发货单位 | 贸易方式 | 征免性质 | 结汇方式
许可证号 | 运抵国(地区) | 指运港 | 境内货源地
批准文号 | 成交方式 | 运费 | 保费 | 杂费
合同协议号 | 件数 | 包装种类 | 毛重(公斤) | 净重(公斤)
集装箱号 | 随附单据 | 生产厂家
标记唛码及备注
项号 商品编号 商品名称、规格型号 数量及单位 最终目的国(地区) 单价 总价 币制 征免
税费征收情况
录入员 录入单位 | 兹声明以上申报无讹并承担法律责任 | 海关审单批注及放行日期(签章)
报关员 | | 审单 审价
单位地址 | 申报单位(签章) | 征税 统计
邮编 电话 | 填制日期 | 查验 放行

第二联：主管海关存查

图 7.10　空白报关单样本

七、报关需提交的单证

出口货物报关单证主要指报关单和随附单证。按性质和用途不同，可分为基本单证、货运单证、法定单证和备用单证。

(1) 基本单证：①出口货物报关单；②出口货物报关委托书；③出口收汇核销单(以下简称“核销单”)；④商业发票；⑤装箱单。

(2) 货运单证：①海运装货单；②空运总运单或分运单；③铁路运单；④汽运载货清单。

(3) 法定单证：①法定商检通关单；②来料、进料加工手册；③出口许可证(海关联)；④其他海关监管的法定单证。

(4) 备用单证：①贸易合同或出口代理协议；②出口货物保险单。

【操作示范1】

1. 缮制报检委托书

报检委托书是委托人与受委托人之间的一份协议，规定了双方的义务。委托人填写报检委托书各项栏目的内容必须真实，且不得有误。报检委托书必须由双方签章，否则不能生效。

缮制的报检委托书，如图7.11所示。

报检委托书

<u>宁波市</u> 出入境检验检疫局：

本委托人郑重声明，保证遵守出入境检验检疫法律、法规的规定。如有违法行为，自愿接受检验检疫机构的处罚并负法律责任。

本委托人委托受委托人向检验检疫机构提交"报检申请单"和各种随附单据。具体委托情况如下：

本单位将2009年6月间出口如下货物：

品名	全棉色织T恤衫	HS编码	5210.4100
数(重)量	300箱	合同号	RXT26
信用证号	XT173	审批文件	
其他特殊要求			

特委托 <u>宁运国际货运代理公司</u> (单位/注册登记号)，代理本公司办理下列出入境检验检疫事宜：

☑ 1. 办理代理报检手续。
☑ 2. 代缴检验检疫费。
☑ 3. 负责与检验检疫机构联系和验货。
☑ 4. 领取检验检疫证书。
☐ 5. 其他与报检有关的相关事宜。

请贵局按有关法律法规的规定予以办理。

诚通贸易公司

委托人(公章)：诚通贸易公司
　　　　　　　诚通
　　　　2009年6月11日

受委托人(公章)：
　　宁运国际货运代理公司
　　　　业务专用章
　　　　　王莉
　　　2009年6月11日

图7.11 报检委托书

2. 缮制代理报关委托书

代理报关委托书和委托报关协议由中国报关协会负责统一印制，也可由企业按规范格式打印自用。代理报关委托书和委托报关协议是委托人与受委托人之间的一份合同，规定了双方的权利与义务。委托人填写代理报关委托书和委托报关协议各项栏目的内容必须真实，且不得有误。委托人根据业务需要在A、B、C、D、E、F、G、H中，选择委托代理报关项目。代理报关委托书和委托报关协议必须由双方签字盖章，否则不能生效。

缮制的代理报关委托书如图7.12所示。

代理报关委托书

编号：22000D4510

宁运国际货运代理公司：

我单位现 A (A. 逐票　B. 长期)委托贵公司代理 A　E 等通关事宜(A. 报关查验　B. 垫缴税款　C. 办理海关证明联　D. 审批手册　E. 核销手册　F. 申办减免税手续　G. 其他)，详见"委托报关协议"。

我单位保证遵守《海关法》和国家有关法规，保证所提供的情况真实、完整、单货相符。否则，愿承担相关法律责任。

本委托书有效期自签字之日起至 2009 年 6 月 30 日止。

委托方(盖章)：　　(诚通贸易公司 印章)

法定代表人或其授权签署"代理报关委托书"的人(签字)：　诚通

2009 年 6 月 11 日

委托报关协议

为明确委托报关具体事项和各自责任，双方经平等协商，签订协议如下：

委托方	诚通贸易公司	被委托方	宁运国际货运代理公司
主要货物名称	全棉色织 T 恤衫	*报关单编号	NO.
HS 编码	5210.4100	收到单证日期	2009 年 6 月 11 日
进出口日期	2009 年 6 月 25	收到单证情况	合同 ✓　　发票 ✓
提单号			装箱清单 ✓　提(运)单 □
贸易方式	一般贸易		加工贸易手册 □　许可证件 □
原产地/货源地	宁波		其他
传真号码	××××××××	报关收费	人民币：　　元
其他要求：		承诺说明：	
背面所列通用条款是本协议不可分割的一部分，对本协议的签署构成了对背面条款的同意。		背面所列通用条款是本协议不可分割的一部分，对本协议的签署构成了对背面条款的同意。	

委托方业务签章：

经办人签章：诚通

2009 年 6 月 11 日

联系电话：85788877

被委托方业务签章：

宁运国际货运代理公司
业务专用章

经办报关员签章：王莉

2009 年 6 月 11 日

联系电话：86987452

(白联：海关留存；黄联：被委托方留存　红联：委托方留存) 中国报关协会监制

图 7.12　代理报关委托书

【知识链接】

货 物 出 运

当报关所有手续办完之后,凭海关的出口货物放行单和船公司的装货单装船。货物装船完毕,由船长或大副签发"大副收据"或"场站收据",载明收到货物的详细情况。出口商凭上述收据向船公司换取提单。装货单样本如图7.13所示,正本提单样本如图7.14所示。

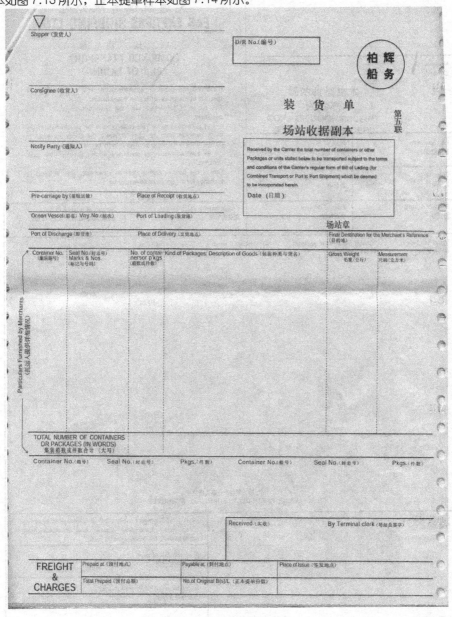

图7.13 装货单样本

Shipper 托運人	EAS B L No. EAS LINE 大通航運有限公司 EAS EXPRESS SHIPPING LTD. 联 运 提 单 COMBINED TRANSPORT BILL OF LADING
Consignee or order 收貨人或指示	
Notify party 通知地址	RECEIVED the goods in apparant good order and condition as specified below unless otherwise stated herein. The carrier in accordance with the provisions contained in this document, 1) undertakes to perform or to procure the performance of the entire transport from the place at which the goods are taken in charge to the place designated for delivery in this document, and 2) assumes liablity as prescribed in this document for such transport. One of the Bills of Lading must be surrendered duly indorsed in exchange for the goods or delivery order.

Pre-carriage by 首段運輸	Place of receipt 收貨地點		
Ocean vessel 海運船隻	Port of loading 裝貨港		
Port of discharge 卸貨港	Place of delivery 交貨地點	Freight payable at 運費支付地	Number of original Bs/L 正本提單份數

Marks and Nos. 標志和號碼	Number and Kind of packages 件數和包裝種類	Description of goods 貨名	Gross weight (kgs.) 毛重(公斤)	Measurement (m^3) 尺碼(立方米)

以上細目由托運人提供
ABOVE PARTICULARS FURNISHED BY SHIPPER

Freight and charges 運費和費用	IN WITNESS whereof the number of original Bills of Lading stated above have been signed, one of which being accomplished, the other (s) to be void.
	Place and date of issue 簽單地點和日期
	Signed for or on behalf of the carrier 代表承運人簽字

图 7.14 正本提单样本

货物装船后，出口商即可向进口商发出装船通知，以便对方准备付款、赎单、办理收货。集装箱整箱出口货运流程如见图 7.15 所示，集装箱拼箱出口货运流程如图 7.16 所示。

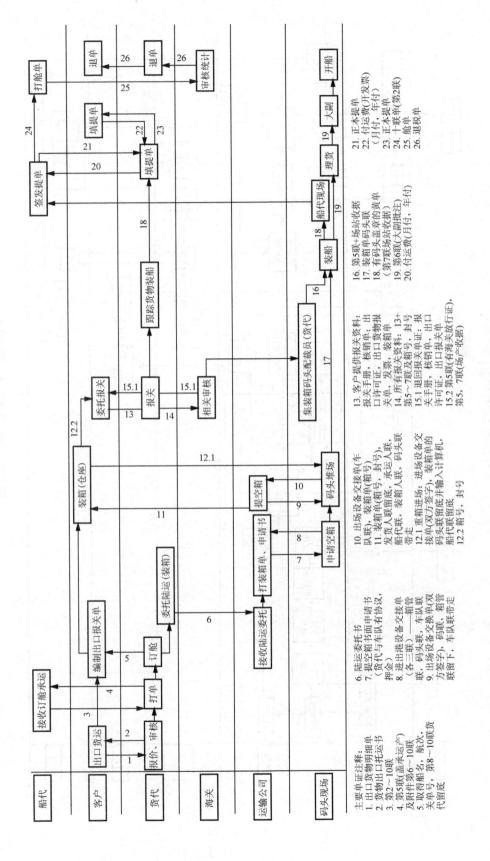

图7.15 集装箱整箱出口货运流程

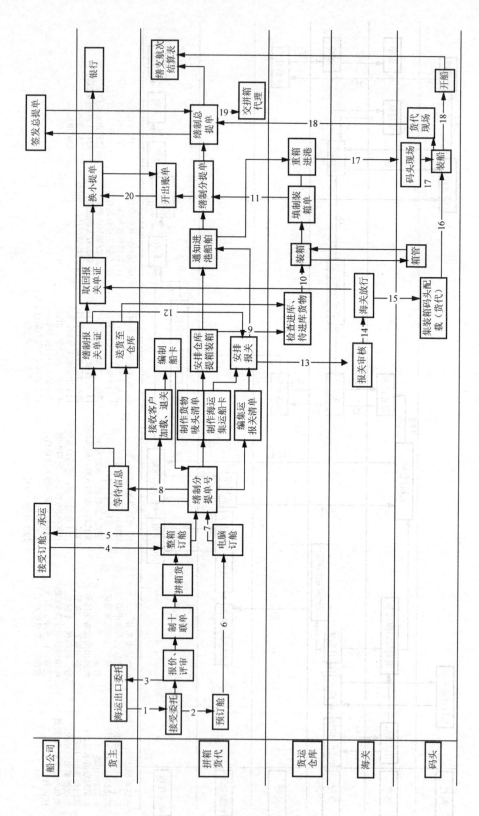

图 7.16 集装箱拼箱出口货运流程

【操作示范 2】

安排货物出仓及进仓。
(1) 货代向李玮发送了订舱的相关信息及出仓通知。
(2) 李玮委托买方向工厂发进仓通知。出仓通知的格式如图 7.17 所示、进仓通知的格式如图 7.18 所示。

出仓通知

TO：仓库
FM：

  兹有我公司货物，进仓编号为：   ；送货工厂为：   ；总件数为：   ，
(以上内容必须填写完整并准确)货物要求出仓，由此产生的责任均由本公司承担，所产生的费用向出仓提货人收取。请予以安排!

                           货代：(盖章)

                           日期：

图 7.17 出仓通知

×××公司

进仓通知单(国柜物流)
TO: 进仓编号：**CCLNGB0801001**
ATTN.：王小姐

我公司地址：   邮编：
我公司联系人：   电话：   传真：

订舱信息

船名/航次：   提单号：   开航日：
总件数：   毛重：   体积：
货物最晚送抵仓库时间：
送货单位：   联系方式：
送货车号：   司机电话：

品名	HS 编码	件数	毛重	体积	唛头

报关资料最晚寄至我公司的时间：
(植检货需提前 3 个工作日、熏蒸货提前 2 个工作日、商检换单提前 1 个工作日)

图 7.18 进仓通知

注意事项：
(1) 仓库收货时间：7:30～23:30，送货人凭右上角的进仓编号送货入仓。
(2) 上述缺省栏内容，由发货人在进仓前填写完整，内容空白则仓库有权拒收货物。
(3) 唛头无法辨识的货物，或外包装变形、湿损的货物仓库有权拒收或暂收。
(4) 发货人送货时，如果每车有多种唛头款号的货物，请按照一定次序装车并提供相应说明。如果装车次序错乱而导致卸货时需要仓库分唛，仓库将收取 RMB 1 元/箱的分唛费，并以送货司机在回单上的签字为准。
(5) 所送货物如在卸货、仓储、装箱时有特殊要求的，如食品、展览品、易碎品、高价值货请在备注栏内注明，食品、易碎品凭保函进仓。

国柜物流仓库地址：宁波市北仑区进港中路(骆亚线)688 号(松花江路向北到底左转弯)
联系电话：×××××××× 　　　　　　　传真：××××××××

图 7.18　进仓通知(续)

 任务 7.3　运输与投保

7.3.1　操作步骤

(1) 卖方在收到对方电汇的保险费后与买方联系，要求其代为办理保险业务。
(2) 买方带着保险所需的相关资料到中国人民保险公司办理保险手续。
(3) 买方填写电子版的"海运出口货物投保单"并支付保险费。
(4) 货物出运前一天买方收到正本保险单。

7.3.2　操作分析

(1) 买方填写"进出口货物运输保险投保单"。投保单的模板如图 7.19 所示。

PICC 中国人民财产保险股份有限公司
PICC Property and Casualty Company Limited

进出口货物运输保险投保单
APPLICATION FORM FOR CARGO TRANSPORTATION INSURANCE

发票号 Invoice No.		合同号 Contract No.			信用证号 L/C No.	
被保险人 Insured						
标记 Marks & Numbers		包装及数量 Quantity	保险货物项目 Description of Goods		发票金额 Invoice Value	保险金额 Insured Amount
装载 运输工具 Conveyance		起运日期 Date of Commencement			赔款偿付地点 Loss If Any Payable at	
运输路线 Voyage	自 From		到 To		转载地点 Port of Transhipment	
投保险别 Insurance coveraged required:				投保人(签名盖章) Application's Signature & Stamp:		
申请保险单正本份数为：3 Issued in 3Original(s)Only.	☐ 保险单(Insurance Policy) ☐ 保险凭证(Insurance Certificate)			投保日期 DATE	2011.11.03	

图 7.19 进出口货物运输保险投保单

(2) 买方核对拿到的正本保险单。正本保险单样本如图 7.20 所示。

PICC 中国人民保险公司天津市分公司
The People's Insurance Company of China, Tianjin Branch
总公司设于北京 一九四九年创立
Head Office Beijing Established in1949

货物运输保险单
CARGO TRANSPORTATION INSURANCE POLICY

发票号 (INVOICE NO.) INV.20/533 保单号次 POLICY NO. TT03/1201071100402258
合同号 (CONTRACT NO.)
信用证号 (L/C NO.)
被保险人:
Insured: TIANJIN NATIVE PRODUCE IMPORT & EXPORT GROUP CORPORATION LIMITED.

中国人民保险公司(以下简称本公司)根据被保险人的要求，由被保险人向本公司缴付约定的保险费，按照本保险单承保险别和背面所列条款与下列特款承保下述货物运输保险，特立本保险单。

THIS POLICY OF INSURANCE WITNESSES THAT THE PEOPLE'S INSURANCE COMPANY OF CHINA(HEREINAFTER CALLED "THE COMPANY") AT THE REQUEST OF THE INSURED AND IN CONSIDERATION OF THE AGREED PREMIUM PAID TO THE COMPANY BY THE INSURED,UNDERTAKES TO INSURED THE UNDERMENTIONED GOODS IN TRANSPORTATION SUBJECT TO THE CONDITIONS OF THIS POLICY AS PER THE CLAUSES PRINTED OVERLEAF AND OTHER SPECIAL CLAUSES ATTACHED HEREON.

标记 MARKS & NOS.	包装及数量 QUANTITY	保险货物项目 DESCRIPTION OF GOODS	保险金额 AMOUNT INSURED
As per Invoice No. INV.20/533	15 CTNS	SWEATER	USD3,960.00

COPY

总保险金额:
TOTAL AMOUNT INSURED: U.S.Dollars Three Thousand Nine Hundred and Sixty Only

保费: PREMIUM: AS ARRANGED 启运日期: DATE OF COMMENCEMENT: as per B/L 装载运输工具: PER CONVEYANCE: TRADE ETERNITY V.029W

自 FROM TIANJIN 经 VIA 至 TO PRAGUE

承保险别:
CONDITIONS:

COVERING ALL RISKS AND WAR RISKS AS PER OCEAN MARINE CARGO CLAUSES AND WAR RISKS CLAUSES (1/1/1981) OF THE PEOPLE'S INSURANCE COMPANY OF CHINA (ABBREVIATED AS C.I.C.-ALL RISKS & WAR RISKS).(WAREHOUSE TO WAREHOUSE CLAUSE IS INCLUDED)
INCL.YEAR 2000 PROBLEM EXCLUSION CLAUSE ATTACHED.

所保货物，如发生保险单项下可能引起索赔的损失或损坏，应立即通知本公司下述代理人查勘。如有索赔，应向本公司提交保单正本(保险单共有2份正本)及有关文件，如一份正本已用于索赔，其余正本自动失效。

IN THE EVENT OF LOSS OR DAMAGE WHICH MAY RESULT IN A CLAIM UNDER THIS POLICY,IMMEDIATE NOTICE MUST BE GIVEN TO THE COMPANY'S AGENT AS MENTIONED HEREUNDER. CLAIMS, IF ANY, ONE OF THE ORIGINAL POLICY WHICH HAS BEEN ISSUED IN 2 ORIGINAL TOGETHER WITH THE RELEVENT DOCUMENTS SHALL BE SURRENDERED TO THE COMPANY.IF ONE OF THE ORIGINAL POLICY HAS BEEN ACCOMPLISHED,THE OTHERS TO BE VOID.

FOREING INSURANCE AND REINSURANCE MANAGEMENT
SPALENA 14, 114 00 PRAHA 1 CZECH REPUBLIK
TEL:0042-2-206133, 0042-2-214833
FAX:0042-2-209

中国人民保险公司天津市分公司
The People's Insurance Company of China
Tianjin Branch

赔款偿付地点
CLAIM PAYABLE AT PRAGUE IN USD

出单日期
ISSUING DATE 3RD NOV., 2000

Authorized Signature

地址：中国天津和平区曲阜道2号
ADD: No.2 Qu Fu Road, Heping District, Tianjin, China.
邮编 (POST CODE): 300042
电话 (TEL): (86) (22) 23317855, 23315367
传真 (FAX): (86) (22) 23301297

保单顺序号：PICC № 0037462

图 7.20 正本保险单样本

【知识链接】

货物在运输过程中往往会发生风险并导致损失，为了在货物发生损失后能得到补偿，需要对货物进行保险。因此，以 CIF 条件成交时，卖方应及时地办理出口货物的保险手续。保险涉及保险险别的选择、保险金额的确定等相关内容。

一、出口货物的投保手续

按照规定，凡买卖合同规定由我方办理保险时，各公司应按规定向保险公司办理保险手续，具体程序如下。

(1) 投保人根据合同或信用证的规定，在备妥货物并确定装运日期后，出口公司应在货物装船前向保险公司填制一份"海运出口货物投保单"，递交保险公司投保，这是保险公司接受投保、出具保单的依据。

(2) 保险公司接到投保单后，以此为依据，出具保险单。

(3) 投保人在保险公司出具保险单后，如需更改相关内容如险别、保险金额、投保期限、航程或运输工具等，需向保险公司提出申请，保险公司开立批单，附在保险单上作为保险单的组成部分。批单的法律效力优于保险单。

(4) 投保人缴纳保险费。

二、进出口货物运输保险投保单的缮制说明

(1) 保险人：填写承保此批货物的保险公司的名称。一般就印在投保单的上方。

(2) 被保险人：保险单的受益人。除非信用证另有规定，CIF 交易中被保险人一般为信用证的受益人，即出口公司。

(3) 标记，指"唛头"。根据信用证或 S/C 或订舱回单填写，如内容较多，也可以简单填写"AS PER INVOICE NO.×××"。

(4) 包装及数量：填写商品外包装的数量及种类。

(5) 填写保险货物的项目商品的名称。可以填写与货物性质不相矛盾的商品统称。

(6) 保险金额：按信用证规定的金额加一定的加成率投保。如信用证对此未作具体规定，则按 CIF 或 CIP 或发票金额的 110%投保。注意保险金额没有辅币，因此如果算出来的保险金额为小数，应进位，不能四舍五入，否则会造成保险金额不足，而导致银行拒付。如经计算保险金额为 USD65879.2，则在投保单上保险金额应填 USD65880。

(7) 总保险金额：本栏填写保险金额的大写数字，注意与小写一致。

(8) 运输工具：按实际情况填写运输工具的名称及航次。

(9) 装运港：根据信用证或合同规定填写。

(10) 目的港：根据信用证或合同规定填写。

(11) 货物起运日期：填写船公司配舱资料上的货物装船日期。

(12) 投保险别：填写信用证规定的投保险别，包括险种和相应的保险条款等。

(13) 赔款地点：根据信用证的规定填写，一般在进口国目的港。

(14) 保险代理：由保险公司填写。

(15) 保单号次：由保险公司提供。

(16) 投保人盖章及日期：本栏由出口公司盖章并由经办人员签字，日期为投保日期。

三、货物运输保险实务

在国际货物买卖中，由哪一方负责投保，由价格条件确定。如按 FOB 条件和 CFR 条件成交，保险由买方办理。办理货运保险的一般程序如下。

(一) 确定投保金额与计算保险费

1) 按 CIF 条件成交

$$保险费 = CIF\ 货值 \times (1+加成率) \times 保险费率$$

2) 按 CFR 条件成交

$$保险费 = CFR / [1 - 保险费率 \times (1 + 加成率)] \times (1 + 加成率) \times 保险费率$$

3) 按 FOB 条件成交

$$保险费 = (FOB + 运费) / [1 - 保险费率 \times (1 + 加成率)] \times (1 + 加成率) \times 保险费率$$

(二) 填写投保单

投保单的填写主要包括被保险人的姓名，被保险货物的品名、标记、数量及包装，保险金额，运输工具名称，开航日期及起讫地点，投保险别，投保日期及签章等。

关于投保险别应按合同规定办理。如果合同上没有明确规定投保险别，则应参考货物性质、包装、用途、运输工具、运输路线、运输季节、货物残损规律等因素加以确定。

(三) 支付保险费，取得保险单

保险费按投保险别的保险费率计算，分为"一般货物费率"和"指明货物加费费率"两种。前者是一般商品的费率，后者系指特别列明的货物(如某些易碎、易损商品)在一般费率的基础上另行加收的费率。

海运险的一般货物费率按照平安险、水渍险和一切险计算。陆运、空运和邮运险的附加险的费率计收办法与海运险相同。战争险不论海运、空运、陆运、邮运，其费率都相同，而且一般无国别港口差异。

指明货物加费费率系按出口商品分类分别规定对需要加费货物的加费幅度。

交付保险费后，投保人取得保险单(Insurance Policy)。保险单是保险人与被保险人之间订立保险合同的法定文件，是保险公司出具的承保证明，也是被保险人凭以向保险公司索赔的法定依据。目前，我国进出口贸易中常用的保险单证有下列两种。

1. 保险单

保险单(Insurance Policy)又称大保单，是保险人签发的正式凭证，是保险契约成立的重要证明。其基本内容有被保险人名称、保险货物名称、数量、包装及标志、运输工具名称、投保险别、保险起讫地点、开航日期等。除此之外，保险单背面印有保险条款，包括保险人的责任范围和除外责任，以及保险人与被保险人各自的权利、义务等详细内容。

2. 保险凭证

保险凭证(Insurance Certificate)又称小保单，是表示保险公司已接受承保的一种证明文件，是一种略式保险单。保险凭证仅载明被保险人名称、被保险货物的名称、数量、包装及标志、船名、航程、开船日期、投保险别、保险期限和保险金额等基本内容。而对保险人与被保险人的权利、义务则予以省略，但仍以保险单的保险条款为准，法律效力与保险单相当。

保险单或其他保险凭证是出口方向银行议付货款所必备的单证之一。在国际贸易中，可通过背书将投保人在保险单下的一切权益转移给被背书人。保险单证的背书有空白背书和指示背书两种，究竟采取哪一种，应视买卖合同或信用证的具体要求而定。

在保险人出立保险单之后，被保险人如果需要更改险别、运输工具的名称、航程和保险金额等，应向保险人或其授权的代理人提出申请。保险人或其授权的代理人如接受这项申请，应立即出立批单(Endorsement)，作为保险单的组成部分。此后，保险人应对批单的内容负责。

(四) 提出索赔手续

按《INCOTERMS 2000》D 组包含的 5 种价格条件成交的合同，则视情况由买方或卖方办理索赔。索赔应当在保险有效期内提出并办理，否则保险公司可以不予办理。

被保险人在向保险人提出索赔时，应注意的事项如下。

1. 要分清责任

被保险人发现承保货物遭受损失后,首先应分清责任,并向责任方提出索赔。如货物短缺或包装破裂,除向保险公司报损外,还应向承运人、港务当局等索取货损证明,及时向有关责任方提出索赔,并保留其追索权。

2. 备妥有关索赔单证

被保险人向保险人提出索赔时,应备妥并提交索赔单证。通常有保险单证、运输单据、发票、装箱单、重量单、检验报告、货损货差证明、索赔清单和向第三责任方追偿的有关文件等。

3. 要了解是否有免赔率的规定

对易碎和易短量的货物应了解是否有免赔率(Franchise)的规定。免赔率是指保险人对于被保险货物在运输途中发生的货损货差,在一定比率内不承担赔偿责任。这是因为有些货物由于商品本身的特点或在装运作业中,必然会发生正常耗损,如瓷器和玻璃器皿等。免赔率分"绝对免赔率"和"相对免赔率"两种。两者不同点:如果损失数额超过免赔率,前者扣除免赔率,只赔偿超过的部分;后者则不予以扣除,全部给予赔偿。中国人民保险公司采取的是绝对免赔率,如果损失数额不超过免赔率,两者均不予以赔偿。

4. 应及时提出索赔

中国保险条款的索赔时效为两年,如果超过期限,保险公司就不再受理。因此,被保险人一旦获悉或发现货物受损时,应立即通知保险公司,不得延误时机。

5. 要及时采取合理的补救措施

被保险人发现承保货物遭受损失后,应及时采取合理的补救措施,以防止损失进一步扩大。对于由此产生的施救费用,可向保险公司进行索赔,但以不超过该批货物的保险金额为限。

保险合同是一种补偿合同,被保险人不得因保险赔偿而获双份利益。因此,当被保险货物发生的损失,既属于保险责任,又属于第三者负有经济赔偿责任时,只要保险人已经支付了保险赔偿,保险人就有权取得代位权(the Right of Subrogation)。

代位权又称代位追偿权,是指保险人在赔偿保险损失之后,有权取代被保险人的地位,以获得被保险人对此项损失所持有的一切权益,并以保险人的名义对第三者追偿或收取共同海损的分摊价款,但代位的金额不得超过保险人原来的赔偿金额。

进出口货物在运输途中遭受损失,被保险人(投保人或保险单受让人)可向保险公司提出索赔。保险公司按保险条款所承担的责任进行理赔。索赔主要程序如下。

(1) 损失通知:被保险人获悉货损后,应立即通知保险公司或保险单上指明的代理人。保险代理人接到损失通知后应立即采取相应的措施,如检验损失,提出施救意见,确定保险责任和签发检验报告等。

(2) 向承运人等有关方面提出索赔。被保险人除向保险公司报损外,还应向承运人及有关责任方(如海关、理货公司等)索取货损货差证明,如系承运人等方面责任的,应及时以书面方式提出索赔。

(3) 采取合理的施救、整理措施。被保险人应采取必要的措施以防止损失的扩大,保险公司对此提出处理意见的,应按保险公司的要求办理。所支出的费用可由保险公司负责,但以与理赔金额之和不超过该批货物的保险金额为限。

(4) 备妥索赔单证,提出索赔要求。索赔单证除正式的索赔函以外,还应包括保险单证、运输单据、发票,以及检验报告、货损货差证明等。保险索赔的时效一般为两年。

【操作示范】

办理出口货物运输保险手续。
1. 缮制投保单
缮制的投保单如图 7.21 所示。

中保财产保险有限公司宁波市分公司
The People's Insurance(Property)Company of China,Ltd. Ningbo Branch
进出口货物运输保险投保单
Application From form I/E Marine Cargo Insurance

被保险人：
Assured's Name: CHENGTONG TRADE COMPANY

发票号码(出口用)或合同号码(进口用) Invoice No. or Contract No.	包装数量 Quantity	保险货物项目 Description of Goods	保险金额 Amount Insured
INVOICE NO. RX0522	300 CARTONS	100%COTTON COLOUR WEAVE T-SHIRT	USD66 000.00

装载运输工具 TIANHE 航次、航班或车号 V. 503 开航日期 JUN. 25, 2009
Per Conveyance   Voy. No.   Slg. Date

自 NINGBO 至 OSAKA 转运地_____ 赔款地 OSAKA
From   To   W/Tat   Claim Payable at

承保险别：FOR 110% OF THE INVOICE VALUE COVERING ALL RISKS AS PER PICC DATE 1/1/1981
Condition &/or Special Coverage

投保人签章及公司名称、电话、地址：
Applicant'S Signature and Co.'S Name, Add. And Tel. No.
1405 BAIZHANG EAST ROAD NINGBO
0574-85788877
投保日期：2009.06.14
Date

备注：
Remarks

注释：
1. 如果进口方要求加保超过 10%，出口方也可接受，但须经保险公司同意，由此增加的保险费也应由进口方承担。
2. 承保险别必须按信用证规定填写，尽量用信用证有关原句。
3. 保险费金额严格按信用证要求计算，不得有误，小数点后尾数要取整数。

图 7.21 投保单

2. 保险公司签发保险单
保险公司签发的保险单，如图 7.22 所示。

中保财产保险有限公司
The People's Insurance(Property)Company of China, Ltd.

发票号码　　保险单号次

Invoice No. X0522　　Policy No. SW043101980

海洋货物运输保险单
MARINE CARGO TRANSPORATION INSURANCE POLICY

被保险人
Insured: CHENGTONG TRADE COMPANY

　　中保财产保险有限公司(以下简称"本公司")根据被保险人的要求，及其所缴付约定的保险费，按照本保险单承担的险别和背面所载条款与下列特别条款承保下列货物运输保险，特签发本保险单。

　　This policy of Insurance witnesses that The People's Insurance(Property)Company of China, Ltd. (hereinafter called "the Company"), at the request of the Insured and consideration of the premium paid by the Insures, undertakes to insure the under-mentioned goods in transportation subject to the condition of this Policy as per the Clauses printed overleaf and other special clauses attached hereon.

保险货物项目 Descriptions of Goods	包装 Packing	单位 Unit	数量 Quantity	保险金额 Amount Insured
100%COTTON COLOUR WEAVE T-SHIRT			300CARTONS	USD66 000.00

承保险别　FOR 110% OF THE INVOICE VALUE COVERING　货物标记　AS PER INVOICE NO. RX0522
Condition　ALL RISKS AS PER PICC DATE 1/1/1981　Marks of Goods
总保险金额：
Total　Amount Insured: SAY US DOLLARS SIXTY SIX THOUSAND ONLY
保费 As arranged　　　运输工具　　　　　　开航日期：
Premium　　　　　Per conveyance S. S TIANHE V. 503 Slg. On or about　JUN. 25. 2009
起运港　　　　　　　　目的港
From　NINGBO　　　　To　OSAKA

所保货物，如发生本保险单项下可能引起索赔的损失或损坏，应立即通知本公司下述代理人查勘。如有索赔，应向本公司提交保险单正本(本保险单共有 2 份正本)及有关文件。如一份正本已用于索赔，其余正本则自动失效。

In the event of loss or damage which may result in a claim under this Policy, immediate notice must be given to the Company's Agent as mentioned hereunder. Claims, if any, one of the Original Policy which has been issued in TWO Original(s)together with the relevant documents shall be surrendered to the Company, If one of the Original Policy has been accomplished, the others to be void.

THE PEOPLE'S INSURANCE(PROPERTY)COMPANY OF CHINA, LTD. OSAKA BRANCH
　　98 LSKL MACH OSAKA JAPAN
　TEL：028-543657 中保财产保险有限公司
THE PEOPLE'S INSURANCE(PROPERTY)COMPANY OF CHINA, LTD.

赔款偿付地点
Claim payable at　OSAKA IN USD
日期在
Date　JUN. 15. 2009　　at　NINGBO　General Manager：刘丽
地址：
Address：

(盖章：The People's Insurance(Property) Company of China)

图 7.22　保险单

保险单一般由保险公司审单员根据投保人提供的投保单等材料进行缮制，但也有个别保险公司由投保人代其填制保险单的相关栏目内容，再由保险公司填制剩余栏目，签章后生效。保险单是出口商向银行议付货款所必备的单证之一，可通过背书转让。保险单的背书有空白背书和指示背书两种，究竟采取哪一种，应视信用证的具体要求而定。

任务 7.4　结算与结汇——电放

7.4.1　操作步骤

(1) 先向客户以 T/T 的方式收取全部货款。
(2) 向货运代理公司提出办理电放(Telex Release, TLX/T/R)业务。
(3) 向货运代理公司出具电放保函及缴费。

7.4.2　操作分析

(1) 收到正本提单背书后向货代公司申请电放业务。
(2) 出口公司向货运代理公司提交电放保函(图 7.23)或电放申请书(图 7.24)并缴费后船公司在提单上盖电放印。
(3) 将带有电放印签的提单复印件传真给客户，由客户拿此传真件提货。

```
                       ××××× CO.,LTD.
             ADD:NO.-------------------------------------
                     ZHEJIANG PROVINCE,CHINA
       TEL:0086-574-××××××××  FAX:0086-574-××××××××
                            电放保函
致：××物流有限公司
          船名/航次：       HAN YANG 642E
          提单号：          MXPSE06100076I
          件数：××××      毛重：××KGS           体积：××CBM

     现应客户要求，需电放给以下   ××××TEX INTERNATIONAL
     收货人：                     CO.,LTD
                                  #1012-4F DASDN-DONG       } 收货人的
                                  CHUNG-GU                    名称/地址

                                  DESDAGU CITY,KOREA
                                  TEL: (82-53)×××××××
                                  FAX: (82-53)×××××××
电放产生的一切后果均由我公司承担。
谢谢合作！
我公司全称：浙江×××××有限公司
地址：     浙江 NINGBO -------------
电话：     0574-×××××××
传真：     0573-×××××××
                                                        签章：
                                                        日期：2009 年 10 月 20 日
```

图 7.23　电放保函样本

电放申请书

B/L No. : _____
Vessel/Voyage : _____
Sailing Date : _____
Destination : _____

We are the Shipper of the Captioned shipment and we hereby request to release cargo to below mentioned consignee without presentation of any original bill of lading.
Name of consignee:_____
_____

In consideration of your complying with our above request, we have duly endorsed the full set(3/3)of the relative original bills of lading which we return to you herewith and we hereby agree to indemnify you, your principals, their and your servants and/or agents and to hold you harmless in respect of any liability, loss or whatsoever nature which you, your servants and/or agents may sustain by reason of the delivery of the goods in accordance with our above request. We take all the responsibility on release cargo to above mentioned consignee.

(Company chop and sign)

图7.24　电放申请书

【知识链接】

一、电放的含义

电放是指应签发或已签发正本 B/L 的货运代理公司或船公司，根据托运人或货运代理的要求，在装运港不签发正本 B/L 或收回已签发的正本 B/L，以 E-mail 或 Fax 或 Telex、Telegram 等方式通知货运代理将货放给 B/L 上的收货人或托运人指定的收货人(to order B/L 下)。一般在货物先于单据到达进口方的情况下，进口方为不因货物产生滞港费用而先行提货，而要求卖方致电船公司，办理电放业务，先行提货。

二、电放业务程序

(1) 托运人向货运代理提出电放提单，并出具电放保函，表明电放产生的一切后果和责任都由托运人承担。

(2) 货运代理向船公司申请电放，并交电放保函。

(3) 船公司接受电放申请和保函后，向目的港船代发电放通知，允许该票货物可以用盖章后的电放提单换提货单。

(4) 装船后，船公司向货运代理签发 Master 电放提单。(Master 提单是由船公司或船长签发的提单，又称总提单，简称 M B/L)

(5) 货运代理再向托运人签发 House 提单(是由货运代理签发的提单，又称分提单，简称 H B/L)。

(6) 装货港货运代理将 House 提单传真给目的港货运代理。

三、电放的种类

1. 不签发任何提单资料

客户和货运代理都需要做提单的补充资料,注明"做电放"后,由货运代理以 B/L 样本方式将有关情况告知承运人,Carrier 出单 M B/L 复件,再由货运代理传 M B/L 复件给客户,客户确认后,客户要将电放申请书传给货运代理,货运代理再将电放申请书传给承运人。若承运人同意电放,通常于货装船后,承运人传电放信或给电放号给托运人,托运人再传电放信或电放号给收货人。货抵目的港后,收货人凭电放信或报出电放号,找承运人在目的港的代理提货。此种情况多见于目的港在东南亚地区时,因为电放快而 B/L 流转(邮寄)慢。

2. 对 M B/L 电放,由货运代理签发正本 H B/L

对 M B/L 电放即意味着以电放信代替 M B/L 功能,承运人不签发 M B/L。货运代理给其客户签正本 H B/L,H B/L 上的托运人填发货人公司名称,收货人填目的港真正的收货人。承运人给货运代理的 M B/L(或 MEMO)复件上,托运人填货运代理,收货人填货运代理在目的港的代理。

上述操作方式也根据不同船公司和货代公司而有所差异。货运代理与发货人核对好提单后,将发货人回传给货运代理的 H B/L 上的托运人一栏,由发货人名称改为货运代理公司名称,将收货人栏由真正的收货人改为货运代理的代理,其他内容不变(其他内容指品名、包装、件数、POL、POD、Delivery Agent、Gross Weight, Measurement、No.、Seal No.、Marks & Nos(唛头及唛码)、Notify、Place of Receipt、Place of Delivery Vessel & Voy No.、Shipping on board Date 等)。改完此两栏后将此单传给承运人。以上操作中货运代理传给承运人的单子上,将自己改成了 H B/L 的托运人。

电放信的流转:承运人—货代—货代的代理—承运人。货代的代理交出电放信或报出电放号后即从承运人处取得 D/O(Delivery Order, 提货单)。

H B/L 流程:货代—发货人(起运港)—收货人(目的港)—货运代理的代理。目的港客户交出 H B/L 从货运代理的代理处取得 D/O。注:若为到付运费货代必须指示目的港代理收妥运费后才放货。此种情况除要给货代的代理一笔代理费外还需给船公司电放费。

3. 对 H B/L 电放,签发正本 M B/L

M B/L 的流转:承运人—货代—货代目的港的代理。货代目的港的代理凭正本 M B/L 换取 D/O,电放信流程:货代—发货人(起运地)—收货人(目的港)—货代的代理。目的港收货人凭电放信(或电放号)从货代代理处换得 D/O。

4. 双电放

不签正本 H B/L 与 M B/L。一方面,承运人将其制定的电放号告知货代,由货代再将电放号告知其在目的港的代理,货代的代理再将此电放号告知目的港的承运人;另一方面,货代将其制定的另一电放号告知托运人,由托运人再告知目的港的收货人,最后由收货人将电放号告知货代的代理,进而在目的港提货。

在电放过程中需要注意的事项:①电放方式下,有的船公司要求收货人除交出电放信(号)外,还要交出 B/L 的传真件(预先由货代将此传真件给托运人,由托运人再将此传真件传给收货人)。有些船公司规定收货人于电放信上盖上其公章后才可去代理处换 D/O。②对 H B/L 或 M B/L 电放时,并非不签发提单,而通常要出提单复件,将复件传真给相关各方。③客户提出电放申请后,货代或承运人于电放申请书上盖上"电放章"及"提单章"传真给发货人,这样可简化操作。④通常货代也会给其代理人传一份电放单并在提单上面写明有关情况。⑤若向承运人申请电放,有的货代公司要向承运人追要电放电报,明确表示承运人是否同意电放及其他有关情况。⑥对 M B/L 电放下,可让承运人出具一份 Memo-B/L 给货代;对 H B/L 电放下货代可给发货人出 Memo-B/L。

【操作示范】

填写的电放保函如图 7.25 所示。

CHENGTONG TRADE COMPANY
ADD:1405 BAIZHANG EAST ROAD
NINGBO,CHINA
TEL:0086-574-×××××××× FAX:0086-574-××××××××

电放保函

致：鹏宇物流有限公司

船名/航次： TIANHE V.503
提单号： MXPSE061000076I
件数：300CTNS 毛重：3 300KGS 体积：66CBM

现应客户要求，需电放给以下
收货人：
TKARMRA TRADING
CORPORATION
1-5. KAWARA MACH

OSAKA JAPAN
TEL:+82-53-019344
FAX:+82-53-019345

｝ 收货人的名称/地址

电放产生的一切后果均由我公司承担。
谢谢合作!
我公司全称：诚通贸易公司
地址：宁波百丈东路 1405 号

电话：0574-×××××××× 传真：0574-××××××××

诚通贸易公司

签章：

日期：2009 年 6 月 20 日

图 7.25 电放保函

任务 7.5 结算与结汇——托收

7.5.1 操作步骤

(1) 卖方委托买方到中国银行去办理托收业务。
(2) 买立填写一份托收申请书并缴费后，中国银行承办此业务。
(3) 买方向中国银行递交了全套出口单据和汇票。
(4) 中国银行在买方办理了托收业务后的 30 天告知已收到全部货款。

7.5.2 操作分析

(1) 买方填写中行的托收申请书。申请书(或委托书)的样本如图 7.26 和图 7.27 所示。

中国银行
BANK OF CHINA

票据托收申请书
APPLICATION FOR COLLECTION

致：中国银行宁波分行
To: BANK OF CHINA NINGBO BRANCH

兹附上下述票据委托代收。收妥票款请按以下打"×"条款解付：

I/We enclose herewith the under mentioned bill(s) for collection. Please effect the proceeds when collected in accordance with following instructions marked "×":

票据类别 Kind of bill(s)		出票日期 Issuing date		票据号码 No(s) of Bill(s)		备注 Remarks:
出票人 Drawer						
付款人 Drawn on						
收款人 Payee						
票面金额 Amount						

For company
公司专用

请划收本单位在贵行第_____号账户，
Please credit our A/C No._____ with your bank,
托收费用请划付本单位在贵行第_____号账户。
For your charges debit our A/C No._____ with your bank.

如有费用请扣除后，划收本人/本单位在贵行第_____号账户。
After deducting your charges if any, please credit my/our A/C No._____ with your bank.

于_____天后，由本人/代办人凭收据在贵行第_____号柜台商洽取款。After _____ days, at your bank's counter No(s) _____ contact for drawing funds against the receipt.

图 7.26 票据托收申请书

本人(等)/本公司特此声明,日后如上述票据遭受退票或有其他情况发生致贵行受损,贵行可无需征求本人(等)/本公司同意,立即有权由本人(等)/本公司账户内扣回上述票据及有关费用(包括外汇买卖差价和利息)。若账户存款不足扣付,本人(等)/本公司自当立即如数清还。

I/We understand and agree that you are authorized to debit my/our account without obtaining my/our confirmation with the above amount together with any expenses or loss(including exchange and interest)that you may suffer in the event of the above being returned or in any way dealt with at any time. I/We undertake to repay you on demand any unpaid portion in case the balance remaining on my/our account is insufficient to meet the refund of payment.

申请人签章(印章)
Signature of the applicant: _____
_____

核对
Verified

图 7.26　票据托收申请书(续)

托 收 委 托 书
COLLECTION ORDER

致:×××银行　　　　　　　　　　　　日期:

托收行(Remitting Bank):	代收行(Collecting Bank):
	名称:
	地址:

委托人(Principal):	付款人(Drawee):
	名称:
	地址:
	电话:

付款交单 D/P(　)承兑交单 D/A(　)	期限/到期日:
无偿交单 FREE OF PAYMENT(　)	
发票号码/票据编号:	国外费用承担人:□ 付款人□ 委托人
金额:	国内费用承担人:□ 付款人□ 委托人

图 7.27　托收委托书

单据种类	汇票	发票	提单	空运单	保险单	装箱单	重量单	产地证	FORMA	检验证	公司证明	船证明			
份数	2	3	3		4										

特别指示：

1. 邮寄方式： □ 快邮 □ 普邮
2. 托收如遇拒付，是否须代收行作成拒绝证书(PROTEST)： □ 是 □ 否
3. 货物抵港时是否代办存仓保险： □ 是 □ 否
4. 如付款人拒付费用及/或利息，是否可以放弃： □ 是 □ 否
5. ____________________
6. ____________________

付款指示： 核销单编号：__________

请将收汇款原币( )人民币( )划入我公司下列账上：

开户行：____________________ 账号：

联系人姓名：____________________ 公司名称：

电话：____________________ 单位公章：

传真：____________________ 法定代表人或有权人签字：

图 7.27 托收委托书(续)

(2) 买方提交了全套的出口单据及汇票。空白汇票的样本如图 7.28 所示。

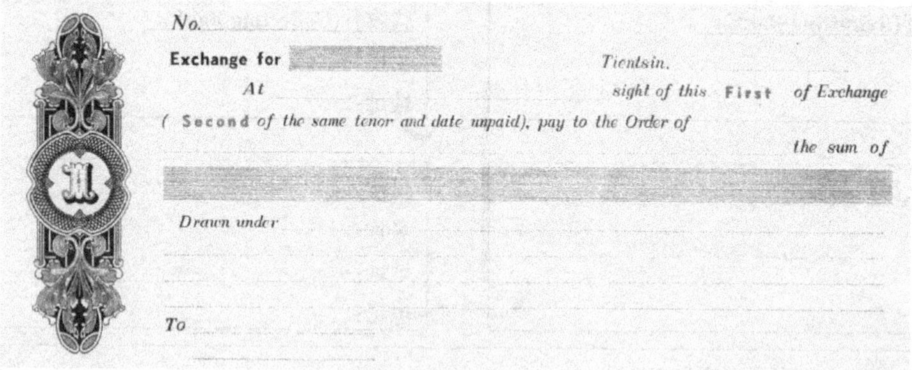
No.
Exchange for Tientsin.
At sight of this First of Exchange
(Second of the same tenor and date unpaid), pay to the Order of
the sum of
Drawn under
To

图 7.28 空白汇票样本

【知识链接】

出口方在信用证有效期和交单期限内缮制商业汇票，并随附商业发票、装箱单、普惠制产地证书、非木质包装证明、保险单、提单和装运通知等全套议付单据，向指定银行提交符合信用证条款规定的单据。银行在收到单据后立即按照信用证条款的规定进行审核，确认无误后在收到单据次日起不超过 5 个银行工作日办理出口结汇，并按当日外汇买入价购入，结算成人民币支付给出口商。

一、交单结汇业务程序

交单结汇业务程序如下。

(1) 出口商缮制商业汇票并持信用证规定的全套单据送至议付行进行议付，结算货款是交易的目的。因此，必须做到单证一致、单单一致和单同一致。

(2) 议付行对议付单据进行审核，核准无误后给予议付，如有不符点必须修正。

(3) 付款行对议付单据进行审核，核准无误后按照信用证规定的索偿路线进行付款转账，如有不符点可拒付。

(4) 进口方审核单据无误后付款赎单。然后，办理进口货物报检、报关及提货手续。

二、信用证的结汇方式

(1) 收妥结汇，又称"先收后结"，是指出口地银行对受益人提交的单据进行审核无误后，将单据寄给付款行索偿。当付款行收到货款并划给出口地银行后，由出口地银行按当日外汇牌价结算成人民币贷记受益人账户或交付受益人。

(2) 定期结汇，是指出口地银行对受益人提交的单据进行审核无误后，将单据寄给付款行索偿，从交单日至事先规定的期限内，将货款按当日外汇牌价结算成人民币，贷记受益人账户或交付受益人。

(3) 买单结汇，又称"出口押汇"或议付。其指议付行对受益人提交的单据进行审核无误后，按有关规定，买入受益人的汇票或单据，按照票面金额扣除从议付日至收款日的利息，按当日外汇牌价结算成人民币贷记受益人账户或交付受益人。

三、缮制汇票

(一) 汇票的必要项目

汇票是出票人签发的，委托付款人在见票时或者在指定日期无条件支付确定金额给收款人或者持票人的票据。汇票是一种要式证券，必须载明必要的法定事项，符合票据法的规定。《中华人民共和国票据法》(以下简称《票据法》)明确规定，汇票必须记载下列事项。

1. 表明"汇票"的字样

用英文单词 Bill of Exchange、Draft 或 Bill 表示，主要是为了区别其他的支付工具，如本票和支票等。

2. 应有无条件支付命令

汇票是出票人指定付款人支付给收款人的无条件支付命令书，如果汇票上附有其他条件，如"卖方须交付符合合同规定的货物后，支付其金额10 000美元"，则该汇票无效。

3. 确定的金额

汇票票面所记载的金额必须确定，并用文字大写和数字小写分别表明，两者必须一致，否则票据无效。

4. 付款人名称

付款人(Drawee)通常是进口人或其指定的银行，其名称和地址应详细书写在"To"后。

5. 收款人名称

收款人(Payee)又称抬头，是受领汇票金额的人，通常是出口人或其指定的银行。其写法有3种。

(1) 限制性抬头。例如，"仅付给德蒙(Pay to Damon only)"或"付给德蒙，不准转让(Pay to Damon not transferable)"。这种汇票不能作背书转让。

(2) 指示性抬头。例如，"付给德蒙或其指定的人(Pay to Damon or order)"。这种汇票可经背书转让。

(3) 持票人或来人抬头。在汇票上不指定收款人名称，只写"付给持票人(Pay to holder)"或"付给来人(Pay to bearer)"字样。这种汇票可凭交付汇票进行转让，无须背书。《票据法》规定，凡签发持票人或来人抬头的汇票无效。

6. 出票日期

汇票记载出票日期的作用主要有，决定汇票的有效起算日，决定出票后定期付款的到期日，决定出票人(Drawer)的行为能力。

7. 出票人签字

出票人只有在票据上签字后，才承担付款或承兑责任。

如未记载上述规定事项之一的汇票，则无效。在实际业务中，汇票通常还需列明付款日期、付款地点和出票地点等内容。《票据法》规定："汇票上记载付款日期、付款地、出票地等事项的，应当清楚、明确。汇票上未记载付款日期的，为见票即付。汇票上未记载付款地的，付款人的营业场所、住所或者经常居住地为付款地。汇票上未记载出票地的，出票人的营业场所、住所或者经常居住地为出票地。"此外，汇票还可以记载一些《票据法》允许的其他内容,如汇票编号、付一不付二和出票条款等。

(二) 缮制汇票的方法

汇票是一种代替现金的支付工具,一般有两张正本(即 First Exchange 和 Second Exchange),具有同等效力,付款人付一不付二,付二不付一,先到先付,后到无效。汇票有银行汇票和商业汇票两种形式,在信用证和托收方式业务中,多使用出口方出具的商业汇票。

信用证项下汇票的主要内容和缮制方法如下。

1. 编号

汇票编号(No.)填本套单据的发票号码。

2. 出票日期与地点

信用证项下的出票日期(Date of Issue)是议付日期,出票地点(Place of Issue)是议付地或出票人所在地,通常由出口方委托议付行在办理议付时代填。值得注意的是,汇票出票不得早于其他单据日期,也不得晚于信用证有效期和提单日期后第 21 天。

3. 汇票金额

汇票金额(Amount)用数字小写和英文大写分别表明,大小写金额与币制必须相符。小写金额位于"Exchange for"后,可保留 2 位小数,由货币名称缩写和阿拉伯数字组成,如 USD1 550.20;大写金额位于"the sum of"后,习惯上句首加"SAY",意指"计",句尾由"ONLY"示意为"整",小数点用 POINT 或 CENTS 表示。例如,SAY U.S. DOLLARS ONE THOUSAND FIVE HUNDRED AND FIFTY POINT TWO ONLY。通常汇票金额和发票金额一致,不得超过信用证金额,除非信用证另有规定。

4. 付款期限

付款期限(Tenor)必须按信用证的规定填写。

(1) 即期付款在"At"与"sight"之间填上"*"符号,变成 At*****sight,表示见票即付。

(2) 远期付款主要有见票后若干天付款、出票日后若干天付款、提单日后若干天付款和定日付款。例如,信用证规定见票后 90 天付款(Available against your drafts drawn on us at 90 days after sight),在"At"与"sight"之间填入"90 days after",意为从承兑日后第 90 天为付款期;信用证规定出票日后 90 天付款(Available against presentation of the documents detailed herein and of your drafts at 90 days after date of issue),则在"at"后填入"90 days after date of issue",将汇票上印就的"sight"划掉,意为汇票出票日后 90 天付款;信用证规定提单日后 60 天付款(Available by beneficiary's drafts at 60 days after on board B/L date),则在"at"后填入"60 days after date of B/L,"删去"sight",意为提单日后第 60 天付款。

远期汇票付款时间的计算采用算尾不算头,如见票日为 6 月 10 日,付款期限为见票日后 30 天,则应从 6 月 11 起算 30 天,到期付款日为 7 月 10 日。如以月为单位计算付款期限,则不考虑每月的具体天数,都以相应月份的同一天为到期日,如见票后 2 个月付款,见票日为 6 月 10 日,到期付款日应为 8 月 10 日。如无对应日期,则以该月底后一天代替。如到期日恰逢周末或节假日,则顺延后一个工作日。

另有一种远期汇票,即在信用证汇票条款中规定远期汇票(如 Available by your drafts at 90 days after sight on us…),在特殊条款中又规定受益人可即期收款(如 The negotiating bank is authorized to negotiate the insurance drafts on sight basis, as acceptance commission, discount charges and interest are for account of buyer),仍按远期(90 days after)填制,但可向议付行即期收款,其贴息由开证人负担。

5. 受款人

汇票受款人(Payee)又称抬头人或收款人,是指接受票款的当事人。汇票常见的抬头表示方式如下。

(1) 指示性抬头。在受款人栏目中填写"Pay to the order of…",意为"付给……人(指定的人)"。我国实际业务中多以中国银行等议付行为受款人,如"Pay to Bank of China"。以议付行为收款人,议付行要在汇票背面进行背书。

(2) 限制性抬头。在受款人栏目中填写"Pay to…only"或"Pay to…not transferable",意为"仅

付……人"或"限付给……人",不许转让。使用这种方式多是付款人不愿将本债务和债权关系转移到第三者。

(3) 持票人抬头,又称来人式抬头,即在受款人栏目中填写"Pay to bearer",意为"付给持票人"。这种方式不用背书就可转让,风险较大,现极少使用。

6. 出票条款

出票条款(Drawn Clause)必须按信用证的描述填于"Drawn under"后,如信用证没有出票条款,其分别填写开证行名称、地址、信用证编号和开证日期。

信用证如有利息条款,例如,"Payable with interest at 5 percent annum from date hereof to approximate date of arrival of covering goods in Tokyo",或信用证要求汇票注明"Documents against payment"(D/P),必须在出票条款后将其列出。

7. 付款人

汇票付款人(Drawee)即受票人,包括付款人名称和地址,在汇票中以"To...(致……)"表示。付款人必须按信用证规定填制,通常为开证行。如果信用证规定"Draft drawn on applicant"或"drawn on US"或未规定付款人时,在"to"后都打上开证行名称和地址。

如果信用证规定以开证申请人为付款人,银行将视该汇票为一份附加的票据。

8. 出票人签章

出票人为信用证受益人,也就是出口方,需要出票人签章(Signature of the Drawer)。通常在右下角空白处打上出口方全称,由经办人签名,该汇票才正式生效。如果信用证规定汇票必须手签,应照办。

【操作示范】

缮制商业汇票。

缮制的商业汇票如图 7.29 所示。

应注意汇票是由各银行印制,内容大致相同,是支付货款的凭证,属于有价证券。汇票中的大小金额和币制必须一致。信用证项下的汇票应做到单证一致,单单一致,要整洁美观,不得有涂改现象。注意信用证支付方式项下与托收方式项下的汇票在填制要求方面有所不同。

No. TX0522	BILL OF EXCHANGE	NINGBO
For USD60 000.00		Date JUN. 26, 2009

At **** sight of this SECOND BILL of EXCHANGE(first of the same tenor and date unpaid)pay to the order of   BANK OF CHINA NINGBO BRANCH   the sum of SAY U.S DOLLARS SIXTY SIX THOUSAND ONLY.

Drawn under   FUJI BANK

L/C No.   TH2003   Dated   APR, 30.2009

To.   FUJI BANK
      66 SAKULA OTOLIKINGZA MACHI OSAKA JAPAN

           诚通贸易公司

      CHENGTONG TRADE COMPANY
           诚通

图 7.29 商业汇票

任务 7.6　出口收汇核销

7.6.1　操作步骤

(1) 出口企业申领纸质核销单。
(2) 提交核销单报关出运。
(3) 海关验讫签返核销单。
(4) 向外汇指定银行交单议付或托收。
(5) 申报收汇信息。
(6) 办理核销手续。

7.6.2　操作分析

1. 申领空白的核销单

(1) 到国家外汇管理局注册，得到一张光盘、一张法人卡和一张个人卡。
(2) 用光盘在计算机上安装中国电子口岸企业首页。
(3) 在国家外汇管理局网上购买收费 95199IC 卡(一种卡有两种不同的收费方式)，打款，得到收费的页面登录密码。
(4) 激活"出口收汇"这一子系统及按要求申请 IC 卡三级权限。
(5) IC 卡的备案及权限申请步骤：使用企业法人卡登录中国电子口岸企业首页后，单击身份认证，数据备案，IC 卡权限(查找 IC 卡卡号)，外汇，暂存，申报。
(6) 带着两张卡到国家外汇管理局进行三级审批。
(7) 打开当地电子口岸主页。
(8) 单击企业登录页面，输入密码。
(9) 插入个人卡。
(10) 单击核销单申请。
(11) 带着两张卡再到国家外汇管理局去拿核销单。空白核销单样本如图 7.30 所示。

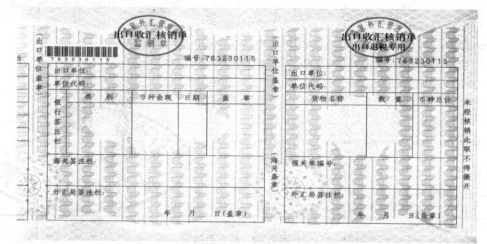

图 7.30　空白核销单样本

2. 办理核销手续并提供相关资料

(1) 核销单。
(2) 报关单(出口收汇专用联)，前提已通过电子口岸交单。
(3) 银行结汇水单。
(4) 出口收汇核销表(一式两份)。

【知识链接】

一、出口收汇核销制度

出口收汇核销管理制度是指国家外汇管理部门依据国家赋予的职能，在海关、商务、税务、银行等部门的配合下，以出口货物的价值为标准，运用电子技术手段，核对出口单位在规定的期限内是否有相应的外汇(或货物)收回国内的一种事后监管制度，是对出口单位出口后将除国家允许或批准可以保留在境外的收汇收回境内结汇或入账的管理措施。出口收汇核销制度建立于1991年1月1日，期间经过不断修改和完善，目前已成为一种比较成熟的管理制度。

按照出口收汇核销制度的规定，出口单位货物出口后，应当按照出口合同约定的收汇时间和方式及出口货物报关单注明的成交总价及时、足额收回出口货款。即期收汇出口项下应当在货物报关出口后180天内收汇，远期收汇出口项下应当根据在国家外汇管理局远期备案的出口合同规定的期限收汇。出口单位应当在规定的收汇时间后30天内向外汇管理部门办理出口收汇核销手续。

国家实施出口收汇核销管理的主要目的和管理机制是，外汇管理部门依托作为货物进出境管理机关的海关出具的证明出口货物价值的凭证——出口货物报关单，监督出口单位将与出口货物价值相对应的外汇及时、足额收回境内结汇或入账，以实现货物出口与外汇收回的等量对流，防止不法企业逃汇或将外汇非法滞留或截留境外，同时防止非出口贸易项下境外资金混入经常项目结汇，从而维护国际收支的平衡和人民币汇率的稳定。

二、出口收汇核销业务流程

出口收汇核销业务流程如下。

(1) 出口单位到中华人民共和国商务部或其委托的机构办理备案登记，取得对外贸易经营权。

(2) 出口单位到海关办理"中国电子口岸"入网手续，并到有关部门办理"中国电子口岸"企业法人IC卡和"中国电子口岸"企业操作员IC卡电子认证手续。

(3) 出口单位持有关材料到注册所在地外汇局办理核销备案登记，外管局审核无误后，为出口单位办理登记手续，建立出口单位电子档案信息。

(4) 出口单位通过"中国电子口岸出口收汇系统"在网上向外汇局申领出口收汇核销单。

(5) 出口单位凭操作员IC卡、出口合同(首次申领时提供)到注册所在地国家外汇管理局申领纸质核销单。

(6) 出口单位报关前通过"中国电子口岸出口收汇系统"在网上向报关地海关进行出口核销单的口岸备案。

(7) 出口单位出口报关。

(8) 出口单位报关出口后通过"中国电子口岸出口收汇系统"将已用于出口报关的核销单向外汇局交单。

(9) 出口单位在银行办理出口收汇后，到国家外汇管理局办理出口收汇核销手续。

三、缮制出口收汇核销单

出口收汇核销单是由国家外汇管理局统一印制，由出口企业和银行分别缮制，海关凭其受理报关，各级外汇管理部门将其作为核销外汇的凭证。由核销单存根、核销单及其出口退税专用联三联构成。其内容和缮制的要点如下。

（一）核销单存根联的缮制方法

核销单存根联的填制应以本套结汇单据的发票和出口报关单为依据，在出口报关后交当地外汇管理局备案。

(1) 编号。编号事先已由国家外汇管理局统一印制。
(2) 出口单位的名称。注明合同的出口方公司的全称,并加盖公章,应与出口货物报关单、发票的同项内容一致。
(3) 单位代码。此栏填出口单位的税务登记9位数代码。
(4) 出口币种总价。按收汇的原币种填人该批货物的应收总额,通常与商业发票的总金额相同。
(5) 收汇方式。根据合同的规定填制收汇方式,如L/C、D/D、D/A或T/T等。
(6) 预计收款日期。根据具体的收汇方式,将推算出的可能收到汇款的日期填人此栏。具体的推算方法如下。即期信用证或托收项下的货款,属近洋的地区,为寄单日后25天,远洋地区则为35天;远期信用证或托收项下的货款,属近洋地区,为付款日后第35天,远洋地区则45天;分期付款要注明每次收款日期和金额;寄售项下的货款最迟在报关日起360天之内结汇;自寄单据项下的货款,自报关日起50天内结算。
(7) 报关日期。按海关放行日期填写。
(8) 备注。填写收汇方面需要说明的事项。例如,委托代理方式下,代理出口企业必须注明委托单位名称,并加盖代理出口企业的公章;属联合对外出口,应注明其他单位的名称及其出口金额,并加盖报关单位公章;原出口商品如发生变更,要填原核销单的编号等。
(9) 此单报关有效期截止到。通常填写出口货物的装运日期。

(二) 核销单的缮制方法
核销单的内容除与存根联相同的以外,还有下列栏目。
(1) 银行签注栏。由银行填写商品的类别号、货币名称和金额,注明日期,并加盖公章。
(2) 海关签注栏。此栏由海关批注有关内容,并加盖公章。
(3) 外汇局签注栏。由国家外汇管理局在本栏批注有关内容,并填制日期,加盖公章。

(三) 核销单出口退税专用联的缮制方法
核销单出口退税专用联的栏目除与上述两联相同的以外,还有如下内容。
(1) 货物名称。填实际出口货物的名称,应与发票、出口货物报关单的品名一致。
(2) 数量。按包装方式的件数填写,应与报关单同项内容相符。
(3) 币种总价。按发票或报关单的总金额和币种填写。
(4) 报关单编号。按出口货物报关单的实际编号填人。出口收汇核销流程如图7.31所示。

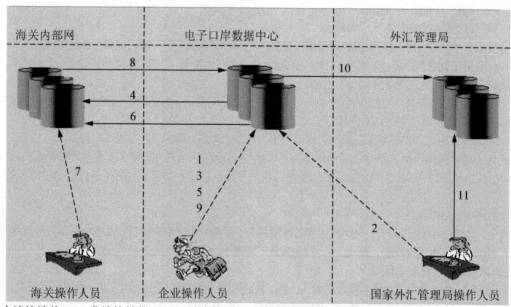

1. 申请核销单 2. 发放核销单 3. 口岸备案 4. 核销单数据 5. 出口报关单申报 6 出口报关单数据
7. 出口报关单审单验放 8. 出口结关报关单电子数据 9. 交单 10. 出口结关报关单电子数据 11. 核销

图7.31 出口收汇核销流程图

(资料来源:http://www.gotohui.com/show.php?contentid=19311.)

【操作示范】

缮制核销单。

(1) 诚通贸易公司收到中国银行宁波分行进账单,如图 7.32 所示。

中国银行宁波分行进账单(回单)

2008 年 7 月 10 日 第 060611 号

出票人	全称	TKARMRA TRADING CORPORATION	收款人	全称	诚通贸易公司
	账号	ZR96066682		账号	THY6684321337
	开户银行	FUJI BANK		开户银行	中国银行宁波分行

美元:USD 60 000.00		千	百	十	万	千	百	十	元	角	分
		U	S	D	6	0	0	0	0	0	0

票据种类	BP RT173	申报号码
票据张数	核销单号: 06068866	NO. 0606775588

中国银行国际结算专用章

出口收汇核销专用章

图 7.32 中国银行宁波分行进账单

(2) 缮制核销单。核销单如图 7.33 所示。

出口收汇核销单 存根	出口收汇核销单	出口收汇核销单 出口退税专用
(甬)编号:325623454	(甬)编号:325623454	(甬)编号:325623454

出口单位: 诚通贸易公司	出口单位: 诚通贸易公司				出口单位: 诚通贸易公司		
单位编码:4654984	单位编码:4654984				单位编码:4654984		
出口币种总价: USD 60 000.00	出口单位盖章	银行海关鉴注栏	类别 全棉色织T恤衫	币种金额 USD 60 000.00	盖章	货物名称 全棉色织T恤衫	数量 6 000 PCS	币种总价 USD 60 000.00
收汇方式:L/C								
预计收款日期: 08072								
报关日期: 2008.06.20								

诚通贸易公司

中国银行

诚通贸易公司

图 7.33 核销单

备注:	海关签注栏: 该票货物已于 2008.06.25 结关	报关单编号: SH0328866451
此单报关有效截止到 2008.07.30	外汇局注栏: 2008年7月12日(盖章) 国家外汇管理局	处正局签注栏: 宁波 海 关检讫章 2008年7月12日(盖章)

图 7.33 核销单(续)

任务 7.7 出口退税

7.7.1 操作步骤

(1) 有关证件的送验及登记表的领取。
(2) 退税登记的申报和受理。
(3) 填发出口退税登记证。
(4) 办理出口退税报关手续。
(5) 填报出口退税申请书并办理相关退税手续。

7.7.2 操作分析

1. 办理退税的程序

(1) 登录出口退税网,下载外贸企业出口退税申报系统,安装后通过系统维护进行企业信息设置。

(2) 通过退税系统完成出口明细申报数据的录入、审核。

(3) 取得增值税发票后,在发票开票日期 30 天内,在"发票认证系统"或国家税务局进行发票信息认证。

(4) 通过退税系统完成进货明细申报数据的录入、审核。

(5) 通过系统中"数据处理"的"进货出口数量关联检查"和"换汇成本检查"后生成预申报数据。

(6) 网上出口货物退(免)税申报(以下简称"预申报")和查看预审反馈。

(7) 在申报系统中录入单证备案数据。

(8) 预审通过后,进行正式申报,把预申报数据确认到正式申报数据中。

(9) 打印出口明细申报表、进货明细申报表、出口退税申报汇总表各两份,并生成退税申报光盘,光盘中应该有 12 个文件,并在生成好的退税光盘上写上企业的名称和海关代码。

(10) 准备退税申报资料,到退税科正式申报退税(需要在出口日期算起 90 天内进行正式申报)。

(11) 税款的退还

税务局得到退税的批复之后，会将数据上传到退税网，同时系统自动发送电子邮件。企业看到后，可以到"数据管理"—"退税批复"栏目中查看。单击某条批复的数据，显示注意事项。单击"下一步"，会显示"出口货物税收退还申请书"的内容，企业应仔细核对开户行与账号是否准确，打印 3 份。根据注意事项的相关内容，在打印出的表单中盖章，交到退税科，由退税机关办理退税，具体如图 7.34 所示。

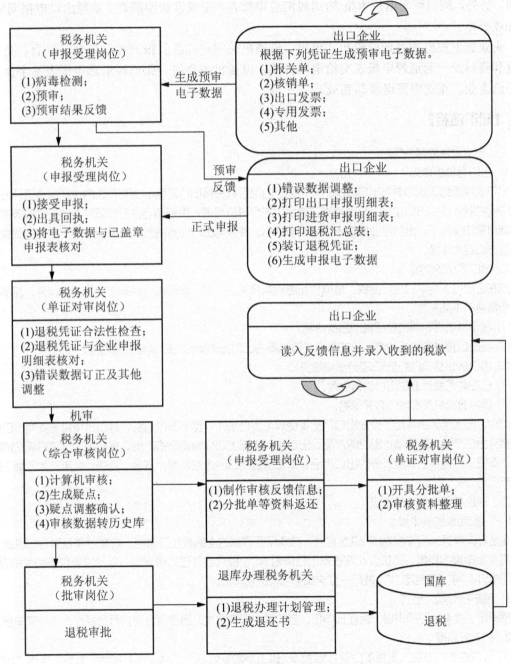

图 7.34　外贸企业出口退税申报、审核、审批流程

(资料来源：童宏祥. 国际贸易实务[M]. 上海：上海财经大学出版社，2010.)

2. 办理退税所需的资料

办理退税所需资料如下：打印好的专用封面纸、《外贸企业出口退税进货明细申请表》、《外贸企业出口退税出口明细申请表》、出口退税专用核销单、税收(出口货物专用)缴款书、增值税发票抵扣联及专用货物清单、代理出口证明(如属代理出口的)、出口退税专用报关单、资料封底。以上单据在装订时要按关联号排列，所有单据竖着放，靠右侧在上方装订，装订成一册。另外，应附两套退税申报表(退税汇总申报表、退税进货明细表、退税出口申报明细表)并加盖公章。

企业到退税机关办理退税正式申报，退税机关审核光盘及报表和资料合格以后，企业将光盘和资料及一套退税申报表交给退税机关，退税机关会将一张退税汇总申报表签字盖章后返还给企业。正式申报退税即完成。

【知识链接】

一、出口退税的有关规定

1. 出口退税的含义

出口退税是指国家为增强出口商品的竞争力，由税务机关将出口离境的货物在国内生产与流通环节中已征的中间税款返还给出口企业，从而使出口商品以不含税价格进入国际市场参与国际竞争的一种政策制度。在即期付款的条件下，出口企业应在出口收汇核销后，持该笔出口业务的有关单据及时向出口地的国家税务局办理出口退税手续。

2. 出口退税的范围

凡在进出口贸易中已征产品税、增值税和特别消费税的产品，除国家明确规定不予退还以外，都予以退税。但需具备下列条件。

(1) 属于增值税和消费税征税范围的货物。

(2) 经出口报关离境的货物，已加盖海关验讫章的出口报关单和出口销售发票为准。

(3) 出口货物必须已经结汇(部分货物除外)。

(4) 已在财务会计上做出口销售处理。

(5) 提供退税机关规定的有关单据。

同时，国家也明确规定了少数出口产品即使具备上述条件，也不予以退税。其出口货物主要有出口的原油，援外出口产品，国家禁止出口的产品，出口企业收购出口外商投资的产品，来料加工、来料装配的出口产品，军需工厂销售给军队系统的出口产品，军工系统出口的企业范围，齐鲁、扬子、大庆三大乙烯工程生产的产品等。

二、退税的预申报及预审核

(一) 退(免)税的预申报

企业在向税务部门申报退(免)税数据时，必须保证资料的准确性和及时性，这样才能及时退回税款。为了提高企业申报的质量，外贸企业在收齐出口货物退(免)税凭证并正式申报前，可向主管税务机关的退(免)税部门(以下简称"退税部门")进行一批次或多批次的预申报。

1. 预申报时间、方式

预申报主要有上门预申报、远程预申报、自助预申报等方式。出口企业可自行选择是否进行预申报。

2. 预申报流程

(1) 外贸企业的办税人员将本企业当期(批次)出口货物退(免)税纸质凭证的基础明细数据采集到"出口退(免)税申报系统"(以下简称"申报系统")。

(2) 外贸企业通过申报系统生成当期(批次)预申报明细电子数据。

(3) 外贸企业将预申报明细电子数据报送给退税部门(上门预申报)或通过远程网络进行预审核，并取得预审核反馈数据。

(4) 外贸企业将预审核反馈数据读入申报系统，在系统内进行"预审核反馈数据处理"操作，以反馈数据对申报系统中的申报数据进行适当调整。

(二) 退(免)税的预审核

退(免)税部门的退税窗口接受外贸企业的出口货物退税预申报，在"出口退(免)税审核系统"(以下简称"审核系统")进行预审核，并向企业反馈预审核疑点电子数据。

预审核主要包括以下项目。

1. 数据自身审核

(1) 审核数据：数据唯一性与有效性审核。

(2) 审核分部核算：调取出口企业退税认定信息中相应部门代码信息，确定该企业是否分部核算。

(3) 审核出口货物：该商品代码是否存在，是否为基本商品，计量单位是否一致，是否为禁止出口货物或不退(免)税货物等。

(4) 审核税率：包括增值税税率和消费税税率。

(5) 审核单证：该报关单是否已开具过补办报关单证明、出口货物退运已办结税务证明、代理出口货物证明、出口转内销证明等单证，审核报关单(以报关单上注明的出口日期为准)是否超过规定的 90 天(审批延期的除外)。

2. 与相关部门数据进行核对

(1) 与出口报关单电子信息进行核对。申报数据的出口报关单号码是否在出口报关单电子信息中，出口报关单电子信息中的相应数据未被设置选中标志，申报的出口货物退税税率不应高于报关单电子信息中商品代码对应的退税率，申报的出口货物美元离岸价与出口报关单电子信息中美元离岸价之差在规定的误差范围内。审核报关单(以报关单上注明的出口日期为准)电子信息中的出口日期是否超过规定的 90 天。

(2) 如果该退(免)税明细数据属于代理出口，则与代理出口证明电子信息进行核对。申报数据的代理出口证明号码在代理出口证明电子信息中的相应数据未被设置选中标志，申报的出口货物退税税率不应高于代理出口证明电子信息中商品代码对应的退税率，申报的出口货物美元离岸价与代理出口证明电子信息中美元离岸价之差在规定的误差范围内，代理出口证明的申报日期是否超过规定的 90 天(以出具之日起为准)。

(3) 与核销单电子信息进行核对。申报数据的核销单号码在核销单电子信息中，核销单电子信息中的相应数据未被设置选中标志。

(4) 与综合征管应用系统、增值税管理应用系统、稽查管理系统等传来的增值税专用发票、专用税票等电子信息进行核对。对增值税专用发票主要核对以下内容：销货方纳税人识别号、购货方纳税人识别号、增值税专用发票号码、增值税专用发票代码、开票日期、计税金额、税额。

3. 综合性审核

根据外贸企业出口退税政策的要求对进行企业申报的出口数据和进货数据进行审核，并计算应退税额。

4. 其他审核项目

(1) 审核换汇成本是否超出合理范围。

(2) 是否为敏感地区和企业购进并出口等审核配置要求的其他审核项目。

三、退(免)税的正式申报及正式审核

外贸企业完成预申报并进行了预审反馈信息处理后，便可在规定的申报期限内，向退税部门按月进行一批次或多批次的出口货物退税申报(以下简称"正式申报")。

(一) 正式申报

1. 外贸企业正式申报前的准备工作

作为增值税一般纳税人的外贸企业以一般贸易或进料加工贸易方式出口货物，申请办理出口货物退税正式申报，要做好下列准备工作。

(1) 当期(批次)出口货物退税纸质凭证的收集具体包括下列单据。
① 出口货物的增值税专用发票(抵扣联)。
② 税收(出口货物专用)缴款书或出口货物完税分割单(仅指购进出口的消费税应税货物)。
③ 出口货物报关单(出口退税专用联)(保税区内的商贸公司还需提供备案清单)。
④ 代理出口货物证明(仅指委托其他企业代理出口的企业,如受托方将代理出口货物与其他货物一笔报关出口的,还须提供出口报关单出口退税联复印件和核销单出口退税联复印件)。
⑤ 核销单(出口退税专用)(自动核销除外)(保税区内的外贸公司还需提供结汇水单)。
上述纸质凭证须按顺序装订成册。

(2) 将当期(批次)出口货物退税纸质凭证的基础明细数据输入申报系统。对于已进行预申报的企业,不必重复进行基础数据采集和数据加工处理步骤,只需在申报系统内将经过反馈处理的数据转为正式申报数据即可。

(3) 在申报系统内对当期(批次)申报明细电子数据进行加工处理。根据企业出口业务,将进货申报数据与出口申报数据进行配比。

(4) 生成正式申报报表电子数据,并打印签章,具体包括下列内容。
① 生成"出口货物退(免)税进货明细申报表"、"出口货物退(免)税出口明细申报表"电子数据(对于已预申报的企业,如申报数据无调整,可不必重复生成明细申报表电子数据)。
② 生成"出口货物退(免)税汇总申报表"电子数据。
③ 进行数据的一致性检查。
④ 打印以上报表。

"出口货物退(免)税汇总申报表"由财务负责人签字,并加盖企业财务专用章、法定代表人印章和企业公章;"出口货物退(免)税进货明细申报表"、"出口货物退(免)税出口明细申报表"的每联都应由企业经办人和财务负责人签章,并加盖公章。上述报表应按顺序装订成册。"出口货物退(免)税汇总申报表"为一式三份,报退税部门三份,其中一份装在资料里,退税部门签批后留存一份,报地市以上(含地市,下同)税务机关一份。"出口货物退(免)税进货明细申报表"、"出口货物退(免)税出口明细申报表"均为一份,装订在企业申报资料里。

(5) 导出正式申报电子数据。将申报数据导出到光盘或其他移动设备中,生成正式申报电子数据。

2. 外贸企业正式申报

外贸企业向退税部门按月进行一批次或多批次出口货物退(免)税正式申报,将申报的电子数据、装订成册的纸质凭证和报表报送给退税管理部门,取得"接单登记回执"。

(二) 税务机关受理

退税窗口的税务人员接收企业正式申报的资料后,对资料进行检查。其主要项目有:①由于税务机关受理的数据来自各个企业,所以,首先对企业申报电子数据进行病毒检测,确认数据安全后读入审核系统;②检查企业申报报表的种类、内容、联次和数量是否齐全;③检查企业申报纸质凭证的种类和数量是否与汇总表一致;④检查纸质凭证和报表是否按规定装订成册。

税务人员经初步检查,如发现企业申报问题,及时告知办税人员改正后再申报;如检查通过,则通过审核系统出具"接单登记回执",确认受理正式申报,并将所接收的纸质资料移交初审岗位。

(三) 税务机关审核

税务机关对外贸企业正式申报资料的审核工作分为初审和复审两个步骤。

1. 初审

初审是指人工审核。审核分两步进行。第一步将电子数据与纸质申报表进行核对,第二步将电子数据与原始凭证进行核对。

出口货物的审核要点有:①必须是属于增值税、消费税征税范围的货物;②必须是报关离境的货物;③必须是在财务上作销售处理的货物;④必须是出口收汇并已核销的货物。

2. 复审

复审是指用计算机审核，也就是利用计算机审核系统，对企业申报的电子数据进行自身逻辑关系审核，同时与海关、外汇管理、征税等部门提供的电子信息进行交叉对审。复审的主要作用是通过审核发现疑点并进行相应处理，从而保证审核结果的准确性。

计算机审核的内容及要点：①审核数据的唯一性、有效性；②审核分部核算；③审核商品代码；④审核退税率；⑤审核进货信息；⑥审核出口信息；⑦审核有关证明电子信息；⑧审核换汇成本是否超出合理范围。

（四）退(免)税的签批

签批，又称"审核审批"，是"退库审批"的前一道环节，在出口退税的管理中，原则上要求有签批环节。

退税部门负责人在接收到退税复审岗位人员审核确认的申报数据和企业申报汇总表后，对退税审核结果进行最终确认，签批的主要数据来源为正常退税审核结果，也可是特准退税申报审核的结果。

（五）退(免)税的审批及退库

外贸企业退(免)税经过申报、初审、复核和签批4个环节被确认没有问题后，继而转入审批环节，退税审批工作由地市级以上税务机关完成。

对退税指标进行预处理是退税审批前的首要工作。在所属期内(年为单位)，国家税务总局会根据不同阶段的实际情况给各地下达退税指标，地市级以上税务机关在接到总局下达的退税指标文件后，应及时将退税指标录入审核系统内，确保指标监控功能的有效实现和审批工作的顺利进行。税务机关应在总局下达的指标范围内及时为企业办理审批退库手续。至此，本次申报工作完成。

四、出口企业出口货物退(免)税有关备案单证

为规范外贸出口经营秩序，加强出口货物退(免)税管理，防范骗取出口退税的违法活动，国家税务总局决定对有关出口企业出口货物退(免)税的单证实行备案管理制度。

出口企业自营或委托出口属于退(免)增值税或消费税的货物，最迟应在申报出口货物退(免)税后15天内，将下列出口货物单证在企业财务部门备案，以备税务机关核查。

（一）购货合同

购货合同，即《中华人民共和国合同法》所称买卖合同，是指供货者转移货物的所有权于出口企业，出口企业支付货款，出口企业与供货者签订的有关民事权利与义务关系的协议，含委托加工复出口业务的委托加工协议、原材料的购货合同。电子合同、口头合同等无纸化合同按国税函[2006]904号的规定备案。

购货合同是指外贸企业购货合同、生产企业收购非自产货物出口的购货合同，包括一份购销合同下签订的补充合同等，如图7.35所示。

购销合同

需方(订货单位)：   合同号码：
供方(供货单位)：   签订时间：

根据《中华人民共和国合同法》的规定，双方同意签订本合同并共同信守。

1. 品名、规格、数量、金额、交货日期

品名/规格型号	数量、单位	17%税率，价税总价(元)	交货日期总价

金额总计(人民币大写)：

图7.35 购销合同

2. 质量技术标准、质量检验：
3. 交货地点、运输方式：
4. 包装要求：
5. 结算方式：
6. 供方经济责任：
(1) 应按合同规定，按时、按质、按量交货，否则需方因此所受的经济损失，由供方负责。
(2) 如发生未按合同规定数量交货的情况，除按前款赔偿需方经济损失外，对于未交的货物是否需要补交，何时补交，均按需方的要求办理。
(3) 货到需方指定目的地，由于装运不善而造成的损失，由供方负责。
(4) 不符合合同规定的产品，在需方代保管期内实际仓储费由供方承担。
7. 需方经济责任：
(1) 如有预付款，在供方发货前，需方将收到的国外客户汇款划入供方账户。
(2) 未按合同规定时间和要求提供有关资料、包装物等，交货日期则相应延迟。
(3) 实行送货或代运的产品，供方需在送货之前，先与需方委托代理方安排的仓库联系登记，再进行送货。如需方无故拒绝接货，应承担供方因此所受的损失和运输部门的罚金。
(4) 错填到货地点或接货人，应承担由此造成的损失。
(5) 变更产品品种、规格，给供方造成损失时，应偿付供方实际损失，但以直接损失为限。
8. 供需双方由于人力不可抗拒的原因而不能按时履行合同时，经查实证明，可免予承担违约责任。
9. 凡因本合同发生的一切争议，先由双方友好协商解决，如协商不成，均应提交中国国际经济贸易仲裁委员会上海分会，按照该会的仲裁规则进行仲裁。仲裁裁决是终局的，对双方都有约束力。
10. 其他未尽事项除由双方协商达成书面协议者外，按经济合同法有关规定办理。
11. 本合同经双方盖章后生效。

需方签章： 供方签章：
电话： 电话：
传真： 传真：
地址： 地址：

图 7.35 购销合同(续)

(二) 出口货物明细单

出口货物明细单(表 7-3)又称货物出运分析单、信用证分析单，是在信用证结算方式项下，由出口企业制作的，供有关人员在备货和办理其他手续时，了解该笔交易中信用证的规定和要求的，有关出口货物明细情况的清单。

大宗笨重及散装货物及非信用证结算方式项下一般不使用出口货物明细单的，其出库单、发货单或出口货物的包装单据可作为备案单证。

表 7-3 出口货物明细单

经营单位					
日期		信用证号			
开证银行		合同号		发票号码	
		开证日期			
收货人		金额		收到日期	
		贸易性质		收汇方式	
		运输方式		贸易国别	

续表

提单抬头人		装运地		目的港	
		可否转运		可否分批	
		装运期限		有效期限	
通知人		运费			
		成交条件			

唛头	品名及规格	数量	件数	尺码	毛重	净重	单价	总价

注意事项		保险单险别			
装箱时间		保额		按发票金额 %	
装箱地点		赔付地点			
装箱时间		船名			
装箱地点		开航日期/航次			
		核销单号		联系人	

（三）出口货物装货单

出口货物装货单(Shipping Order，S/O)，是指船运公司或船务代理公司在接受出口企业委托的货运代理公司提出的申请后，签发交给货运代理公司、同意货物装船、凭以命令船长将该单所列货物装船的凭证。通常由船务代理公司印制格式，会同船运公司填制具体内容，并签字盖章。装货单是报关单位向海关申报出口货物的随附单证，海关完成验关手续后，一般加盖海关放行章，实行无纸化通关管理的海关通关货物的装货单无海关放行章。

"一般海运出口托运单(Booking Note)"第 4 联、"集装箱货物托运单(Container Booking Note)"、"集装箱拼箱货物装箱准单"均为装货单。

除陆路运输和海洋运输方式外，其他运输方式不备案装货单。

（四）出口货物运输单据

出口货物运输单据的主要形式有：海运提单、多式联运单据、航空运单、国际铁路联运单、货物承运收据、邮政收据、邮寄证明及国际特快专递、国际信使专递、民航快递服务等专门格式的收据。

【操作示范】

出口退税实例。

1．诚通贸易公司收到增值税专用发票

增值税专用发票如图 7.36 所示。

浙江省增值税专用发票

3300044140　　　　　　　　　　　　　　　　　　　　　　　　No. 03061855

抵　扣　联　　　　　　　　开票日期：2008年6月12日

购货单位	名　称：诚通贸易公司 纳税人识别号：3104466775532 地址、电话：上海市中山路 222 号 021-65788877 开户行及账号：中国银行上海分行 SZR80066686	密码区	+58—9/—…<20 加密版本：01 O*12<=—+98>2+28 3300044140 +—<14—+89—19—<1/> 03061855

货物或应税劳务名称	规格型号	单位	数量	单价	金额	税率	税款
全棉色织T恤衫	RM111	件	2 000	￥60.00	￥120 000.00	17%	￥20 400.00
	RM222	件	2 000	￥50.00	￥100 000.00		￥17 000.00
	RM333	件	1 000	￥40.00	￥40 000.00		￥6 800.00
	RM444	件	1 000	￥40.00	￥40 000.00		￥6 800.00
合计					￥300 000.00		￥51 000.00

价税合计(大写)	⊙叁拾伍万壹仟元整	(小写)￥351 000.00

销货单位	名　称：苏州服装厂 纳税人识别号：320486512 地址、电话：苏州市人民路 11 号 电话：0512—××××××××× 开户行及账号：中国银行苏州分行 THY6684321337	备注	253#

收款人：金锦　　　　　复核：张凡　　　　　开票人：王晶　　　　　销货单位(章)

图 7.36　增值税专用发票

注：纳税人识别号即纳税人登记号。

2. 填制出口货物退税汇总申报表

外贸企业出口货物退税汇总申报表如图 7.37 所示。

外贸企业出口货物退税汇总申报表

(适用于增值税一般纳税人)

申报年月：2009 年 7 月　　　　　　　　　　　　　　申报批次：1
纳税人识别号：0320486512
海关代码：0387124666
纳税人名称(公章)：申报日期：2009 年 7 月 20 日　　　　金额单位：

出口企业申报	主管退税机关审核	
出口退税出口明细申报表 1 份，记录 25 条	审单情况	机审情况
出口发票　　　　1 张，出口额 60 000.00 美元		
出口报关单　　　　1 张		
代理出口货物证明　　　　张	本次机审通过退增值税额　　　　元	
收汇核销单　　　1 张，收汇额 60 000.00 美元	其中：上期结转疑点退增值税　　　　元	
远期收汇证明　　张，其他凭证　　　张	本期申报数据退增值税　　　　元	
出口退税进货明细申报表　　1 份，记录 24 条	本次机审通过退消费税额　　　　元	
增值税专用发票 1 张，其中非税控专用发票　张	其中：上期结转疑点退消费税　　　　元	
普通发票　1 张，专用税票　　　　张	本期申报数据退消费税　　　　元	
其他凭证　　张，总进货金额　　　　元	本次机审通过消费税额　　　　元	
总进货税额　　　51 000.00　　　　元	结余疑点数据退增值税　　　　元	
其中：增值税　51 000.00 元，消费税　　元	结余疑点数据退消费税　　　　元	
本月申报退税额　　51 000.00　　　　元		
其中：增值税　51 000.00 元，消费税　　元		
进料应抵扣税额　　　　元，	授权人申明	
申请开具单证	(如果你已委托代理申报人，请填写以下资料)	
代理出口货物证明　　　份，记录　　条	为代理出口货物退税申报事宜，现授权为本纳税人的代理申报人，任何与本申报表有关的往来文件都可寄与此人。	
代理进口货物证明　　　份，记录　　条		
进料加工免税证明　　　份，记录　　条		
来料加工免税证明　　　份，记录　　条		
出口货物转内销证明　　　份，记录　　条		
补办报关单证明　　　份，记录　　条		
补办收汇核销单证明　　　份，记录　　条	授权人签字(盖章)	
补办代理出口证明　　　份，记录　　条		
内销抵扣专用发票 1 张，其他非退税专用发票　张	审单人：	审核人： 　　年　月　日
申报人申明	签批人：	
此表各栏目填报内容是真实、合法的，与实际出口货物情况相符。此次申报的出口业务不属于"四自三不见"等违背正常出口经营程序的出口业务。否则，本企业愿承担由此产生的相关责任。 企业填表人：诚通 财务负责人：赵洪涛　　　(公章) 诚通贸易公司 企业负责人：诚通　　　年　月　日	(公章) 　　　　　　　　年　月　日	
受理人： 受理税务机关(签章)	受理日期：　　年　月　日	

图 7.37　外贸企业出口货物退税汇总申请表

【自我评价】

进行自我评价，并填写表 7-4。

表 7-4 自我评价表

评价项目 \ 完成情况及得分	很好(5)	良好(4)	一般(3)	较差(2)	很差(1)	分项得分
出口收汇核销程序掌握情况						
出口退税业务办理情况						
索赔与理赔的相关流程掌握情况						
缮制各种出口善后工作的单据及资料提供情况						
撰写索赔与理赔函电的熟练程度						

【能力迁移】

1. 拟写索赔函并提供相关单据

请以香港德广商行的身份拟写索赔函并提供相关索赔单据，具体案情如下。

2008 年 10 月，宁波铮华阀门管件有限公司向香港德广商行按 FOB NINGBO USD610.00 per MT 出口铸铁井盖 5 000 公吨，合同规定整批货物分 10 批每两月装运一批，每批供货 500 公吨，货物由买方提供图样生产，并经买方验收后方可接收。该合同品质条款规定：①铸件表面应光滑；②不得有气孔、裂纹、砂眼、缩孔、夹渣和其他铸造缺陷。合同还规定，合同签订后 10 天内，卖方须向买方预付相当于第一批货物金额 10%的保证金，第一批 500 公吨合格货物交货后，卖方可在 5 天内收回保证金；货物装运前卖方应通知买方前往产地抽样检验，并签署质量合格确认书；若卖方提供的货物质量不符合合同要求，买方有权拒收货物；不经双方一致同意，任何一方不得单方面终止合同，否则由终止合同的一方承担全部经济损失。

合同签订后，卖方很快将保证金约 25 万元人民币汇交港商，然后按其提供的图样，投入了相当的人力、物力进行试生产。当生产出部分产品后，卖方电告买方按合同约定前来验货，一旦验收合格，立即进行大批量生产。但港商先是借口工作繁忙，一拖再拖，迟迟不来验货，在卖方再三催促后，买方提出先请当地商检部门代为验货。为及时取得合格确认书，保证按期交货，卖方无奈之下请求当地商检局检验货物。当检验人员赶赴现场并仔细审查合同后发现品质条款中所谓"光洁"概念十分含糊，没有具体标准和程度，存在着引起纠纷的可能；第二条存在的隐患更大，极易使卖方陷于被动。我商检人员立即意识到，这极有可能是一起利用品质条款的欺诈案。于是检验人员立即封存样品，并让卖方再次通知港商按合同规定由其前来验货，在未得到品质合格结论之前，卖方绝不可贸然进行大批量生产。但港商接到通知后，不仅不来验货，反而回函称卖方不能在合同规定的期限内生产出符合合同规定的产品，属于单方面违约，并声称要通过法律程序解决。至此，卖方彻底醒悟，后经多方查证，该港商采用上述手段已经诈骗大陆多家企业，此次卖方虽及时停止生产，避免了更大损失，但被骗的 25 万元人民币保证金却无法追回。

2. 填制报关资料

请根据以下销售确认书(图 7.38)和信用证(图 7.39)内容填制各种报关资料，包括商业发票、装箱单、报关单。

SALES CONFIRMATION

To Messrs.: MASRI BRO. CO.
39 MARILAND BUILDING, JISR EL-SUEZ,
CAIRO, EGYPT

S/C No.: AD-MAS-SC0930
Date: SEPT. 30, 2010

We hereby confirm having sold to you the following goods on terms and conditions as specified below:

Art. No.	Name of Commodity & Specifications	Quantity	Unit Price	Amount
	STAINLESS STEEL COOKWARE SET		CIF ALEXANDRIA	
SV5130	STAINLESS STEEL 7-PIECE COOKWARE SET	512 SETS	US$48.90	US$25036.80
SV6320	STAINLESS STEEL 7-PIECE COOKWARE SET	512 SETS	US$48.90	US$25036.80
TN8310	STAINLESS STEEL 10-PIECE COOKWARE SET	426 SETS	US$58.70	US$25006.20
TN9420	STAINLESS STEEL 10-PIECE COOKWARE SET	426 SETS	US$58.70	US$25006.20
			TOTAL:	US$100086.00

Total Amount in Words: SAY US DOLLARS ONE HUNDRED THOUSAND EIGHTY SIX ONLY

Packing: 1 SET / BOX, 2 SETS / CARTON
256 CARTONS EACH OF SV5130 AND SV6320 IN ONE 20'FCL
213 CARTONS EACH OF TN8310 AND TN9420 IN ANOTHER 20'FCL
TOTAL 938 CARTONS IN TWO 20'FCL.

Shipment: FROM SHANGHAI, CHINA TO ALEXANDRIA, EGYPT DURING NOV. 2010
WITH PARTIAL SHIPMENTS AND TRANSSHIPMENT NOT ALLOWED.

Payment: THE BUYER SHOULD OPEN THROUGH A BANK ACCEPTABLE TO THE SELLER AN IRREVOCABLE LETTER OF CREDIT PAYABLE AT SIGHT FOR 100% OF THE CONTRACT VALUE TO REACH THE SELLER BY OCTOBER 15 AND VALID FOR NEGOTIATION IN CHINA UNTIL THE 15th DAY AFTER THE DATE OF SHIPMENT.

Insurance: TO BE COVERED BY THE SELLER FOR 110% OF THE CIF VALUE AGAINST ICC (A) AND ICC WAR CLAUSES (CARGO) DATED 1/1/1982.

Confirmed by:

THE SELLER
SHANGHAI ANDE INTERNATIONAL TRADE CORP.

曾清山
(signature)

THE BUYER
MASRI BRO. CO.

Nabil Farrag
(signature)

地址：中国上海市长寿路587号沙田大厦1710-1713室 邮编：200060
Add：Room 1710 -1713, Shatian Building, No.587, Changshou Road, Shanghai 200060, China
电话/Tel：021-62324371 传真/Fax：021-62324375 电邮/Email：inquiry@ande.sh.cn

图 7.38 销售确认书

```
****** RECEIVED MESSAGE ******        2010-10-10 19:10:00    Page no : 5446
Station :     MESSAGE DELIVERED
Station :     1          BEGINNING OF MESSAGE

RCVD *FIN/Session/ISN      :F01   7613      752938
RCVD *Own Address          :ICBKCNBJASHI    INDUSTRIAL AND COMMERCIAL BANK OF
RCVD *                                      CHINA
RCVD *                                      SHANGHAI
RCVD *                                      (SHANGHAI MUNICIPAL BRANCH)
RCVD *Output Message Type  :700             ISSUE OF A DOCUMENTARY CREDIT
RCVD *Input Time           :1310
RCVD *MIR                  :6116NBEGEGCX5992183768020
RCVD *Sent by              :NBEGEGCX599     NATIONAL BANK OF EGYPT TOWER BRANCH
RCVD *                                      NBE TOWER, 1187 CORNICHE EL-NILE, CAIRO EGYPT
RCVD *Priority             :Normal
RCVD *
RCVD *27   /SEQUENCE OF TOTAL
RCVD *      1/1
RCVD *40A  /FORM OF DOCUMENTARY CREDIT
RCVD *      IRREVOCABLE
RCVD *40E  /APPLICABLE RULES
RCVD *      UCP LATEST VERSION
RCVD *20   /DOCUMENTARY CREDIT NUMBER
RCVD *      PTS310/006/1587
RCVD *31C  /DATE OF ISSUE
RCVD *      101010
RCVD *31D  /DATE AND PLACE OF EXPIRY
RCVD *      101221 CHINA
RCVD *50   /APPLICANT
RCVD *      MASRI BRO. CO.
RCVD *      39 MAIRLAND BUILDING, JISR EL-SUEZ,
RCVD *      CAIRO, EGYPT
RCVD *59   /BENEFICIARY
RCVD *      SHANGHAI ANDE INTERNATIONAL TRADE CORP.
RCVD *      ROOM 1710 -1713, SHATIAN BUILDING, NO.587, CHANGSHOU ROAD,
RCVD *      SHANGHAI 200060, CHINA
RCVD *32B  /CURRENCY CODE, AMOUNT
RCVD *      USD      50073.60
RCVD *39B  /MAXIMUM CREDIT AMOUNT
RCVD *      NOT EXCEEDING
RCVD *41D  /AVAILABLE WITH...BY
RCVD *      ANY BANK
RCVD *      BY NEGOTIATION
RCVD *42C  /DRAFT AT...
RCVD *      45 DAYS SIGHT
RCVD *      FOR FULL INVOICE VALUE
RCVD *42D  /DRAWEE
RCVD *      DRAWN ON ISSUING BANK
RCVD *43P  /PARTIAL SHIPMENTS
RCVD *      NOT ALLOWED
RCVD *43T  /TRANSSHIPMENT
RCVD *      NOT ALLOWED
RCVD *44E  /PORT OF LOADING/AIRPORT OF DEP.
RCVD *      SHANGHAI, CHINA
RCVD *44F  /PORT OF DISCHARGE/AIRPORT OF DEST
RCVD *      SUEZ, EGYPT
RCVD *44C  /LATEST DATE OF SHIPMENT
RCVD *      101130
RCVD *45A  /DESCRIPTN. OF GOODS & OR SERVICES
RCVD *      STAINLESS STEEL COOKWARE SET AS PER S/C NO. AD-MAS-SC0930 DATED    100930
RCVD *      CIF ALEXANDRIA
RCVD *      SHIPPING MARKS:   MASRI/MAS-0928CK/ALEXANDRIA/C/NO.1-UP
```

图 7.39　信用证

附录

展会实用英语

ZHANHUI SHIYONG YINGYU

1. 展会英语100句

(1) I've come to make sure that your stay in Beijing is a pleasant one. 我特地为你们安排使你们在北京的逗留愉快。

(2) You're going out of your way for us, I believe. 我相信这是对我们的特殊照顾了。

(3) It's just the matter of the schedule, that is, if it is convenient for you right now. 如果你们感到方便的话,我想现在讨论一下日程安排的问题。

(4) I think we can draw up a tentative plan now. 我认为现在可以先草拟一份临时方案。

(5) If he wants to make any changes, minor alternations can be made then. 如果他有什么意见的话,我们还可以对计划稍加修改。

(6) Is there any way of ensuring we'll have enough time for our talks? 我们是否能保证有充足的时间来谈判?

(7) So our evenings will be quite full then? 那么我们的活动在晚上也安排满了吗?

(8) We'll leave some evenings free, that is, if it is all right with you. 如果你们愿意的话,我们想留几个晚上供你们自由支配。

(9) We'd have to compare notes on what we've discussed during the day. 我们想用点时间来研究讨论一下白天谈判的情况。

(10) That'll put us both in the picture.这样双方都能了解全面的情况。

(11) Then we'd have some ideas of what you'll be needing.那么我们就会心中有点儿数,知道你们需要什么了。

(12) I can't say for certain off-hand.我还不能马上说定。

(13) Better have something we can get our hands on rather than just spend all our time talking.有些实际材料拿到手总比坐着闲聊强。

(14) It'll be easier for us to get down to facts then.这样就容易进行实质性的谈判了。

(15) But wouldn't you like to spend an extra day or two here?你们不愿意在北京多待一天吗?

(16) I'm afraid that won't be possible,much as we'd like to.尽管我们很想这样做,但恐怕不行了。

(17) We've got to report back to the head office.我们还要回去向总部汇报情况呢。

(18) Thank you for you cooperation.谢谢你们的合作。

(19) We've arranged our schedule without any trouble.我们已经很顺利地把活动日程安排好了。

(20) Here is a copy of itinerary we have worked out for you and your friends.Would you please have a look at it?这是我们为你和你的朋友拟定的活动日程安排。请过目一下,好吗?

(21) If you have any questions on the details,feel free to ask.如果对某些细节有意见的话,请提出来。

(22) I can see you have put a lot of time into it.我相信你在制订这个计划上一定花了不少精力吧。

(23) We really wish you'll have a pleasant stay here.我们真诚地希望你们在这里过得愉快。

(24) I wonder if it is possible to arrange shopping for us.我想能否在我们访问结束时为我们安排一点时间购物。

(25) Welcome to our factory.欢迎到我们工厂来。

(26) I've been looking forward to visiting your factory.我一直都盼望着参观贵厂。

(27) You'll know our products better after this visit.参观后您会对我们的产品有更深的了解。

(28) Maybe we could start with the Designing Department.也许我们可以先参观一下设计部门。

(29) Then we could look at the production line.然后我们再去看看生产线

(30) These drawings on the wall are process sheets.墙上的图表是工艺流程表。

(31) They describe how each process goes on to the next.表述着每道工艺间的衔接情况。

(32) We are running on two shifts.我们实行的工作是两班倒。

(33) Almost every process is computerized.几乎每一道工艺都是由计算机控制的。

(34) The efficiency is greatly raised,and the intensity of labor is decreased.工作效率大大地提高了,而劳动强度却降低了。

(35) All products have to go through five checks in the whole process.所有产品在整个生产过程中得通过五道质量检查关。

(36) We believe that the quality is the soul of an enterprise.我们认为质量是一个企业的灵魂。

(37) Therefore,we always put quality as the first consideration.因而，我们总是把质量放在第一位来考虑。

(38) Quality is even more important than quantity.质量比数量更为重要。

(39) I hope my visit does not cause you too much trouble.我希望这次来参观没有给你们增添太多的麻烦。

(40) Do we have to wear the helmets?我们得戴上防护帽吗？

(41) Is the production line fully automatic?生产线是全自动的吗？

(42) What kind of quality control do you have?你们用什么办法来控制质量呢？

(43) All products have to pass strict inspection before they go out.所有产品出厂前必须要经过严格检查。

(44) What's your general impression,may I ask?不知您对我们厂总的印象如何？

(45) I'm impressed by your approach to business.你们经营业务的方法给我留下了很深的印象。

(46) The product gives you an edge over your competitors,I guess.我认为你们的产品可以使你们胜过竞争对手。

(47) No one can match us so far as quality is concerned.就质量而言，没有任何厂家能和我们相比。

(48) I think we may be able to work together in the future.我想也许将来我们可以合作。

(49) We are thinking of expanding into the Chinese market.我们想把生意扩大到中国市场。

(50) The purpose of my coming here is to inquire about possibilities of establishing trade relations with your company.我此行的目的正是想探询与贵公司建立贸易关系的可能性。

(51) We would be glad to start business with you.我们很高兴能与贵公司建立贸易往来。

(52) I'd appreciate your kind consideration in the coming negotiation.洽谈中请你们多加关照。

(53) We are happy to be of help. 我们十分乐意帮助。

(54) I can assure you of our close cooperation.我保证通力合作。

(55) Would it be possible for me to have a closer look at your samples?可以让我参观一下你们的产品陈列室吗？

(56) It will take me several hours if I really look at everything.如果全部参观的话，那得需要好几个小时。

(57) You may be interested in only some of the items.你也许对某些产品感兴趣。

(58) I can just have a glance at the rest.剩下的部分我粗略地看一下就可以了。

(59) They've met with great favor home and abroad.这些产品在国内外很受欢迎。

(60) All these articles are best selling lines.所有这些产品都是我们的畅销货。

(61) Your desire coincides with ours.我们双方的愿望都是一致的。

(62) No wonder you're so experienced.怪不得你这么有经验。

(63) Textile business has become more and more difficult since the competition grew.随着竞争的加剧，纺织品贸易越来越难做了。

(64) Could I have your latest catalogues or something that tells me about your company?可以给我一些贵公司最近的商品价格目录表或者一些有关说明资料吗？

(65) At what time can we work out a deal?我们什么时候洽谈生意？

(66) I hope to conclude some business with you.我希望能与贵公司建立贸易关系。

(67) We also hope to expand our business with you.我们也希望与贵公司扩大贸易往来。

(68) This is our common desire. 这是我们的共同愿望。

(69) I think you probably know China has adopted a flexible policy in her foreign trade.我想你也许已经了解到中国在对外贸易中采取了灵活的政策。

(70) I've read about it,but I'd like to know more about it.我已经知道了一点儿，但我还想多了解一些。

(71) Seeing is believing. 百闻不如一见。

(72) I would like to present our comments in the following order.我希望能依照以下的顺序提出我们的看法。

(73) First of all, I will outline the characteristics of our product.首先我将简略说明我们商品的特性。

(74) When I present my views on the competitive products, I will refer to the patent situation.专利的情况会在说明竞争产品时一并提出。

(75) Please proceed with your presentation.请开始你的简报。

(76) Yes, we have been interested in new system.是的，我们对新系统很感兴趣。

(77) Has your company done any research in this field?请问贵公司对此范畴做了任何研究吗？

(78) Yes, we have done a little. But we have just started and have nothing to show you.有，我们做了一些，但是因为我们才刚起步，并没有任何资料可以提供给你们。

(79) If you are interested, I will prepare a list of them.如果您感兴趣的话，我可以列表让你参考。

(80) By the way, before leaving this subject, I would like to add a few comments.在结束这个问题之前顺便一提，我希望能再提出一些看法。

(81) I would like to ask you a favor.我可以提出一个要求吗？

(82) Would you let me know your fax number?可以告诉我您的传真机号码吗？

(83) Would it be too much to ask you to respond to my question by tomorrow?可以请你在明天以前回复吗？

(84) Could you consider accepting our counterproposal?你能考虑接受我们的反对案吗？

(85) I would really appreciate your persuading your management.如果你能说服经营团队，我会很感激。

(86) I would like to suggest that we take a coffee break.我建议我们休息一下喝杯咖啡。

(87) Maybe we should hold off until we have covered item B on our agenda.也许我们应该先谈论完 B 项议题。

(88) As a matter of fact, we would like to discuss internally regarding item B.事实上，我们希望可以先内部讨论 B 项议题。

(89) May I propose that we break for coffee now?我可以提议休息一下，喝杯咖啡吗？

(90) If you insist, I will comply with your request.如果你坚持，我们会遵照你的要求。

(91) We must stress that these payment terms are very important to us.我们必须强调这些付款条件对我们很重要。

(92) Please be aware that this is a crucial issue to us.请了解这一点对我们至关重要。

(93) I don't know whether you realize it, but this condition is essential to us.我不知道你是否了解，但是，这个条件对我们是必要的。

(94) Our policy is not to grant exclusivity.我们的方针是不授予专卖权。

(95) There should always be exceptions to the rule.凡事总有例外。

(96) I would not waste my time pursuing that.如果是我的话，不会将时间浪费在这里。

(97) Would you care to answer my question on the warranty?你可以回答我有关保证的问题吗？

(98) I don't know whether you care to answer right away.我不知道你是否愿意立即回答。

(99) I have to raise some issues which may be embarrassing.我必须提出一些比较尴尬的问题。

(100) Sorry, but could you kindly repeat what you just said?抱歉，你可以重复刚刚所说的吗？

2．整理后的广交会英语

PART 1

1) 问好

(1) Good morning/afternoon/evening./May I help you? /Anything I can do for you?

(2) How do you do? /How are you? /Nice to meet you.

(3) It's a great honor to meet you./I have been looking forward to meeting you.

(4) Welcome to China.

(5) We really wish you'll have a pleasant stay here.

(6) I hope you'll have a pleasant stay here. Is this your fist visit to China?

(7) Do you have much trouble with jet lag?

2) 机场接客

(1) Excuse me, are you Mr. Wilson from the International Trading Corporation?

(2) How do I address you?

(3) My name is Benjamin liu. I'm from the Fuzhou E-fashion Electronic Company. I'm here to meet you.

(4) We have a car can over there to take you to your hotel. Did you have a nice trip?

(5) Mr. David Smith asked me to come here in his place to pick you up.

(6) Do you need to get back your baggage?

(7) Is there anything you would like to do before we go to the hotel?

3) 相互介绍

(1) Let me introduce my self. My name is Benjamin Liu, a salesman in the Marketing Department.

(2) Hello, I am Benjamin Liu, a salesman of the Fuzhou E-fashion Electronic Company. Nice

to meet you. /Pleased to meet you. / It is a pleasure to meet you.

(3) I would like to introduce Mark Sheller, the marketing department manager of our company.

(4) Let me introduce you to Mr. Li, general manager of our company.

(5) Mr. Smith, this is our general manage, Mr. Zhen, this is our marketing director, Mr.Lin. And this is our RD department manager, Mr. Wang.

(6) If I'm not mistaken, you must be Miss Chen from France.

(7) Do you remember me? Benjamin Liu from Marketing Department of PVC. We met several years ago.

(8) Is there anyone who has not been introduced yet?

(9) It is my pleasure to talk with you.

(10) Here is my business card. / May I give you my business card?

(11) May I have your business card? / Could you give me your business card?

(12) I am sorry. I can't recall your name. / Could you tell me how to pronounce your name again?

(13) I am sorry. I have forgotten how to pronounce your name.

4) 小聊

(1) Is this your first time to China?

(2) Do you travel to China on business often?

(3) What kind of Chinese food do you like?

(4) What is the most interesting thing you have seen in China?

(5) What is surprising to you about China?

(6) The weather is really nice.

(7) What do you like to do in your spare time?

(8) What line of business are you in?

(9) What do you think about…? /What is your opinion?/What is your point of view?

(10) No wonder you're so experienced.

(11) It was nice to talking with you. / I enjoyed talking with you.

(12) Good. That's just what we want to hear.

5) 确认话意

(1) Could you say that again, please?

(2) Could you repeat that, please?

(3) Could you write that down?

(4) Could you speak a little more slowly, please?

(5) You mean…is that right?

(6) Do you mean...?

(7) Excuse me for interrupting you.

6) 社交招待

(1) Would like a glass of water? / Can I get you a cup of Chinese red tea? / How about a coke?

(2) Alright, let me make some. I'll be right back.

(3) A cup of coffee would be great. Thanks.

(4) There are many places where we can eat. How about Cantonese food?

(5) I would like to invite you for lunch today.

(6) Oh, I can't let you pay. It is my treat, you are my guest.

(7) May I propose that we break for coffee now?

(8) Excuse me. I'll be right back.

(9) Excuse me a moment.

7) 告别

(1) Wish you a very pleasant journey home? Have a good journey!

(2) Thank you very much for everything you have done for us during our stay in China.

(3) It is a pity you are leaving so soon.

(4) I'm looking forward to seeing you again.

(5) I'll see you to the airport tomorrow morning.

(6) Don't forget to look me up if you are ever in Fuzhou. Have a nice journey!

8) 约会

(1) May I make an appointment? I'd like to arrange a meeting to discuss our new order.

(2) Let's fix the time and the place of our meeting.

(3) Can we make it a little later?

(4) Do you think you could make it Monday afternoon? That would suit me better.

(5) Would you please tell me when you are free?

(6) I'm afraid I have to cancel my appointment.

(7) It looks as if I won't be able to keep the appointment we made.

(8) Will you change our appoint tomorrow at 10:00 to the day after tomorrow at the came time?

(9) Anytime except Monday would be all right.

(10) OK, I will be here, then.

(11) We'll leave some evenings free, that is, if it is all right with you.

9) 市场销售

客户询问

(1) Could I have some information about your scope of business?

(2) Would you tell me the main items you export?

(3) May I have a look at your catalogue?

(4) We really need more specific information about your technology.

(5) Marketing on the Internet is becoming popular.

(6) We are just taking up this line. I'm afraid we can't do much right now.

回答询问

(7) This is a copy of catalog. It will give a good idea of the products we handle.

(8) Won't you have a look at the catalogue and see what interest you?

(9) That is just under our line of business.

(10) What about having a look at sample first?

(11) We have a video which shows the construction and operation of our latest products.
(12) The product will find a ready market there.
(13) Our product is really competitive in the world market.
(14) Our products have been sold in a number of areas abroad. They are very popular with the users there.
(15) We are sure our products will go down well in your market, too.
(16) It's our principle in business "to honor the contract and keep our promise".
(17) Convenience-store chains are doing well.
(18) We can have anther tale if anything interests you.
(19) We are always improving our design and patterns to confirm to the world market.
(20) Could you provide some technical data? We'd like to know more about your products.
(21) This product has many advantages compared to other competing products.
(22) There are certainly being problems in the sale work at the first stage. But suppose you order a small quantity for a trail.
(23) I wish you a success in your business transaction.
(24) You will surely find something interesting.
(25) Here you are. Which item do you think might find a ready market at your end?
(26) Our product is the best seller.
(27) This is our newly developed product. Would you like to see it?
(28) This is our latest model. It had a great success at the last exhibition in Paris.
(29) I'm sure there is some room for negotiation.
(30) Here are the most favorite products on display. Most of them are local and national prize products.
(31) The best feature of this product is that it is very light in weight.
(32) We have a wide selection of colors and designs.
(33) Have a look at this new product. It operates at touch of a button. It is very flexible.
(34) This product is patented.
(35) The functioning of this software has been greatly improved.
(36) This design has got a real China flavor.
(37) The objective of my presentation is for you to see the product's function.
(38) The product has just come out, so we don't know the outcome yet.
(39) It has only been on the market for a few months, but it is already very popular.

PART 2

1) 品质

(1) We have a very strict quality controlling system which promises that goods we produced are always of the best quality.
(2) You have got the quality there as well as the style.
(3) How do you feel like the quality of our products?
(4) The high quality of the products will secure their leading status in the market place.

(5) You must be aware that our quality is far superior to others.

(6) We pride ourselves on quality. That is our best selling point.

(7) As long as the quality is good. It is all right if the price is a bit higher.

(8) They enjoy good reputation in the world.

(9) When we compare prices, we must first take into account the quality of the products.

(10) There is no quality problem. Quality is something we never neglect.

(11) You are right. It is good in material, fashionable in design, and superb in workmanship.

(12) We deliver all our orders within one month after receipt of the covering letters of credit.

(13) Do you have specific request for packing? Here are the samples of packing available now, you may have a look.

(14) I wonder if you have found that our specifications meet your requirements. I'm sure the prices we submitted are competitive.

2) 价格

客人询价

(1) Will you please let us have an idea of your price?

(2) Are the prices on the list firm offers?

(3) How about the price/ How much is this?

卖方报价

(4) This is our price list.

(5) We don't give any commission in general.

(6) What do you think of the payment terms?

(7) Here are our FOB prices. All the prices in the lists are subject to our final confirmation.

(8) In general, our prices are given on a FOB basis.

(9) We offer you our best prices, at which we have done a lot business with other customers.

(10) Will you please tell us the specifications, quantity and packing you want, so that we can work out the offer ASAP?

(11) This is the pricelist, but it serves as a guide line only. Is there anything you are particularly interested in?

客人还价

(12) Is it possible that you lower the price a bit?

(13) Do you think you can possibly cut down your prices by 10%?

(14) Can you bring your price down a bit? Say $20 per dozen.

(15) It's too high, we have another offer for a similar one at much lower price.

(16) But don't you think it's a little high?

(17) Your price is too high for us to accept.

(18) It would be very difficult for us to push any sales it at this price.

(19) If you can go a little lower, I'd be able to give you an order on the spot.

(20) It is too much. Can you discount it?

拒绝还价

(21) Our price is highly competitive./ This is the lowest possible price./Our price is very reasonable.

(22) Our price is competitive as compared with that in the international market.

(23) To tell you the truth, we have already quoted our lowest price.

(24) I can assure you that our price if the most favorable. A trial will convince you of my words.

(25) The price has been cut to the limit.

(26) I'm sorry. It is our rock-bottom price.

(27) My offer was based on reasonable profit, not on wild speculations.

(28) While we appreciate your cooperation, we regret to say that we can't reduce our price any further.

接受还价

(29) Can we each make some concession?

(30) In order to conclude business, we are prepared to cut down our price by 5%.

(31) If your order is big enough, we may reconsider our price.

(32) Buyer wish to buy cheap and sellers wish to sell dear. Everyone has an eye to his own benefit.

(33) The price of his commodity has recently been adjusted due to advance in cost.

(34) Considering our good relationship and future business, we give a 3% discount.

3) 订单

客人询问最小订单数量

(1) What's minimum quantity of an order of your goods?

询问订货数量

(2) How many do you intend to order?

(3) Would you give me an idea how much you wish to order from us?

(4) When can we expect your confirmation of the order?

(5) As our backlogs are increasing, please hasten the order.

(6) Thank you for your inquiry. Would you tell us what quantity you require so that we can work out the offer?

(7) We regret that the goods you inquire about are not available.

客人回答订单数量

(8) The size of our order depends greatly on the prices.

(9) Well, if your order is large enough, we are ready to reduce our price by 2 percent.

(10) If you reduce your price by 5, we are going to order 1 000sets.

(11) Considering the long-standing business relationship between us, we accept it.

(12) This is a trial order; please send us 100 sets only so that we may test the market. If successful, we will give you large orders in the future.

(13) We have decided to place an order for your electronic weighing scale.

(14) I'd like to order 600 sets.

(15) We can't execute orders at your limits.

感谢下单

(16) Generally speaking, we can supply form stock.

(17) I want to tell you how much I appreciate your order.

(18) Thank you for your order of 100 dozen of the shirts. We assure you of a punctual execution of your order.

(19) Thank you very much for your order.

4) 交货

客人询问交货期

(1) What about our request for the early delivery of the goods?

(2) What is the earliest time when you can make delivery?

(3) How long does it usually take you to make delivery?

(4) When will you deliver the products to us?

(5) When will the goods reach our port?

(6) What about the method of delivery?

(7) Will it possible for you to ship the goods before early October?

答复交货期

(8) I think we can meet your requirement.

(9) I'm sorry. We can't advance the time of delivery.

(10) I'm very sorry for the delay in delivery and the inconvenience it must have caused you..

(11) We can assure you that the shipment will be made not later than the fist half of May.

(12) We will get the goods dispatched within the stipulated time.

(13) The earliest delivery we can make is at the end of September.

客人要求提早交货

(14) You may know that time of delivery is a matter of great important.

(15) You know that time of delivery if very important to us. I hope you can give our request your special consideration.

(16) Let's discuss the delivery date first. You offered to deliver the goods within six months after the contract signing.

(17) The interval is too long. Could we expect an earlier shipment within three months?

稳住客人

(18) We shall effect shipment as soon as the goods are ready.

(19) We will speed up the production in order to ship your order in time.

(20) If you desire earlier delivery, we can only make a partial shipment.

(21) But you'd better ship the goods entirely.

(22) We'll try our best. The earliest delivery we can make is in May, but I can assure you that we'll do our best to advance the shipment.

(23) I'm afraid not. As you know, our manufacturers are full and we have a lot of order to fill.

(24) I'll find out with our home office. We'll do our best to advance the time of delivery.

(25) Thank you very much for your cooperation.

(26) I believe that the products will reach you in time and in good order and hope they will give you complete satisfaction.

5) 签单

签单前建议

(1) Before the formal contract is drawn up, we'd like to restate the main points of the agreement.

(2) We can get the contract finalized now.

(3) Could you repeat the terms we've settled?

(4) It is very important for us to abide by contracts and keep good faith.

(5) Have you any questions as regards to the contract?

(6) I'd like to hear your ideas about the problem.

(7) I think it is better to have a good understanding of all clauses before signing a contract.

(8) Do you have any comment to make about this clause?

(9) Do you think the contract contains basically all we have agreed on during negotiations?

(10) Everything has been arranged well. I hope the signing of the contract will go smoothly.

(11) These are two originals of the contract we prepared.

询问签单

(12) When shall we sign the contract?

(13) Mr. Brown, do you think it is time to sign the contract?

(14) Shall we go over the other terms and conditions of the contract to see if we agree on all the particulars?

(15) Shall we sign the contract now?

(16) Just sign there on the bottom.

(17) The contract is ready, would you mind reading it through?

(18) We have reached an agreement on all the clauses discussed so far. It is time to sing the contract.

签单后祝语

(19) I'm very pleased that we have come to an agreement at last.

(20) Let's congratulate ourselves for the successful contract.

6) 付款方式

客人询问付款方式

(1) Shall we discuss the terms of payment?

(2) What is your regular practice about terms of payment?

(3) What are your terms of payment?

(4) How are we going to arrange payment?

回复询问付款方式

(5) We'd like you to pay us by L/C.

(6) We always require L/C for our exports and we pay by L/C for our imports as well.

(7) We insist on full payment.

(8) We ask for a 30 percent down payment.

(9) We expect payment in advance on first orders.

客人建议付款方式

(10) We hope you will accept D/P payments terms.

(11) In view of this order of small quantity, we propose payment by D/P with collection through a band so as to simplify the payment procedure.

(12) Payment by L/C is the safest method, but rather complicated.

礼貌拒绝客人

(13) I'm sorry. We can't accept D/P or D/A. We insist on payment by L/C.

(14) I'm afraid we must insist on our usual payment terms.

(15) "Payment by installments" is not the usual practice in world trade.

(16) It is difficult for us to accept your suggestion.

接受客人付款方式

(17) In view of our long friendly relations and the efforts you have made in pushing the sales, we agree to change the terms of payment from L/C at sight to D/P at sight; however, this should not be taken as a precedent.

(18) I have no alternative but to accept your terms of payment.

信用证要求及货币

(19) When should we open the L/C?

(20) Your L/C must reach us 30 days before the date of delivery so as to enable us to make all necessary arrangements.

(21) How long should our L/C be valid?

(22) The L/C should be valid 30 days after the date of shipment.

(23) Could you tell me what documents you'll provide?

(24) Together with the draft, we'll also send you a full set of bill of lading, an invoice, and an insurance policy, a certificate of origin and a certificate of inspection. I suppose that is all.

(25) In what currency will payment by made?

(26) We usually do business in US dollars as world prices are often dollars based.

7) 保险

客人询问保险

(1) As for the insurance, I have quite a lot of things which I am still not clear about.

(2) May I ask you a few questions about insurance?

(3) What do your insurance clauses cover?

(4) I wonder if the insurance company holds the responsibility for the loss.

(5) Have you taken our insurance for us on these goods?

(6) Can you tell me the difference between WPA and FPA?

(7) What risks are you usually covered against?

(8) Is war risk to be covered?

(9) I'd like to have the insurance of the goods covered at 110% of the invoice amount.

回复保险询问

(10) There are three basic covers, namely, Free form Particular Average, with Particular Average and all risks.

(11) Ocean shipping cargo insurance is important because goods run the risk of different hazards such as fire, storm, collision, theft, leakage, explosions, etc. If the goods are insured, the exporter might get enough to make up his loss.

(12) Should any damage be incurred, you may, within 60 days after the arrival of the consignment, file a claim supported by a survey report, with the insurance company at your end.

(13) As a rule, we don't cover them unless you want to.

(14) If more than that is asked for, the extra premium for the difference between 130% and 110% should be born by the buyer.

(15) The FPA clause doesn't cover partial loss of the particular coverage, whereas the WPA clause does.

(16) The extra premium involved will be on your account.

(17) The insurance covers all risks at 110% of the invoice value.

(18) No, it is not necessary for the shipping line to add to the cost. Our past experience shows that all risks gives enough protection to all the shipments to your area.

(19) ALL risk covers all losses occurring throughout the voyage caused by accidents at sea or land. In other words, it includes FPA, WPA and general additional risks, with special additional risks excluded.

8) 参观工厂

(1) You'll understand our products better if you visit the factory.

(2) I wonder if you could arrange a visit to the factory.

(3) Let me know when you are free. We will arrange the tour for you.

(4) I would be pleased to accompany you to the workshops.

(5) We will drive you to our plant, which is about thirty minutes from here.

(6) Can I have a brochure of your factory?

(7) Here is the product shop, shall we start with the assembly line?

(8) All products have to go through five checks during the manufacturing process.

(9) The production method has been improved by introducing advanced technologies.

(10) It is a pleasure to show our factory to our friends, what is your general impression?

(11) It is nice to meet you. Welcome to our factory.

(12) Shall we rest a while and have a cup of tea before going around?

(13) I would like to look over the manufacturing process. How many workshops are there in the factory?

(14) Some accessories are made by our associates specializing in these fields.

(15) It is very kind of you to say so. My associate and I would be interested in visiting your factory.

(16) We believe that the quality is the soul of an enterprise.

(17) Would it be possible for me to have a closer look at your samples?

3. 展会谈判交流英语句型

A: I'm sorry to say that the price you quote is too high. It would be very difficult for us to push any sales if we buy it at this price.
B: well, if you take quality into consideration, you won't think our price is too high.
A: Let's meet each other half way.
——很遗憾你们报的价格太高，如果按这种价格买进，我方实在难以推销。
——如果你考虑一下质量，你就不会觉得我们的价格太高了。
——那咱们就各让一步吧。

A: I'm sorry to say that your price has soared. It's almost 20% higher than last year's.
B: That's because the price of raw materials has gone up.
A: I see. Thank you.
——很遗憾，贵方的价格猛涨，比去年几乎高出20%。
——那是因为原材料的价格上涨了。
——我知道了，多谢。

A: How many do you intend to order?
B: I want to order 900 dozen.
A: The most we can offer you at present is 600 dozen.
——这种产品你们想订多少？
——我们想订900打。
——目前我们至多只能提供600打。

A: We have inspected the rice, and we're surprised to know that the weight is short.
B: We sell our goods on loaded weight and not on landed weight.
A: I see.
——这些大米我们检验过了，重量不够，我们感到奇怪。
——我们出售商品是以装船重量为准，不是以卸货重量为准。
——我知道了。

A: The next thing I'd like to bring up for discussion is packing.
B: Please state your opinions about packing.
A: All right. We wish our opinions on packing will be passed on to your manufacturers.
——下面我想就包装问题讨论一下。
——请陈述你们的意见。
——好，我们希望我们对包装的意见能传达到厂商。

A: You know, packing has a close bearing on sales.
B: Yes, it also affects the reputation of our products. Buyers always pay great attention to packing.

A: We wish the new packing will give our clients satisfaction.
——大家都知道，包装直接关系到产品的销售。
——是的，它也会影响我们产品的信誉，买主总是很注意包装。
——我们希望新包装会使我们的顾客满意。

A: How are the shirts packed?
B: They're packed in cardboard boxes.
A: I'm afraid the cardboard boxes are not strong enough for ocean transportation.
——衬衫怎样包装？
——它们用纸板箱包装。
——我担心远洋运输用纸板箱不够结实。

A: From what I've heard, you're already well up in shipping work.
B: Yes, we arrange shipments to any part of the world.
A: Do you do any chartering?
——据我所知，你方对运输工作很在行。
——是的，我们承揽去世界各地的货物运输。
——你们租船吗？

A: How do you like the goods dispatched, by railway or by sea?
B: By sea, please. Because of the high cost of railway transportation, we prefer sea transportation.
A: That's what we think.
——你方将怎样发运货物，铁路还是海运？
——请海运发货，铁路运输费用太高，我们愿意走海运。
——我们正是这么想的。

A: When can you effect shipment? I'm terribly worried about late shipment.
B: We can effect shipment in December or early next year at the latest.
A: That's fine.
——你们什么时候能交货？我非常担心货物迟交。
——我们最晚在今年十二月或明年年初交货。
——那很好。

在双方谈判的过程中，一定要注意倾听对方的发言，如果对对方的观点表示了解，可以说：

I see what you mean.
（我明白您的意思。）

如果表示赞成，可以说：

That's a good idea.

(是个好主意。)
或者说:
I agree with you.
(我赞成。)

如果是有条件地接受，可以用 on the condition that 这个句型，例如:
We accept your proposal, on the condition that you order 20 000 units.
(如果您订 2 万台，我们会接受您的建议。)

在与外商，尤其是欧美国家的商人谈判时，如果有不同意见，最好坦白地提出来而不要拐弯抹角。例如，表示无法赞同对方的意见时，可以说:
I don't think that's a good idea.
(我不认为那是个好主意。)
或者
Frankly, we can't agree with your proposal.
(坦白地讲，我无法同意您的提案。)

如果是拒绝，可以说:
We're not prepared to accept your proposal at this time.
(我们这一次不准备接受你们的建议。)

有时，还要讲明拒绝的理由，如
To be quite honest, we don't believe this product will sell very well in China.
(说老实话，我们不相信这种产品在中国会卖得好。)

谈判期间，由于言语沟通问题，出现误解也是在所难免的:可能是对方误解了你，也可能是你误解了对方。在这两种情况出现后，你可以说:
No, I'm afraid you misunderstood me. What I was trying to say was...
(不，恐怕你误解了。我想说的是……)
或者
Oh, I'm sorry, I misunderstood you. Then I go along with you.
(哦，对不起，我误解你了。那样的话，我同意你的观点。)

参 考 文 献

[1] 邓晶，王玲. 国际贸易实务[M]. 南京：东南大学出版社，2003.

[2] 童宏祥. 国际贸易跟单员实务[M]. 3版. 上海：上海财经大学出版社，2011.

[3] 李浩妍. 外贸跟单实务[M]. 北京：科学出版社，2013.

[4] 李浩妍. 进出口贸易实务[M]. 北京：科学出版社，2011.

[5] 刘文广. 国际贸易实务[M]. 北京：高等教育出版社，2002.

[6] 吴百福. 进出口贸易实务教程[M]. 4版. 上海：上海人民出版社，2003.

[7] 张芝萍. 外贸单证实务[M]. 上海：上海交通大学出版社，2007.

[8] 商务部中国对外贸易经济合作企业协会. 国际贸易业务员实务教程[M]. 北京：科学技术文献出版社，2006.

[9] 邵渭洪，等. 进出口贸易实务操作[M]. 上海：上海财经大学出版社，2007.

北京大学出版社第六事业部高职高专经济贸易系列教材目录

书 名	书 号	主 编	定 价
经济法原理与实务（第2版）	978-7-301-26098-2	柳国华	38.00
经济学基础	978-7-301-22536-3	王 平	32.00
经济学基础	978-7-301-21034-5	陈守强	34.00
报关实务	978-7-301-21987-4	董章清，等	35.00
报关与报检实务（即将第2版）	978-7-301-16612-3	农晓丹	37.00
报检报关业务：认知与实操	978-7-301-21886-0	姜 维	38.00
国际海上货运代理实务	978-7-301-22629-2	肖 旭	27.00
国际金融	978-7-301-21097-0	张艳清	26.00
国际金融实务	978-7-301-21813-6	付玉丹	36.00
国际贸易结算	978-7-301-20980-6	罗俊勤	31.00
国际贸易实务	978-7-301-22739-8	刘笑诵	33.00
国际贸易实务	978-7-301-20929-5	夏新燕	30.00
国际贸易实务（第2版）	978-7-301-26328-0	刘 慧，等	30.00
国际贸易实务	978-7-301-19393-8	李湘滇，等	34.00
国际贸易实务	978-7-301-16838-7	尚 洁，等	26.00
国际贸易实务操作	978-7-301-19962-6	王言炉，等	37.00
国际贸易与国际金融教程	978-7-301-22738-1	蒋 晶，等	31.00
国际商务单证	978-7-301-20974-5	刘 慧，等	29.00
国际商务谈判（第2版）	978-7-301-19705-9	刘金波，等	35.00
国际市场营销项目教程	978-7-301-21724-5	李湘滇	38.00
国际投资	978-7-301-21041-3	高田歌	33.00
互联网贸易实务	978-7-301-23297-2	符静波	37.00
商务谈判	978-7-301-23296-5	吴湘频	35.00
商务谈判	978-7-301-20543-3	尤凤翔，等	26.00
商务谈判实训	978-7-301-22628-5	夏美英，等	23.00
商务英语学习情境教程	978-7-301-18626-8	孙晓娟	27.00
外贸英语函电	978-7-301-21847-1	倪 华	28.00
外贸综合业务项目教程	978-7-301-24070-0	李浩妍	38.00
新编外贸单证实务	978-7-301-21048-2	柳国华	30.00
进出口商品通关	978-7-301-23079-4	王 巾，等	25.00

　　如您需要更多教学资源如电子课件、电子样章、习题答案等，请登录北京大学出版社第六事业部官网www.pup6.cn 搜索下载。

　　如您需要浏览更多专业教材，请扫下面的二维码，关注北京大学出版社第六事业部官方微信（微信号：pup6book），随时查询专业教材、浏览教材目录、内容简介等信息，并可在线申请纸质样书用于教学。

　　感谢您使用我们的教材，欢迎您随时与我们联系，我们将及时做好全方位的服务。联系方式：010-62750667，sywat716@126.com，pup_6@163.com，lihu80@163.com，欢迎来电来信。客户服务QQ号：1292552107，欢迎随时咨询。